细说康乾盛世

许向乾 著

台海出版社

图书在版编目（CIP）数据

细说康乾盛世／许向乾著. －－北京：台海出版社，
2018.5（2021.1重印）

ISBN 978－7－5168－1811－4

Ⅰ.①细… Ⅱ.①许… Ⅲ.①中国历史－清代－通俗
读物 Ⅳ.①K249.09

中国版本图书馆 CIP 数据核字（2018）第 064384 号

细说康乾盛世

著　　者：许向乾	

责任编辑：王　萍	
装帧设计：昇一设计	

出版发行：台海出版社
地　　址：北京市东城区景山东街 20 号　　　邮政编码：100009
电　　话：010－64041652（发行，邮购）
传　　真：010－84045799（总编室）
网　　址：www.taimeng.org.cn/thcbs/default.htm
E－mail：thcbs@126.com

经　　销：全国各地新华书店
印　　刷：香河县宏润印刷有限公司
本书如有破损、缺页、装订错误，请与本社联系调换

开　　本：710mm×1000mm　　　1/16
字　　数：235 千字　　　　　　印　张：17
版　　次：2018 年 5 月第 1 版　　印　次：2021 年 1 月第 5 次印刷
书　　号：ISBN 978－7－5168－1811－4

定　　价：45.00 元

前　言

1681—1796 年，中国经历了一个长达 110 多年的盛世时期。这个盛世将清朝的统治推向了最高峰，也让大清帝国的三位皇帝永远地刻印在了历史的长河之中。

从古至今，关于他们的事迹总是被人们所津津乐道。不论是文学作品还是影视作品，都将他们一次次地作为题材多加演绎。因为他们总有着说不完的故事，也留给了世人太多的想象和感慨。

康熙帝 8 岁登基，在上演了智擒鳌拜的历史大戏之后夺得政权，之后便展示出他文治武功的雄才伟略。他的一生，南征北战，平定了不少叛乱，也推行了诸多有利于民的政策，因此被赞为"千古一帝"。

雍正帝在九王夺嫡险象环生的境遇中赢得了最后的王位继承权，虽留给世人一个冷面无情的印象，但论起勤政却是无人能及。他乾纲独断，大刀阔斧地开辟出一片别样的江山。

乾隆帝依靠正大光明牌匾之后的遗诏，顺理成章地子承父业。重农恤商，大推仁政，将清朝推向了一个盛世顶峰。但也因晚年的故步自封和狂妄自大而将清王朝抛到了谷底。他成为史籍中记录甚多、民间流传最广的一个传奇帝王。

这些是历史留给我们关于这些帝王的剪影。看起来，他们的一生似乎多数时间都被辉煌、灿烂的光芒所笼罩，令人钦羡不已。然而，就像张爱玲所说的一样："生命是一袭华美的袍，上面爬满了虱子。"这些帝王在享受着大权在握、万人敬仰的荣耀的同时，也不得不承受着这个皇位所带给他们的苦楚。

王公大臣对于皇权的挑衅，父母兄弟间亲情的远离，来自百姓的疾苦和塞外、中原的战乱，国事与家事之间的利弊权衡……这些都每时每刻地在对帝王们进行着考验。而那些厚厚的史书告诉了我们诸多关于朝代更替、帝王治国的故事，也隐藏了不少深宫暗夜里的内幕。

　　这三位帝王究竟是如何一步步地排除异己，赢得万民之心，坐拥大好江山，又是怎样呕心沥血地铸就了万年传颂的盛世王朝？在这漫漫的100多年之中，他们经历了哪些政治与生活上的光辉和纠葛，而那些影视和文学作品中所描述的情节又有几分真实？这本书中，我们就将带您穿越时光，去解读这段百年历史中埋藏在三位帝王人前背后的故事。

作　者

目 录

1

第三篇　文武全才帝王鲜有，康乾盛世王朝顶峰——乾隆

第一篇
万民康宁天下熙盛，
千古一帝——康熙

帝王档案：

姓　　名：爱新觉罗·玄烨

年　　号：康熙

民　　族：满族

生 卒 年：1654—1722 年

出 生 地：北京紫禁城景仁宫

父　　亲：顺治帝——爱新觉罗·福临

母　　亲：孝康章皇后佟佳氏

原配妻子：孝诚仁皇后赫舍里氏

子　　女：35 个儿子，20 个女儿

即位时间：1661 年 2 月 17 日

在位年数：61 年（中国历史上在位时间最长的皇帝）

庙　　号：圣祖

谥　　号：合天弘运文武睿哲恭俭宽裕孝敬诚信功德大成仁皇帝

陵　　寝：景陵

继 承 人：雍正帝——爱新觉罗·胤禛

第一章　生于忧患的少年皇帝

"真命天子"，还是大难不死的"幸运儿"

作为中国最后一个封建王朝，大清在历史画卷中所展现出的只有落日余晖般的光芒。它虽然留给世人的是腐朽、落后、衰败的背影，不可否认的却是它也曾经创造出封建王朝最为鼎盛的一幕——康乾盛世！而这一切的最初缔造者就是被世人称为"千古一帝"的康熙。

康熙的生母佟佳氏其实是一个标准的汉人，而且还是明朝大将之后。佟佳氏的祖父佟养正原本是明朝末年抗击倭寇的副总兵，后来因为清朝的崛起，他又被派去参加抗击清军的战争，不过没多久就战败被俘，投降了大清。佟佳氏的父亲佟图赖是跟随皇太极的一位总兵，因为屡建战功，被恩赐为汉军镶黄旗，也算是半个满洲人，正因为此，佟佳氏才有了参加清帝选妃的资格。

从顺治皇帝开始，大清才开始有了"选秀"的制度，不过参与的门槛是非常高的，不在旗的女子，不管多漂亮、多有才学也不

康熙的生母佟佳氏

能参加；凡是在旗的适龄女子也是必须参选的。顺治时期的选秀是每三年举办一次，满、蒙、汉军八旗官员、另户军士、闲散壮丁家中年满14—16岁的女子，都必须参加。佟佳氏就是参加选秀的时候进入皇宫的，顺治九年（1652）被册封为妃，两年后生下了爱新觉罗·玄烨，也就是康熙。

康熙是出生在北京紫禁城里的第一位大清帝王，关于他的出生还有一个非常有趣的故事。据说，当年佟佳氏怀孕的时候，起初自己并不知道，还毫无顾及地在御花园里游玩。有一天，顺治皇帝的生母孝庄皇太后在很远的地方就看见佟佳氏的衣服上好像在发光，却又不是身上饰物反光，心里觉得奇怪。再仔细一看，好像是有一条金色的小龙绕着佟佳氏的肚子打转，孝庄此时大概知道是怎么回事了。于是命人把佟佳氏叫到了跟前，问她："你是不是怀孕了?"佟佳氏觉得诧异，自己并没有什么异常的反应，于是就回答说没有。孝庄也就没再多说什么，命人把宫里的御医找来。御医一号脉，果不其然，佟佳氏已经怀孕有两个多月了。此时，孝庄就反复叮嘱她要多加留心，照顾好肚子里的孩子。得知自己有了身孕的佟佳氏也不敢掉以轻心，按照孝庄的指示又是吃又是睡又是补身子。顺治十一年（1654）农历三月，佟佳氏顺利生下了一名阿哥，取名玄烨。

比这更神奇的是，据记载，玄烨出生的时候"合宫异香，经久不散，又五色光气，充溢庭户，与日并耀"。这话是什么意思? 就是说，从玄烨降生的那一刻起，整个紫禁城里都充满了特别的香气，久久都没有散去;不仅如此，还有五颜六色的光芒，大白天里比太阳光还闪耀。古人有一种约定俗成的"规矩"：但凡帝王、将相以及具有大德大才之人，降生的时候一定会有异象产生。如果照此看来，康熙应该是毋庸置疑的"真命天子"了。

不过，记载上面这些奇闻逸事的《清圣祖仁皇帝实录》，虽然是正宗的官方书籍，但是主持纂修的却是康熙的儿子雍正皇帝。儿子为了孝顺父亲，特意把其出生写得神乎其神，以此抬高身价，也无可厚非。可是，这些事到底是真是假呢? 康熙生前曾经跟人说过："朕之生年，并无灵异。及其长兄，亦无非常。"可见，上面的故事不足以取信。

其实，按照康熙幼年时期的遭遇来说，他确实称不上"真命天子"，就连是皇帝宠爱的儿子，他都算不上。康熙出生之时，他的母亲佟佳氏并不得宠，当时顺治全部的宠爱都给了历史上鼎鼎大名的董鄂妃。对这位小阿哥的降生，顺治并没有为人父的喜悦，毕竟之前已经有了两个儿子，排行老三的康熙出生后仅得到父亲匆匆一眼的探望，就再也没有更多的爱怜了。

康熙幼年的苦楚还不仅于此。他刚出生不久，就赶上宫里爆发了天花①疫情，不得已之下，被奶妈抱出紫禁城，寄住在西华门外的一座宅第中"避痘"。就这样，在宫外生活的康熙，出生时既没有父亲的关注，成长时也没有得到母亲的爱护，幼小的心灵里留下了极大的烙印。据《圣祖廷训格言》记载，康熙在晚年的时候说过："朕幼年时未经出痘，令保姆护视于紫禁城外，父母膝下未得一日承欢，此朕六十年来的抱歉之处。"

没有父母疼爱的康熙在两岁的时候还是没能逃脱痘魔的侵害，感染上了天花病毒。不过，他也确实是福大命大，在奶妈的悉心照料下，终于从病魔的手中逃脱，只是脸上留下了麻子印。正所谓"福祸相依"，大难不死的康熙却也因为天花而得到了皇位。

其实，整个康熙童年时期，皇室都笼罩在天花的阴影之下，顺治最宠爱的董鄂妃就死于此病；后来，就连顺治自己都染上了天花，身体情况越来越坏。此时的顺治知道自己活不了多久了，匆忙之间才想起来还没有立下储君，于是连忙与母亲孝庄皇太后商量继承者的人选。

顺治之所以一直没有立下继承者，主要有两个原因：其一当然是因为他当时还年轻，不过二十几岁，所以也没有考虑这件事的必要；其二是因为顺治特别地宠爱董鄂妃，曾经说过其继承者一定是董鄂妃所生之子。其实，董鄂妃确实曾经为顺治生了一个儿子——皇四子。与康熙出生时备受冷落形成鲜明对比的是，他的这位弟弟出生的时候可是锣鼓喧天，大赦天下。顺治甚至还高兴地说："这才是我的第一个孩子！"不过，这位得到父母无尽溺爱的四阿哥却是个福薄之人，出生没有几个月，顺治还未来得及

---

① 天花，又名痘疮，是由天花病毒引起的一种传染性较强的急性发疹性疾病，也是到目前为止，在世界范围被人类消灭的第一个传染病。天花是感染痘病毒引起的，患者在痊愈后脸上会留有麻子，"天花"由此得名。

为他取名字时就夭折了。即便如此，他还是被顺治追封为荣亲王。

顺治一共有八个儿子，长子也是刚出生就夭折了，按照皇家"有嫡立嫡，无嫡立长"的规定，当时皇位最有力的竞争者有两个人，一个是二阿哥爱新觉罗·福全，另外一个就是康熙。这两个竞争者，年龄相仿，才智不相上下，甚至就连生母的地位也差不多，到底应该选哪一个继承皇位呢？在这件事上，顺治与孝庄产生了分歧。

顺治其实比较喜欢福全。在顺治刚刚生病的时候，有一次两位小阿哥一同前去给父亲请安。闲聊的时候，顺治问他们说："你们长大了想要干什么啊？"二阿哥福全说："我要做一代贤王。"玄烨说："我要效法皇阿玛。"顺治当时听完后，只是一笑了之，但是心里还是比较偏爱福全的回答的。不过，孝庄却看好玄烨，坚决主张立他为皇位的继承人。两个人意见相持不下，就打算听听第三个人的看法。这第三个人不是皇室成员也不是朝廷重臣，而是一个外国人——西洋传教士汤若望。

汤若望在清宫效力多年，特别受到顺治的信任，皇帝甚至称他为"玛法"，也就是"爷爷"的意思。另外，他也与孝庄保持着非常好的关系。可以说，他虽然是个外国人，但是却在这母子之间有着举足轻重的作用。

当汤若望被皇帝母子询问有关继承者的问题时，他非常理智地思考了一下，很快就让犹豫不决的皇帝与皇太后下定了决心——立三阿哥玄烨为皇位继承人。之所以会选择玄烨，汤若望的理由非常简单——因为他出过天花了。之前我们已经说过，当时整个皇室都笼罩在天花的阴霾之下，而且皇帝所患之病也是天花。这种疾病其实有终身免疫的功能，就是只要得过一次，就再也不会得第二次了。玄烨在幼年时期已经得过此病，但是，二阿哥福全却没有出过痘，也就是说还有患病的危险。为了避免大清的下一个继承者也像顺治一样壮年而逝，所以玄烨是最佳的人选。

顺治十八年（1661）的正月，顺治皇帝没有躲过天花的魔掌，驾崩而逝，时年不到24岁。两个月后，年仅8岁的玄烨继承大统，成为清朝的第四个皇帝，年号康熙。在别人的眼中，康熙是位大难不死的"幸运儿"，他获得皇位非常侥幸。但是，中道崩殂的父亲留给他的并不是一个盛世王朝，年幼的康熙所要面对的是一个虽然庞大却危机四伏的江山。

备受青睐的洋教士——汤若望

上面讲到玄烨之所以能够登上帝位，汤若望可谓功不可没。那么，这个汤若望究竟是怎样的一个角色，为什么一个洋人的言辞能够受到如此的重视呢？

汤若望，原名约翰·亚当·沙尔·冯·白尔（Johann Adam Schall von Bell），1592年出生于德国莱茵河畔科隆城一个叫沙尔·冯·白尔的贵族之家，全家人都是天主教的虔诚信奉者。

汤若望就读于耶稣会所创办的三王冕中学。上学的时候就显示出他的潜力和才华，特别是在数学和天文学方面更是成绩卓著。

汤若望

1623年1月25日他以传教士的身份到达北京。刚到北京不久，就成功地预测了当年10月8日出现的月食。后来他又准确地预测了第二年9月的月食，并仿效当年的利玛窦，将他从欧洲带来的数理天算书籍列好目录，呈送朝廷，他的数理天文学知识得到了朝廷官员们的赏识。在钦天监官员李祖白的帮助下，他将伽利略的《远镜说》译成了中文，对中国的历法改革起了相当大的作用。

1644年，明朝灭亡。汤若望以其天文历法方面的学识和技能受到清廷的保护，受命继续修正历法。多尔衮对他能预知天象，通晓物理的本领相当敬佩，允许他在天文呈报中可以加上自己的见解。因此，汤若望备受满族官员的尊敬，在朝中颇有威望。

多尔衮当政时，他曾根据自己的医学常识以及对多尔衮健康状况的了解，作出多尔衮将不久于人世的判断。1650 年 12 月，多尔衮病逝。汤若望为顺治帝选择了在多尔衮丧期刚满的 2 月 1 日作为亲政日期，巩固了清初的政权，汤若望也为此得到了顺治帝和皇太后的好感和信任。

顺治帝非常钦佩汤若望的道德与学问，再加上汤若望曾治好了孝庄太后的侄女，即后来顺治帝皇后的病。为此，皇太后很是感激，认他为"义父"，顺治帝也尊他为"玛法"（满语"尊敬的老爷爷"）。顺治帝经常请他到宫中叙谈，不需传唤，也免除了叩跪之礼，甚至还打破尊卑惯例，到汤若望所居住的馆舍去看望。除此之外，还对其多次加封，使其官至正一品。

在朝廷的政治活动中，汤若望也以其德高之势，对朝政得失多有所建言。就连顺治帝临终议立嗣皇，也曾向汤若望征求意见。当时，朝廷中只有汤若望一人知道天花流行的后果，为此，他说一定要找一位得过天花的皇子来继承王位，以免新皇因罹患天花而过早夭折。就这样，便有了后来的康熙大帝。

汤若望在中国生活 47 年，历经明、清两个朝代，是一位不可忽视的人物。他以渊博的知识和出众的才能，奠定了在中西文化交流史上的重要地位。1666 年逝世后安葬于北京利玛窦墓旁，在科隆也有故居及雕像。

幼年登基，受制顾命大臣；祖母扶持，步履艰难走上亲政之路

登上帝位并不代表一切都尘埃落定，恰恰只是一个开始。年幼的康熙帝想要执掌大权，成为一个真正的帝王，让臣民们从心底臣服，自然还需要下一番苦功夫。而就康熙帝的亲政之路来讲，有一个人绝对是功不可没的。这个人便是康熙帝的祖母，后来被尊为孝庄文皇后的博尔济吉特氏。

1661 年，康熙帝顺利继承皇位，成为清朝入关后的第二位皇帝。他的生母佟佳氏被尊为皇太后，原来的皇太后博尔济吉特氏被尊为太皇太后。然而，康熙帝当时毕竟只有 8 岁。就现在来看，8 岁的孩童也只是初

入学堂不谙世事的小孩子，当时朝中的大臣也多数都是这样认为。再加上康熙帝刚刚登基，根基不稳，孝庄担心幼帝被毒杀，于是乎，便决定将国家政务暂时交由索尼①、遏必隆②、苏克萨哈③和鳌拜④四个大臣辅理。而康熙帝只能在朝政中纯粹地听听掌权大臣处理政务，加以学习，没有任何发言权和决断权。

孝庄文皇后博尔济吉特氏

康熙即位一年后，其生母孝康皇太后佟佳氏便因病离世，如此一来，抚养和培育康熙的重任就全部落到孝庄的身上。正如《清圣祖御制文二集》中所记载的一样，康熙帝在日后回忆祖母时常说："朕自幼龄学步能言时，奉圣祖母慈训，凡饮食、动履、言语，皆有矩度。虽平居独处，亦教以罔敢越轶，少不然即加督过，赖是以克有成。"可见，这位祖母对康熙帝的饮食起居，言行举止，都悉心照料，而且十分严格。

虽然当初，顺治帝之所以决定起用异姓臣子辅政，就是希望四大臣联合辅政可以互相制约，避免大权旁落、专权擅政局面的形成。但是，这四个辅政大臣中：索尼年老体衰，而且深知辅臣同幼主的关系极为微妙，很

---

① 赫舍里·索尼，满洲正黄旗人。清朝的开国功臣之一，一等公爵。他的孙女赫舍里氏后来成为康熙的皇后。于康熙六年（1667）辞世，谥号文忠，其职位及爵位由其子索额图继承。

② 钮祜禄·遏必隆，满洲镶黄旗人，后金开国功臣钮祜禄·额亦都之子。康熙八年（1669），康熙帝惩治鳌拜，遏必隆因被康亲王弹劾而被削去太师之职，夺去世爵称谓，下狱论死。次年，康熙帝念其为勋臣之子，又是顾命大臣，命其仍以公爵称谓宿卫内廷。后于康熙十二年（1673）因病辞世，谥号"恪僖"。

③ 苏克萨哈，姓纳喇，满洲正白旗人，其父为额驸苏纳。世祖时擢为议政大臣，后于顺治七年（1650）告摄政王多尔衮图谋不轨，多尔衮被追黜，其被晋为内大臣。后因与鳌拜不合，康熙帝亲政后，被鳌拜及大学士班布尔善诬以不欲归政，列二十四罪。于康熙六年（1667）被杀。

④ 鳌拜，出身瓜尔佳氏，满洲镶黄旗人，清朝三代元勋，以战功封公爵，因战功卓著被称为"满洲第一勇士"。后则因独揽大权、结党营私而被康熙帝擒拿，就此老死于囚牢之中。

难把握好君臣的分寸。而康熙的祖母博尔济吉特氏又是位精明过人的政治家，既然在幼主身边有这样一位足智多谋的祖母，自己就应该急流勇退。于是，他便经常称病不朝，使得擅长揽权的鳌拜愈发肆无忌惮，利用一切机会安插亲信，控制要害部门。

遏必隆软弱无力，处处避退，使得鳌拜根本就不将其放在眼中；苏克萨哈虽然能遇事力争，但远不是鳌拜的对手，最后被鳌拜诬陷致死。一时间，本来位列最后的鳌拜如脱缰之野马，权倾朝野。

鳌拜一手执掌着朝政大权，根本不把其他辅政大臣和康熙帝放在眼里。官员们呈送康熙帝的奏折，他经常不交给皇帝看便自作主张批阅。对于不肯党附自己的官员，更是要置之死地而后快。

鳌拜觉得大臣费扬古对自己不是十分恭顺，便在费扬古的儿子，即当时的御前侍卫倭赫带康熙去景山、瀛台游玩时，责其擅用御弓、擅骑御马而将其及当值的其他三位侍卫处死；后又以费扬古对儿子被处死一事心怀不满为名，将其及其子尼侃、萨哈连一并处死。

就为了泄一己私愤，而要了7人的性命，鳌拜手腕之毒辣、处事之张狂可见一斑。不但如此，就连堪称是"一言而定大计"的汤若望他也不放过。在明清之际，汤若望是个颇具影响力的西方人，同清皇室几代人都有着深厚的交情。他所修订的中西合璧的历法在顺治元年（1644）就已颁行天下，后又因医术高超治愈孝庄皇太后的病而被皇太后尊为义父，在多尔衮摄政时期还曾保护过处境险恶的顺治。然而就是这样一位对清王朝贡献卓著的座上客，也难逃沦为阶下囚的厄运。

为了排挤汤若望，鳌拜率先打出"率祖制、复旧章"的旗号，对西方的先进科学采取排斥的方针。后来，具有排外思想的杨光先又指控汤若望传播西方天算学、传播邪教、图谋不轨。如此一来，汤若望便在劫难逃了。经过7个多月的审理，汤若望在康熙四年（1665）初遭到了凌迟处死的判决。

当这份判决被送到御前时，太皇太后怒不可遏，严厉呵斥道："汤若望一向为先帝信任，礼待极隆，尔等俱忘却，而欲置之死耶？"之后，太皇太后还利用北京地区当天发生的强烈地震为由，认为这是上天的震怒所致，而驳回了对汤若望凌迟处死的判决。但是，汤若望并未平安获救，而是被奄奄一息地以戴罪之身抬出刑部大狱。

无情的现实引发了太皇太后对权柄下移的忧虑，而且，专权的鳌拜和虽然年少但要励精图治的康熙帝在很多根本问题上都存在着不可调和的矛盾。例如，康熙帝主张要通过改革使满族统治者进一步封建化、要求对西北噶尔丹的分裂势力要引起足够的重视、竭力抑制吴三桂等"三藩"的割据势力、统一台湾等等决策都遭到了鳌拜的一律反对。年轻的康熙帝和聪明过人的太皇太后都清醒地认识到，如果再继续纵容鳌拜专政，不仅会对康熙帝的帝位造成威胁，清王朝的基业恐怕也将毁于一旦。

之所以会出现鳌拜一枝独秀、权倾朝野的局面，是因为四大辅臣的设置就存在着一定的问题：

第一，如果辅臣势力相当，势必会为了权力而竞争，使得政局动荡，朝廷不安。

第二，假如辅臣中有一人独大，就会形成像鳌拜一样独揽朝政，威胁皇权的状况。

朝廷只给了他们辅政的权力，却没有给出明确的制约。在权力面前，如果没有合理的制度制约，就会出现失衡。即使暂时处于平衡，也只是权力各方暂时的相互妥协，一旦时机成熟，人人都想独揽大权，最终给朝廷的基业带来危机。

于是乎，康熙六年（1667），太皇太后毅然决然地决定让年已 14 岁的康熙皇帝撇开鳌拜开始亲理政事。此举更加激化了皇帝与鳌拜之间的矛盾，促使鳌拜势力更为嚣张跋扈，康熙帝的亲政之路也受到了极大的干涉和阻挠。

直到康熙八年（1669），康熙帝在祖母的帮助下终于设计将鳌拜一举除掉之后，才实现了真正的亲政，开始大展宏图，建功立业。可以说，康熙帝能够保住帝位，最终走上亲政之路，其祖母的帮助起着决定性的作用。

不仅如此，康熙亲政之后，有关军国大事，仍常常向孝庄请教商议，正像《清史稿·孝庄文皇后》传中所说："太后不预政，朝廷有黜陟，上多告而后行。"而孝庄也多参与谋划决策，为康熙帝的江山巩固立下了不小的功劳。康熙之所以能成为一代有所作为的封建君主，与孝庄的精心培育辅佐密不可分。

因此，康熙对祖母也十分孝顺，几乎每天上朝前，下朝后，都要到祖母宫中请示问安。孝庄病重时，更是精心侍奉，日夜不离。在晚年时，康熙帝还曾感怀祖母的恩德曰："忆自弱龄，早失怙恃（依仗、凭借），趋承祖母膝下三十余年，鞠养教诲，以致有成。设无祖母太皇太后，无以至今日。"

才貌双全，托起两代江山——孝庄文皇后

据史料记载，孝庄文皇后姓博尔济吉特氏，名布木布泰，是蒙古科尔沁部（在今通辽）贝勒寨桑之次女，生于明万历四十一年（1613），卒于清康熙二十六年（1688）。

清初，为了定国安邦，满蒙联姻成为一项既定国策。于是，这位蒙古族女子13岁时，便嫁给了清太宗爱新觉罗·皇太极。崇德元年（1636）皇太极改号大清称帝，封其为"永福宫庄妃"。

庄妃天质姿丽，生性刚毅，聪明能干，爱好读书且谋略不凡。皇太极执政时，她就是得力助手，协助皇太极继承了努尔哈赤的事功，继续统一女真各部，连续对朝鲜及明朝用兵，稳固了皇太极的统治地位。

在很多文学作品和影视作品中都记载和演绎着这样一件事：

崇德七年（1642），清军俘获了明朝蓟辽总督洪承畴。洪承畴是明朝影响极大的大臣，如果能够将他收服，对于瓦解明朝统治及残余势力具有重要的意义。为此，皇太极很是看重这件事，派大臣们对其进行轮番劝说，但洪承畴却丝毫不为所动。为此，皇太极很是忧心。庄妃得知此事之

后，向皇太极请命亲自去劝说。被应允之后，她扮作一个待女，带上一壶人参汁来到洪承畴的居处，一口一口将人参汁亲自喂于洪承畴，并动之以情，喻之以理，婉言规劝。数日之后，洪承畴终于答应投到清军辕下。

此事件虽广为流传于世间，也被很多后世作品所演绎，但正史中并无详细记载，其真实性在学术界尚有争议。但是，庄妃的政治素质和才能是毋庸置疑的，当重大政治事变突然发生的时候，这种才能就显现出来了。

崇德八年（1643）皇太极在未及确立继承人的情况下暴疾而逝。面对"诸王兄弟，相争为乱，窥伺神器"的复杂局势，庄妃从容不迫，施展谋略，终于由其子福临继位。而后，在福临入北京称顺治帝之后，又全力扶持其治国理政。再后，顺治帝驾崩，其孙玄烨继承帝位，是为康熙，她又精心抚育培养玄烨，指导处理各种政务，并授以治国方略，终使康熙成为史上有名的一代贤能君主。

可以说，清王朝在康熙朝能够形成第一个盛世时代，其中饱含了庄妃的功劳和心血。因此，庄妃也成了史上有名的贤后。由于她是皇太极的妃子，而皇太极的谥号是太宗文皇帝，又因其儿子和孙子均是皇帝，所以历史上称其为"孝庄文皇后"。

智擒鳌拜的历史大戏

上面讲到，四大辅政大臣中的鳌拜独揽朝政大权，丝毫不把年轻的皇帝放在眼中。康熙五年（1666），还发生圈换旗地①的重大事件，突出了鳌拜专权的嚣张声势。

---

① 顺治初实行圈地时，摄政王多尔衮利用权势，将永平府一带原定圈给镶黄旗的肥沃土地改圈给了正白旗，而将河间府一带比较贫瘠的地圈给了镶黄旗。此举曾在当时掀起了不小的风波。但是随着时间的流逝，事情逐渐平息了下来。但是，康熙五年，鳌拜又旧事重提，要求正白旗与镶黄旗互换土地。受命办理换圈的户部尚书苏纳海以及直隶总督朱昌祚、保定巡抚王登联都表示对换圈一事不赞同并竭力阻止。鳌拜因三位大臣反对换圈而大发雷霆，执意要康熙将三大臣处死，遭到了康熙的拒绝。鳌拜为了泄愤，竟然假传圣旨，将三位大臣杀害。

康熙 14 岁亲政时，鳌拜依旧把持着权力不放，不仅如此，当苏克萨哈要求辞职，将政权还给皇帝时，鳌拜担心失去辅政的权力，居然诬陷苏克萨哈辞职是"背负先帝""别怀异心"（《清史稿·苏克萨哈传》），要求将苏克萨哈斩首抄家。康熙不同意，跋扈成性的鳌拜便在康熙面前疾言厉色，多加要挟，最终康熙被逼将苏克萨哈处以绞刑。

面对如此骄横凶狠的权臣，康熙和太皇太后实在忍无可忍。但是，鳌拜为四朝勋臣，是老辣的政治人物，握有重兵，遍置党羽，不易歼灭。就连康熙的御前侍卫都被鳌拜收买，经常在康熙面前称赞鳌拜为"圣人"，可见，康熙的言行已经在鳌拜的控制之中。那么，年少的康熙如何才能将其擒拿呢？为此，便上演了一场智擒鳌拜的大戏。

就当时而言，消灭鳌拜的党羽及势力，让康熙真正实现亲政自然是当务之急。但是，聪慧的太皇太后和年少有为的康熙都明白，要想彻底打压鳌拜集团，绝对不可鲁莽行事。

于是，为了遏制鳌拜的嚣张势力，康熙亲政之后，他的祖母孝庄文皇后首先想到了联姻。因为清朝一直都有满蒙联姻的定制，而且孝庄对此也十分重视。于是，便决定册立索尼的孙女为康熙的皇后、纳遏必隆的女儿为贵妃，如此一来便把康熙与索尼、遏必隆家族的命运紧紧联系在了一起，使鳌拜处在了一个孤立的境地之中。

接着，她又安排索尼之子索额图辞去了一切职务，到皇帝身边担当起了侍卫的角色。为了让鳌拜疏于防范，康熙表现出了对"布库"（满族摔跤）极高的兴致，经常组织和观看身边小太监们表演"布库"，以便让鳌拜觉得皇帝贪图玩乐，不足为患。后来，康熙还以喜欢观看"布库"表演为名，招了二十几个专门表演"布库"的少年进宫留在自己的身边。鳌拜自然不把这一群小毛孩子放在眼中，可也正是这一群孩子完成了智擒鳌拜的重要戏份。

那一天，康熙在武英殿召见鳌拜，鳌拜像往常一样准备带刀上朝。当时，正值索额图当职。他将鳌拜拦在门外，说道："鳌少保，如今皇上已经亲政两年之久了，再带武器上朝也不合规矩，以免落得恐吓皇上之嫌，您还是卸下武器再面圣吧！"

鳌拜心想，索额图之言也不无道理。而且，当时鳌拜也丝毫没有想到皇帝会设计暗算自己，于是便将刀交给了索额图保管。

但是，像鳌拜这样的大将，即使没有了武器，一般人也绝不是他的对手。况且，他在皇帝身边的耳目众多，如果康熙事先安排了武功高强的人守候在侧，难免不为鳌拜所知。如此说来，康熙怎么做才能够万无一失地达到目的呢？

原来，康熙在召见鳌拜之前早有准备。由于鳌拜是辅政大臣，在面见皇帝的时候是要赐给座位的。于是，康熙便命人在鳌拜坐的椅子上做了手脚：将椅子的一条腿弄折，然后再用胶轻轻地粘在一起。然后，将椅子后面站立的侍卫换成了那群"布库"少年中最厉害的一个。

鳌拜进入武英殿行过君臣之礼以后，便坐在椅子上与皇上谈起事来。不久后，一位侍者按照规矩为鳌拜奉上了茶水，此人也是"布库"少年中十分厉害的角色。更重要的是，这位少年端给鳌拜的茶杯是用开水煮了半个时辰的，而茶托则是凉的。鳌拜接过茶托，并未觉得有何异样。但是，打开茶杯的时候，着实被烫了一下。于是，便一声惊呼，将茶杯丢在了地上，身子也随之向一侧躲去。这一侧身，那条做过手脚的椅子腿便断掉了。鳌拜一时重心不稳，摔倒在了地上。

这时，他椅子后面的少年用椅子把鳌拜扣住，送茶的少年也就势上前一按。接着，两人冲门外大叫道："鳌少保栽倒了，快来人扶一下。"门外的十几个"布库"少年应声冲进殿中，将鳌拜死死地擒拿住了。鳌拜本来听到两位少年的喊声，还等着人来扶他，却没想到已经成了瓮中之鳖。

接着，皇上就势宣布了鳌拜的 30 条罪状，命人将其关进了牢中。

这是《南亭笔记》之《清宫述闻》中关于康熙智擒鳌拜的一段记载。正史中对于鳌拜被擒一事记载在《清圣祖实录》上，且只有 13 个字："命议政王等拏问辅臣公鳌拜等。"这13个字只说了擒拿鳌拜是皇帝命令，由议政王去办，并且的确是把鳌拜捉拿了。但是，在什么地点、以什么方式、是由什么人捉拿的却没有任何记载。

于是，历史上便延伸出来了众多关于这一段故事的版本。除了上述故事中所讲到的之外，大体还有三种版本的史料记载：

一是昭梿《啸亭杂录》卷一《圣祖拏鳌拜》中所记载的：康熙与索额图密谋，将鳌拜的亲信派往各地，又以自己亲信掌握了京师的卫戍权。然后召集侍卫武士问他们："你们都是我的股肱亲旧，你们怕我，还是怕鳌拜？"大家说："唯独畏惧皇上。"康熙便宣布了鳌拜罪状，命令大家将其擒扑。

二是梁章钜《归田琐记》卷五中所记载的，皇帝不满鳌拜的跋扈，平日选了一些身强体健的小太监练习"布库"，鳌拜平日前来奏事时，皇帝也不避忌。鳌拜便以为是皇帝生性爱玩，胸无大志，便放松了警惕。一天，鳌拜去奏事的时候，皇帝便趁其不备，命十几个小太监将其擒拿住了。

三是《清史通俗演义》中所记载的：康熙帝到慈宁宫内去见太后，控诉鳌拜的罪状，太后无计可施，只是好言抚慰。康熙忍无可忍，便向各王邸中，选了百名亲王子弟，一起练习武艺，不到一年，这些亲王子弟都学得武艺高强。于是，康熙帝不动声色，先封鳌拜为一等公，歇了数日，单召鳌拜入内议事。鳌拜欣然前往，到了内廷，这些亲王子弟便在皇帝的指令之下将鳌拜一举擒获了。

在这几种史料记载中，多数学者都觉得由"布库"兵所擒一说最为可信。但无论如何，康熙大帝的智擒之举使得鳌拜永远退出了历史的舞台，令清朝的皇权得到了巩固，为实现国家统一，建立繁荣的康雍乾盛世奠定了基础。康熙大帝初展其超人睿智、优秀杰出的帝王之风。

兴盛一时的满式摔跤——布库

布库，是满语中摔跤的意思，由满族古代游戏"骑马打仗"演变而来，也叫撩脚或撩跤、掼跤。进行"布库"的人着短袖跤衣，领及襟用七八层布缝之，十分坚挺。

布库分为单人布库和双人布库两种，单人布库与普通的摔跤没有太大区别，就是一对一进行角逐。双人布库在比赛时，先在地上画出一个圆形角斗区，每对分为两组，每组两人，一人背着另一人。比赛开始，两队互相接近，背在背上的人相互争斗，设法把对方推出场外或把对方从背上拉下来，以此决定胜负。

清朝"布库戏"的盛行，得从女真族说起。女真族的传统文化生活中就有"摔跤赌羊"的习俗，而清朝的王室是女真族的后裔，因此便沿袭了祖先的传统。

清王室建立大清国之后，与蒙古诸部建立了友好同盟。在清王室入关之前，蒙古族摔跤技艺尤胜满族。所以，每逢宴会，便会让有力

《塞宴四事图》中描绘的满族"布库"

士表演摔跤助兴。清太宗皇太极还曾赐封蒙古族的摔跤手以勇士称号，并赏赐给他们上好的衣衫物品，让他们传授蒙古的摔跤技艺。

清王室入关之后，更是提倡摔跤，其技艺也逐渐超过了蒙古族。对此，《啸亭杂录》卷二中曾有记载：

顺治年间，蒙古喀尔喀部派使臣入朝参见，并带来了草原上最好的摔跤手。顺治帝下令在招待的宴会上进行摔跤比赛以助兴，可是，几番比试下来，清朝的几个摔跤手连连失败。顺治皇帝觉得有损颜面，下旨一定要

招募高手赢得比试。

礼亲王代善的儿子惠顺王是位力大无穷、跤艺超群的人，很想与蒙古摔跤手一较高下，但又碍于身份不便出面。几经斟酌之后，便假扮成了侍卫与对方进行比试，结果顷刻间便取得了胜利。此举让顺治皇帝甚是喜悦，赏赐给了惠顺王众多礼品。

不仅顺治帝喜爱"布库"表演，康熙皇帝也对其甚是爱好。他每年到木兰围场行围的时候，都要和蒙古各部台吉举行联欢，其中不可缺少的娱乐项目便是"布库"，而"布库"也因清王室的青睐而兴盛一时。

第二章　治国有方，御臣有术

始创"御门听政"

智擒鳌拜之后，康熙终于真正意义上走上了亲政之路。1667 年 7 月 7 日，康熙帝登临太和殿，诏告天下，开始亲政。接下来，如何处理政务自然就成为康熙帝首要考虑的问题。

说起处理政务，听政是一直以来惯有的一项制度。所谓听政，就是皇帝主持朝廷会议，聆听内阁及各部院大臣的奏报或奏言，就其内容与大臣们进行商议之后作出决断，发布谕旨的过程。由于听政的时间通常安排在清晨，所以也称为"早朝"。

这项处理政务的制度在康熙之前就已经被很多皇帝所沿用，康熙帝也不例外。但是，他却将一贯的听政进行了改革，创立了名为"御门听政"的制度。至于制度和改革的内容，要先从"御门听政"这个名字说起。

先说"御"字。御字本来的意思是指御驶的车马。后演变为多义词，其中的一个意义是指同皇帝有关事物的敬称。如皇帝的文章称御制文，圣旨称御旨，吃饭称御膳等等。总之，就是皇帝亲自参与、亲自主持的意思，这里所说的御也正是取此意。

再说"门"字，就是门窗的门。以往帝王听政的门指的是奉天门（今故宫太和门），康熙帝将这个地点进行了调整，将听政的地点改在了乾清门。如在宫外，则依皇帝的行踪而定。

三说"听"字，"御门听政"重在一个"听"字。这里的听，不仅是要用耳朵去聆听，更要用心去会意，这是皇帝正确决策的前提与基础。

四说"政"字，在这里，政主要是指军政大事、官员任免等。

乾清宫内

　　另外，历来皇帝上朝，并不是全由皇帝亲自主持，朝廷会议皇帝不参加，或者不经常参加，这就造成了上朝议政的不规范和政务处理的滞后。而康熙帝设立的"御门听政"制度则规定：听政由皇帝亲自主持。无论是在皇宫还是在行宫，凡是御门听政会议，一概由康熙皇帝亲自主持，从来不假他人。康熙帝在京期间，每天未明便着衣，勤于政务，孜孜不倦。即使在出巡期间，也要命各部院将奏章集中送到内阁，由内阁遣使转呈。若路途较近，则一日汇送一次，或隔日汇送一次；若远行外地，则三日汇送一次，递呈到行宫。

　　除此之外，御门听政在日期上也较之历代有所不同。历来皇帝上朝，有逢三、六、九日，或者不定期举行常朝①。这样的形式带有很大的随意性，使得皇帝和大臣之间处理政务因为没有规定而显得较为松懈。例如明万历皇帝二十几年不上朝，大臣只有苦求皇帝上朝，而不能拿出祖制要求

------

　　① 常朝，是针对大朝而言的。大朝是指在一年当中的重大节日和特殊喜庆时所举行的朝政议事形式。但是这一庆典仪式，完全解决不了朝廷实际的政治行政问题。为了能够解决国家遇到的现实问题，朝廷一般的政务处理通过常朝的形式实现，即每月选择一天或者数天来进行朝政议事。例如，顺治帝就曾规定每月逢五举行常朝。

皇帝上朝。这也成为很多王朝政务松散甚至覆灭的一大原因。

康熙帝在其"御门听政"制度中规定：听政需每日举行，无论酷暑寒冬，也无论风雪雷雨，康熙帝都坚持御门听政，可谓"一岁之中，昧爽视朝，无有虚日。亲断万机，批览章奏"。康熙帝从康熙六年（1667）亲政之日起，到康熙六十一年（1722）病逝之前，长达55年，除因三大节（正旦、冬至、万寿）、重大祭日、宫中变故、病卧不起等情况暂停御门听政外，寒暑不辍，坚持不懈，始终如一。甚至为了保证早朝，康熙帝还选择在早朝前处理一些事务：如康熙帝需到太和殿视朝，接受文武升转官员谢恩。各部族首领进贡行礼时，便先视朝，再御乾清门听政。朝中曾有大臣请康熙帝"五日一听政"，以休养身体、减轻负累，遭到了康熙帝的拒绝。他说："朕听政三十余年，已成常规，不日日御门理事，即觉不安。"

一个人能够坚持一两年做一件事并不难，但是能够像康熙帝这样几十年如一日地勤于政务，的确不易。这也就是康熙之所以被称为"千古一帝"的原因所在。

康熙帝进行的御门听政一般为一日一次，如有重要事务需要处理，也可能一日数次。御门听政的时限，通常是一个时辰左右，因事而变，或长或短。听政的时间通常设定在早上，遇特殊或紧急事务，也有下午、晚间御门听政的，就是举行临时办公会。如康熙十八年（1679）七月京城大地震，当日早朝后，康熙帝又于下午再次传旨内阁、九卿、詹事、科、道等齐集乾清宫，面奉谕旨。

一般来讲，每次前来听政的官员一般为大学士、学士；六部九卿①；詹事、科、道以及相关的官员；负责做记录的起居注官。

满、汉官员，除有事故者外，凡御门听政有启奏事宜，都要一同启奏。其他官员即使不能参加御门听政，也要每日黎明齐集午门前，待启奏完毕之后一同离去。

---

① 六部九卿是指吏、户、礼、兵、刑、工六部尚书和都察院左都御史、通政使和大理寺卿。

御门听政决策过程，主要是奏、听、议、决、行五项。内容主要包括：吏部官员升转谪降、户部田赋钱粮、礼部典仪封爵、刑部处理大案要案等。官员上奏有口头的，也有书面的。有些奏报康熙帝当时作出决定，责令有关部门执行。遇到重要问题，各部要具本（请示报告）奏上，康熙帝要详细询问细节，征求各方意见，或再作调查，或再作议决。在当时，很多国家大事都是在御门听政时决定的，如清军两次反击沙俄侵略中国的雅克萨之战的决策和撤藩平叛，都是康熙皇帝御门听政时决定的。

可以说，创立御门听政，是康熙帝善于吸取明朝灭亡的教训，又能继承清初优良传统的结果。是防止外戚、宦官、佞臣、宗室、后宫专权的一项重大举措，也是在中国两千年帝制管理基础上，对管理体制进行改革，确立的一项更为健全、更为完善的制度。它的创立不仅体现了康熙帝的勤于政务，也为社会趋于稳定、开创盛世打下良好基础。

威严肃穆的皇家办公礼——听政仪轨

现在很多企业都很注重企业文化，因而在每周一或者每日上班之前都要进行一些相应的活动以激励人心，比如一起唱首歌或者跳操、喊口号等等。古代帝王在听政办公之前，也有自己的企业文化和礼节。只不过这样的办公礼较之现在要威严、肃穆得多。

听政一般于常规日的凌晨举行。届时，先由午门击鼓，然后文武大臣从午门左右掖门依次列队进入，并按品级分列于皇帝所定听政之所的两侧，等待皇帝的到来。

待到皇帝着朝服从寝宫来到朝堂之上，并在御座之上坐稳后。殿外鸣响鞭三声，就像我们在很多影视剧中所看到的：一人手持一柄长鞭，挥舞甩至地上发出巨大的声响。这响鞭又称"静鞭"，旨在让朝堂之上立即肃静起来。

响鞭之后，大臣们行一跪三叩礼（行礼者肃立，按先左后右的顺序，依次放下马蹄袖，跪在地上，上身挺直，屁股放在脚后跟上，磕三次头）。

之后，九卿六部大臣依次奏事或敬呈奏折，由皇帝作出有关决策。奏事毕，鸣鞭，皇帝乘舆还宫，百官依次退出。

朝仪制度极严，其时有监察御史纠举礼仪，在整个听政的过程当中，所有大臣都不得喧哗、耳语、咳嗽、吐痰等，否则将以失礼罪从严处理。像很多电视剧里王公大臣在朝堂上熙熙攘攘甚至在议事之时吵翻天的景象，纯属艺术化的处理和后世的编纂，在当时真实的仪轨中是绝对不被允许的。

南书房上演的皇权集中制

康熙帝亲政之后，除了每天听证处理日常事务之外，还开始了一系列的改革活动：废除了内三院①，重建了内阁和翰林院，并选择翰林入值内廷。除此之外，还设置了南书房。南书房看似只是一间面积不大的屋子，却在这里开启了皇权集中制的道路。

由于受到历史局限性和民族狭隘性的影响，清朝初期是满洲贵族大臣专权的时期，议政王大臣会议全部由满洲贵族和八旗首脑组成，凡军国大事均由议政王大臣会议一一裁定，汉人不得参与。为了打破这种专制的局面、加强中央集权、稳固朝廷政权、广纳贤士，康熙皇帝设立了南书房。

南书房原为皇帝的书房，是位于紫禁城乾清宫西南侧的一所不大的屋子，俗称南斋。根据《清实录》的记载，康熙十六年（1677），在经史文学上不断进取的康熙帝，产生了身边应常有内廷翰林侍值的想法，于是，

①　天聪三年（1629），皇太极在盛京设立文馆，命人在内翻译汉字书籍及记注本朝得失。天聪十年（1636），将内馆改分为内国史院、内秘书院、内弘文院，统称为内三院。各院分别设大学士1人，掌领其事。顺治元年（1644），又增设学士。次年，又以翰林院官分隶内三院，分别称为内翰林国史院、内翰林秘书院和内翰林弘文院，是辅助皇帝处理政务的枢要机构。

便对内阁大学士提出："朕不时观书写字，近侍内并无博学善书者，以致讲论不能应付。今欲于翰林内选择二员，常侍左右，讲究文义。但伊等各供厥职，且住外城，不时宣召，难以即至。著于内城拨给闲房，停其升转，在内侍从数年之后，酌量优用。"随后，内阁大学士、学士奏称："皇上勤书写，甚盛事，皆应钦奉上谕遵行。选择翰林，寻取善书之人，相应交与翰林院。"康熙帝表示同意，南书房便由此诞生了。这个原本冷清的地方，也一下子热闹了起来。

康熙十六年十二月十七日，翰林院侍讲学士张英、内阁撰文中书高士奇以南书房侍从身份入侍内廷，清宫档案《南书房记注》从这一天开始记载，标志着南书房作为一个内廷机构正式设立。

南书房是专门为皇帝个人服务的内廷机构，明确规定"非崇班贵檩、上所亲信者不得入"。皇帝选择品学兼优的翰林院汉族官员入值，凡被召入南书房，不论官职崇卑，概称"南书房翰林"、"南书房供奉"、"内廷供奉"。

起初，翰林入值南书房是单纯地作为文学侍从，随时应召侍读、侍讲，常侍皇帝左右。皇帝每外出巡幸便作为随从跟随，皇帝即兴作诗、发表议论等皆记注。康熙帝与南书房翰林讲解经史，除了加深学术修养外，重要的目的在于探讨治道。

比如，康熙帝在阅读完《资治通鉴》之后称："千古治乱不能出其范围。"他评论汉朝对待功臣的政策，说："汉高帝之待韩信，不能如汉光武、宋太祖之待功臣者，亦时势不同也。"从而从历史中吸取教训。

再后来，南书房便成了康熙帝的机要秘书机构，常代皇帝撰拟诏令、谕旨，参与机务。为了使南书房的集权制得到更好的发挥，康熙帝还设置了"南书房行走"一职。

康熙帝选拔南书房行走并不看其出身，而是"拣择词臣才品兼优者充之"、"惟视学问之优，不尽为官职"。只要是才学甚好的人，都有可能被皇帝选中。出身寒微，曾以卖字为生，但能诗、善书法、精鉴赏的高士奇就是其中的一个典范。

高士奇是浙江钱塘人，从小好学能文，但因家庭条件十分贫困，并未考取功名。流落到京城之后，靠替人写字、卖字为生。

一日，康熙身边的重臣纳兰明珠偶然间看到了高士奇所作书法，对其甚是赏识，便将其推荐给了同样喜好书法的康熙。康熙一向重视人才，便让其入内廷当了詹事府录事。能够得到纳兰明珠和皇帝的赏识，高士奇可谓是遇到了命中的贵人。那么，高士奇到底有多少学问，能有资格入选南书房，陪皇帝读书呢？

南书房的设立使许多身份
卑微的才子能参政议政

据清光绪《平湖县志》《高士奇传》记载：高士奇擅长图书编纂，写得一手"二王小楷"①；不仅会作诗写论，还懂得收藏。可见，他是一位名副其实的学者。

在当时，很多文人雅士都以能够成为"南书房行走"而作为荣耀。然而，每一位侍奉皇帝读书的"南书房行走"，其当值之路却并不是那么容易。

就拿高士奇做个比方吧。相传高士奇为了得到皇帝的恩宠，到南书房值班时常揣着几颗金豆子，一有机会便以金豆子作为报酬向乾清宫的太监打探，皇上最近读的什么书，读的是哪几页，回去之后便找来皇上正读的书，先读个滚瓜烂熟，以便在皇上问起时，可以做到对答如流。所以，在皇上眼中，这位南书房行走的学问一直是那么渊博。

---

① 晋代书法家王羲之、王献之，因父子两人在书法艺术史上的杰出成就而并称"二王"。其中《乐毅论》《黄庭经》为王羲之小楷代表作，《洛神赋十三行》为王献之小楷代表作。

高士奇的做法虽然有投机取巧的成分，但这也足以说明一点：康熙帝挑选南书房行走是将学识看得十分重要的。而且，这些南书房行走绝大多数是汉人，这说明康熙帝作为满洲贵族的政治代表，能够接受汉族文化，赏识儒家学说；南书房行走的设立又是缓和满汉民族矛盾，消除汉族人反清意识，从而使之为清朝服务的具体表现；同时也是笼络汉族官僚、士大夫的一种手段。

清军入关后，多尔衮很注意团结汉族地主，但是，他更喜欢任用北方汉族地主阶级的代表人物，对江南士大夫多有排斥和打击，这使得江南士大夫对清朝统治怨声载道。后来，发生"三藩"叛乱时，各地纷纷响应，这使得康熙深为震动。

于是，康熙在对南书房行走的选拔中，有意对江南官僚、士大夫给予较多的关怀。南书房也成了江南汉族官僚、士大夫向皇帝反映自己的意见和要求的正常渠道，继而利于加强皇权、联合汉族地主阶级，削弱了议政王大臣会议和内阁的权力。

因此，在当时的形势下设置南书房，也实为明智之举。它是康熙实施高度中央集权的重要步骤，也为建立稳定的清朝统治进行文化上、政治上的准备，为形成其治国理念奠定了基础。

皇帝的秘书——南书房行走

在清史读物和清宫影视作品中，常能见到"南书房行走"这个有点古怪的官名。那么，这个所谓的南书房行走，到底是怎样的一个职务呢？

实际上，"南书房行走"不是一个官位，而是前清时代的一个"差使"，这个差使是由当时的御用知识分子——翰林来担任的。南书房在翰林官员中"择词臣才品兼优者"入值，称之"南书房行走"。

所谓"行走"，是指本来有官职而被派到其他机构中办事；顾名思义，南书房行走，就是指原来有翰林一职，而被派到南书房中去执勤。

康熙皇帝选拔南书房行走的方式十分严格。如选拔张英之时，"召入对，上心识之。自是再四咨询，对者无异词"，因此才得以入选。

南书房行走虽然身居高位，但因为担任着伴读的职务，又是康熙帝加强皇权的工具，所以非常辛苦。而且，南书房是御用机要秘书机构，因此事事都要十分保密。如各地有上报康熙帝的密缮小折子，都要交与南书房管理官报的首领，由其秘密送达御前。因此，身为南书房行走，在供职时也要处处小心谨慎。

如此看来，这个所谓的南书房行走似乎并不是什么美差。但是，因为这个职务能够直接接近皇帝，而且对于皇帝的决策有一定影响力，所以，在翰林们看来，能够成为南书房行走是对自己一生学术的肯定与褒扬，是十分引以为荣的事情。清初不少著名文人学者入值过南书房，诸如王士祯、查慎行、方苞等。

可以说，在康熙朝，南书房行走是十分抢手的职位。直到雍正朝设立了军机处之后，南书房逐渐失去了中枢机要秘书机构的作用，南书房侍从也就成了专门侍奉皇帝读书消遣、专司文辞书画的文学侍从了。

以农为本与轻徭薄赋的惠民政策

《元史·食货志》中曾有云："国以民为本，民以食为本，衣食以农桑为本。"当初，明朝之所以会灭亡，就是因为广大农民没有饭吃，不得不揭竿而起。康熙帝深知农业对于稳固朝政的重要性，也十分心系百姓的安乐。他最希望的便是："寰宇之内，亦勤亦俭，衣食丰饶，安和富寿。"

为了实现这样的安乐景象，康熙很重视农桑，并为了贯彻以农为本的政策，采取了很多措施。

在古代，祭祀这样的活动是被看得很重要的，尤其对于皇家来讲更是如此。几乎每年都要进行祭天①、祭地②、宗庙之祭③等活动，以祈求上天、厚土的赐福和先祖的庇佑。而康熙帝同样将举行祭祀当成施行"以农为本"政策中一项不可缺少的活动来办，活动的主要内容就是行"亲耕礼"。

北京天坛

所谓的"亲耕礼"，即是指皇帝亲身或派遣官员示范、进行耕种。

康熙十一年（1672），康熙帝首次亲自到先农坛祀神耤田。早晨 8 点，康熙帝身着礼服起驾赶往先农坛。到达先农坛之后，先到具服殿更换龙袍。上午 10 点，开始祭祀先农之神。下午 2 点，亲耕礼开始。康熙帝在导驾官和太常卿的引导下走到亲耕的位置，然后鸿胪寺官喊了一句："进耒

---

① 祭天起源于上古时期，在华夏先民眼中，天地哺育众生，是最高的神。因此，祭天是华夏民族最隆重、最庄严的祭祀仪式，也是人与天的"交流"形式。祭天仪式通常由"天子"主持，祭坛一般为圆形，称为"圜丘"，寓意天圆地方。在仪式上须诵读祭文、奏雅乐，并焚烧祭品，以表达对上天的感恩，并祈求上天的赐福和保佑。

② 大地生长五谷，养育万物，犹如慈爱的母亲。于是，汉代时，人们便称地神为地母，说她是赐福人类的女神，也叫社神。一般来讲，习惯将夏至作为祭地之日，礼仪与祭天大致相同。最早祭地是以血祭祀，汉代以后，不宜动土的风水信仰盛行。除此之外，祭地礼仪还有祭山神、祭土神、谷神、社稷等。

③ 宗庙，指人们在阳间为亡灵建立的居所。在帝王制的统治时期，宗庙的建造是有明确规定的：天子七庙；诸侯五庙；大夫三庙；士一庙；庶人不准设庙。庙中的神主是木制的长方体，祭祀时才摆放。祭祀时行"稽首"、"顿首"、"空首"、"振动"、"吉拜"、"凶拜"、"奇拜"、"褒拜"和"肃拜"九拜礼。宗庙之祭除了祭祀祖先还要祭祀先代帝王。《礼记·曲礼》记述，凡是于民有功的先帝都要祭祀。

耜（古代的一种翻土农具）!"户部尚书便跪着进了耒耜。之后顺天府尹纪振疆又跪着进了牛鞭。接着，礼部、銮仪卫和太常寺堂官协助康熙帝持耒耜，耕地三推（一个来回为一推）。户部侍郎则跟在康熙身后播种，耆老随后覆土。

亲耕对大部分皇帝来说，都要提前练习。为此，光绪帝就曾经先后五次在丰泽园（今中南海）演习亲耕礼。而嘉庆帝到先农坛躬耕时，则遭遇了耕牛不驯服、耕不下去的尴尬事。结果御前侍卫十余人勉强驱驾，才勉强耕完三推。但是康熙帝却与其他的帝王有些不同，他不仅会耕地，而且还比较熟练。

康熙四十一年（1702），康熙帝到京畿南博野（今河北省博野县）视察农耕时，曾在一块田地上耕地一亩，在场观看的多达万人。这件事说明康熙帝不仅重视农桑，还会干一点儿农活，这对一个帝王来说是很难得的。

当然，这都是后话了。当年，康熙帝在先农坛亲耕完毕之后，户部尚书和顺天府尹便跪着从康熙帝手里接过耒耜和牛鞭。之后，康熙帝便登上了观耕台，观看其他受命的亲王和大臣们进行耕种。待到所有人耕种完毕，亲耕礼便宣告结束，康熙帝才起驾回到宫中。

那次亲自到先农坛，祀先农神、行亲耕礼，是康熙一生唯一的一次。但是，在他在位的61年中，曾先后55次遣官到先农坛祭祀先农，这是康熙皇帝敬农、重农的有力证明。

康熙不仅敬农、重农，还十分地恤农、悯农。康熙二十八年（1689），康熙帝第二次南巡时，江南人向他进献了一部《耕织图》，图中以诗画并茂的形式介绍了耕织的技术。康熙看过之后，十分喜欢，觉得这正好就是他求之不得的好教材，可以用来直观形象地教育官吏重农爱农和学习基本的农桑知识。

于是，一回到皇宫，皇帝便命宫廷画师焦秉贞[①]重绘《耕织图》。新的《耕织图》于康熙三十五年（1696）绘成，其中包括绘画耕图 23 幅，织图 23 幅，共 46 幅。这 46 幅图画精妙生动形象地描绘了稻作和蚕桑的生产过程，再现了生产工具的使用方法和过程，是一本十分形象生动的农桑教科书。

《耕织图》之"耕图"

康熙帝还亲自为《耕织图》作了序，并为每一幅图题了诗。诗文中，康熙帝并没有过多地介绍农桑知识，而是感慨农夫织女的万般辛劳，告诫人们尊农敬农。康熙帝对《耕织图》如此用心，充分表达出了康熙帝对农民、农业的关心、爱惜和怜悯。《耕织图》的绘制和普及也是一件功不可没的幸事。

除此之外，康熙帝还是一个务农、爱农之人。他很喜欢咨询和了解与农桑有关的耕种之道和民风歌谣。更加难能可贵的是，康熙帝还创造条件亲自耕田、养蚕。

西苑（今中南海和北海）一直都是皇家苑囿。康熙帝在西苑建立了丰泽园，并在园中开辟了试验田。他利用这块农田培育稻子的优良品种，先后种植的稻子有几十个品种，还培育出了有名的"御稻米"。

为了发展农业，维持民生，康熙帝还下令废除了圈地令，不允许官兵再圈占百姓土地。而且实行了诸多惠民政策，多次下令官员组织赈灾事宜，安置流民，对于隐瞒灾情、防救不力的官员则一律解职处治。康熙帝在位 61 年间，减免税粮、丁银、欠赋达 500 多次，普免全国钱粮总计约 1.5 亿两，其数量之大是史无前例的。在真正意义上实现了轻徭薄赋，而

---

① 焦秉贞，字尔正，山东济宁人，是耶稣会士汤若望的门生。通天文地理，会测算，又擅作画，画风兼备中西画法之所长，讲求明暗与透视等技巧。官任钦天监五官，奉职于内廷待诏。

不仅仅像历代帝王一样只是将其作为一个口号。康熙帝也因此成为百姓口中为民、爱民、解民之忧的一代明君。

出自天子之手的新品种——御稻米

稻米是我们经常会吃到的食物，但我们却未必知道稻米的品种到底有多少。在这众多的稻米品种中，曾有一种"御稻米"，它不仅名字尊贵，而且还为种植技术的改进作出了不小的贡献，其由来也十分与众不同。

相传，一天，康熙帝来到丰泽园自己亲自耕种的田地间察看稻米的长势，赫然发现稻田里有一棵稻秆比其他稻子高出了许多，而且别的稻子才刚抽穗，而这棵稻穗却已经成熟了。康熙觉得很是惊奇，便将这株稻穗拔下来留作种子。

第二年春天耕作的时候，康熙将其种在了园中，结果，这些稻穗在六月便成熟了。于是，康熙便这样一年又一年地种下去，终于培育出了早熟的新稻种。由于它生长在御苑田里，因此被称为"御稻米"。康熙四十二年（1703），康熙帝建承德避暑山庄，在山庄甫田开辟了御瓜圃和御稻田。御瓜圃里种瓜豆菜蔬，御稻田又是试验庄稼田，继续种植"御稻米"，每到白露前便可收割。山庄稻田所收，除了皇上避暑时所用，还能剩余不少。而且，这种稻米较之一般稻米，不仅早熟，而且颜色微红，米粒长，气味香，口感好。

康熙帝看到早御稻在避暑山庄试种成功，便颁旨准许在北京玉泉山等地推广种植，后又推广到了天津、江苏、浙江、安徽等地，结束了长城内外沿线不种水稻的历史，也改变了江南一年一季的种植历史。津郊的水稻，在清朝得到大的发展，至今仍是北方重要的水稻产地。比如天津小站地区出产的"小站稻"就是十分有名的稻米品种。

治黄河之水患，救子民于危难

我们一直都将黄河称为"母亲河"，因为她的博大哺育了历代千千万万的中华儿女。但是，黄河既有利的一面，也有弊的一面。尤其是在古代，人们时常会遭受到水害的灾难。

那么，黄河为什么容易出现水患呢？自然原因是其中的一部分，另一部分则是社会原因，尤其是战争的影响。例如当初金朝攻打宋朝，豫北的黄河就决了堤，沿河的民众都陷入了一片汪洋之中。特别是到了明末的时候，由于战乱频繁，河堤多年失修，数以十万计的百姓，葬身鱼腹。到了康熙年间，黄河已经成为一个巨大的灾患。黄河与淮河互相冲激，不能合流入海，以致波及运河，漕粮受阻。更加严重的是，河水漫溢不止。

康熙是位有雄才大略的君主，他自然不能任由黄河如此泛滥下去，他深知这个问题必须立即着手解决。解决了，就可以往盛世的道路上前进一步；解决不了，老百姓没有饭吃，就有可能重演起义的戏码，到时候，清朝的政权能否继续存在下去都是个问题。所以治理黄河，不仅仅是为了消除灾患、恢复漕运，也是摆在康熙面前的一个政治问题。

因此，康熙对河患是极其关心的。康熙自登基之后，曾先后六次南巡。历代皇帝到各地巡幸也是常有的事，但康熙帝在位期间曾于20余年间连续六次南下，其次数之多，就使人对他南下的目的有些怀疑了。从表面上看，康熙南巡也是为了欣赏各地的山水风景，甚至有人说他是想到江南看美女。那么，事实是否真的如此呢？要想了解康熙南巡的真正目的，我们不妨看看他都做了些什么。

康熙二十三年（1684），康熙第一次南巡，此次南巡是东巡泰山毕，移驻郯城县红花埠时决定的。他说："上以黄河屡岁冲决，久为民害，欲亲至其地，相度形势，察示河工，命驾南巡。"（《康熙起居注》，二十三年十月十八日）康熙来到宿迁，一番巡视之后，便做出了开挖海口、疏泻下

康熙南巡图（局部）

康熙南巡图（局部）

河地区积水的决定，并命安徽按察使于成龙负责这项工作。

康熙二十七年（1688），康熙进行了第二次南巡。正月初八启程，二十二日到达红花埠，次日查看宿迁的堰头黄河，并查对黄运工程。二十四日，他从宿迁起程，沿运河经泗阳李口至码头仲庄运口一一查看。二十五日，又登岸到高家堰巡视。巡视之后，提出了自己对于治河的总设想："高家堰大堤颇坚固。然，不可无减水坝，以防大水冲决。"（《黄河志》上册卷三）另外，又作出在新开引河上"于淮水会合之处修置板闸"的决断。

康熙三十八年（1699）的第三次南巡时，太湖水东一带的老百姓告状说他们的田地已经被水淹没。康熙不相信，便问守备："太湖究竟有多大？"守备回答说："八百余里。"康熙顿觉十分不解，又问道："志书上记载太湖仅有五百里，你怎么说有八百余里呢？"守备解释说："太湖原本的确是五百里，但是经过多年的风浪冲刷，加之堤岸坍塌，湖水向外蔓延，已经长成八百余里了。"于是，康熙便解决水患，亲自测量、规划、部署，并于次年任命两江总督张鹏翮为河道总督。

三年之后，为了检查张鹏翮的工作，他又进行了第四次南巡。在这次南巡中，康熙两次乘船下河，亲自察看，并提出了许多具体的部署和治理意见。

康熙四十四年（1705）是康熙的第五次南巡，这一次他来到黄淮流域视察，见到当时的治河工程后，觉得比较满意，并称："朕心甚为快然！"

康熙四十六年（1707），张鹏翮请求康熙再次亲临治河现场指导工作，于是，康熙便应邀前往，乘船来到清河县，查看了那里的地形，并测量水位、流量，对工程中存在的技术性失误进行了纠正，并教导官员在治河的同时，不能损坏老百姓的农田，否则将严加惩处。

由此可见，康熙南巡的主要目的并非赏美景、看美女，而是治理黄河。自宋代以来，黄河下游河道从河南经江苏北部入海，在淮阴附近与淮河、运河①相汇。明末清初，因战乱频仍，黄河多年失修，淤沙堵塞，常造成巨大水患。黄河大的决口即达80余次，给苏皖一带人民的生产与生活造成严重的灾难，宿迁以东，很多农田都被洪水所浸，无法耕作。而高邮、宝应、盐城、兴化、泰州等地更是一片汪洋。不仅如此，黄河决口还危及淮河与运河，漕运经常因河患而受阻。

康熙深知"黄、淮两河关系运道民生，最为紧要"。早在平定三藩之前，他就把治河列为国家三大事之一，而康熙的六次南巡也正是为了处理治河的事宜。其实，早在康熙十六年（1677），康熙就任用了靳辅开始治

①　始建于公元前486年，包括京杭大运河、隋唐运河和浙东运河三部分，北起北京，南到浙江杭州，大运河途经北京、天津、河北、山东、江苏、浙江4省2市，是古代用于漕运的主要通道。南北的粮食、物品运输和贸易往来多通过运河进行。运河对清朝来说就相当于人的大动脉一样。所以淮河、黄河、运河的治理自然就成为治河的重点。

河，命他修治黄、淮、运三河，疏导黄、淮合流入海，恢复运河正常航行，使江北人民脱开水患，安定从事生产，而后又多次南巡并派遣大臣进行治理工作。至康熙六十年（1721）时，黄河河道尽管仍时有溃决，但比之从前，水患已经大大受到控制。这无疑对生产发展，社会繁荣以及政权稳定，都具有积极的意义。

除了整治黄河沿线的水患之外，康熙还修治了浑河。此河"冲激震薄，迁徙弗常"，有"小黄河"之称，既威胁着北京对外的交通，也使沿河的人民饱受灾害。康熙先后13次巡视浑河①，经过试验确定了治河方案。在他的督促下，治理工程于康熙四十年（1701）竣工，浑河遂改名为永定河。从此，沿河两岸景象繁荣，人民安居乐业，其修治之功效显然可见。

黄河治水，病死任上——靳辅

靳辅（1633—1692），字紫垣，辽阳人，隶汉军镶黄旗。曾先后任国史馆编修、郎中、通政使司右通政、安徽巡抚、兵部尚书。康熙十六年（1677），又被任命为河道总督，从此，便开始了他艰辛而伟大的治河之路。

从康熙十四年（1675）起，黄河连年泛滥成灾，治河的形势是非常严峻的。这样的形势让康熙帝忧虑，他决定起用政绩卓著的靳辅为河道总督。

靳辅自授命之日起，便决心一定要完成任务，绝不辜负皇上期望。再加之在安徽巡抚任内，他就曾有兴修水利的实践，又有陈潢作为得力助手，便更加增加了他治河的决心和勇气。

在实地调查和分析之后，他的治河方案很快就制定出来了。他将方案

---

① 上游源于山西省宁武县的桑干河，在河北省怀来县纳源自内蒙古高原的洋河，流至官厅始名永定河，全长650公里，经山西、河北两省和北京、天津两市入海河，注入渤海。

上呈给皇上，得到批准之后便在黄、淮、运沿岸几十个州县，发动几百万民工，投入了治理黄河的实际工程中。

经过十年时间坚持不懈的治河工作，到康熙二十六年（1687），居然使黄河安澜，运河漕运也得以畅通无阻。原来被水淹没的山阳、高邮七州县民田，皆可以再次耕种。康熙于二十三年第一次南巡阅视河工时，便充分肯定了靳辅的成绩，召入行宫慰谕，并御书《阅河堤诗》赐给他，以表嘉奖。

但是，靳辅的治河工作也不是一帆风顺的。当时的治河方法，只能用筑堤束水以冲刷泥沙，开河引水，以缓和水势，并不能根治黄河水患，不能保证黄河不会再次出现决口。

针对这一问题，大臣们对治河各持己见，争论不已。甚至就如何疏泄积水的问题，靳辅还与协同他治河的安徽按察使于成龙形成了对立观点，后又提出"将涸出土地招民屯垦，收租以裕河库"的提议。此提议本是好事，但却触及了当地豪绅地主的利益。康熙二十七年，给事刘楷、御史郭绣等嫉妒靳辅的官僚，代表豪强地主的利益，出面弹劾他，说他屯田害民。靳辅遭到诬陷，被革了职。他的助手陈潢也因此事受到牵连下狱，最终含冤而死。

最后，实践证明，还是靳辅、陈潢的治河方法有效。于是，康熙又重新起用靳辅，依旧任命他为河道总督。靳辅受命之后，便不顾年老体弱多病，再次积极为治理黄河而奔走操劳，终不敌病魔纠缠，于任命当年十一月病死于任上。

收揽人心的"博学宏词科"

清初，大学士范文程曾向皇太极谏言道："治天下在得民心，士为秀民，士心得，则民心得矣！"（《清史列传》卷五《范文程》）意思就是说士为民众之首，收揽了士心，也就等于收揽了民心。康熙帝深明此道，特别关注收揽士人之心，尤其是名士之心。

但是，历朝历代中，每逢朝代更替，总是会有一些人会心存"亡国"之恨，不愿与新朝合作。商朝时，虽然纣王残忍暴虐，但周武王灭商之后，叔齐和伯夷还是选择隐居首阳山，因不食周粟而死。

而少数民族政权入主中原，类似士人的"亡国"之恨更是会倍增。清迁都北京后，既江山易主，又以夷制夏，还推行了一系列剃发、易服、圈地、占房、投充等弊政，很多中原地区汉人，特别是士人，内心深处都有怨恨。诸如张煌言①等人，在明亡之后，或者参加南明朝廷，或者举旗武装抗清。被捕之后更是表现出了自己的英雄气节，宁死也不归顺清朝。

张煌言像

另外还有一类士人，虽然不抗清，但也不愿与清朝合作。既不参加科举，也不出仕做官。他们或削发为僧，或佯装疯癫，或隐遁不出……康熙深切感到把这些知识分子争取过来，对社会安定、文化繁荣具有决定性的作用。但是单靠武力镇压肯定是不行的，单纯的打压政策，不仅不能服众，反而会激起更大不满，最主要的是要做到使人心悦诚服才行。

那么，如何才能收揽士心呢？康熙作出的一个重要举措就是开"博学宏词科"。博学宏词科是科举考试制科②之一种。始设于唐开元年间，以考拔能文之士。

由于以往的科举考试多是以八股文为主，这就使得很多有真才实学却不精通八股的人才被埋没了。康熙意识到了这一点，就开设博学宏词科，

---

① 张煌言（1620—1664），字玄著，号苍水，南明儒将、诗人，官至南明兵部尚书。南京失守后，起兵抗清。曾联络农民军，并与郑成功配合，亲率部队连下安徽20余城，坚持抗清近20年。著有《张苍水集》，还曾写《建夷宫词》影射孝庄太后下嫁多尔衮一事。

② 始于宋高宗绍兴三年（1133），即由皇帝特诏、临时设置的考试科目。

主要方式是由各地的地方官和士绅推举本地公认有学识、有名望的名士，直接参加这一考试。

康熙十七年（1678），康熙帝诏曰："自古一代之兴，必有博学宏儒，备顾问、著作之选。我朝定鼎以来，崇儒重道，培养人才，四海之广，岂无奇才？硕彦学问渊通，文藻瑰丽，追踪前哲者，凡有学行兼优，文辞卓越之人，不论已仕未仕，在京三品以上及科道官，在外督抚布按，各举所知，朕亲自录用……嗣膺荐人员至京，诏户部月给廪饩，明年三月召试体仁阁。"

那一年的博学宏词科，共由内外各官举荐143人，考试内容一赋一诗，康熙帝亲览试卷。有人在试卷中出现"清彝"字样，触犯了清廷忌讳；还有人借口眼睛不好而仅赋诗一首等，康熙帝都采取了包容的态度，择优加以录取。本次博学宏词科共取一等20名，二等30名。在荐举与考试过程中，被录取者，分别以考试前之身份授职，并将因老未入试之杜越、傅山等文学素著者，授内阁中书，允许回籍。

录取完毕之后，为了让这些人更加从心底归顺清朝，康熙还指派他们去修纂《明史》。同时，也借此拉拢不愿做清朝职官，却愿为前朝修史的具有真才实学的人，像万斯同、刘献廷、王源等就是，他们都是通过朝中高级官吏以延聘方式招至而来的修史学者。

康熙帝通过这次举措，向天下人表明了他重视和优待汉族知识分子的态度，以及他尊儒重道的文化政策。他的宽大胸怀及关切士人的良苦用心，获得汉族士大夫的好评。例如著有《日知录》《天下郡国利病书》，并将"天下兴亡，匹夫有责"作为处世名言的顾炎武，虽然不接受康熙帝接见、不参加博学宏词科、不出来做官，但对于其弟子潘耒参加博学宏儒考试，修纂《明史》，他的三位外甥徐乾学、徐秉义和徐元文参加科举考试，在朝为官之事都给予理解与支持。

这些士人特别是名士反清态度的转变，表明康熙帝笼络人才的措施产生了良好的效果，也说明清王朝的统治已逐渐为广大士人和子民所接受。

清史大家孟森先生曾赞誉康熙此举为"定天下之大计"。

笼络亡国之士的典籍——《明史》

历史上有很多史籍，用来记录历史的更替和历朝历代所发生的重大事迹，以供后人借鉴和传阅。而《明史》的修纂，除了上述功能之外，还有着其他的目的。

《明史》的正式开馆修纂始于清顺治二年，此时正值清军入关之初，从形势上来看，在立足未稳之初，战火纷飞、政局未定的情况之下，开馆修史是根本不具备条件的。但清朝统治者却急于修纂《明史》，目的显而易见：一是以此宣告明朝政权的灭亡，二是希望可以以此笼络明朝遗臣，使那些降清的明朝汉族官员找到一些情感上的寄托。

清康熙拘禁权臣鳌拜，开始亲政之后，又经历了长达八年的"三藩之乱"。战乱期间，清廷集中全力平叛，根本无暇顾及《明史》的修纂，修纂工作一度停了下来。直到战乱平息之后，《明史》的修纂才又被重新提上议程。

真正动手修史，是康熙十八年以后的事。康熙十八年（1679 年），康熙帝为了笼络士人，举办了博学宏词科，诏征博学宏儒。为了进一步赢得所招募的士人之心，命众士人正式动手修纂《明史》。

此次明史的修纂历时 35 年，修史者可谓人才济济。明清之际，有一些明朝遗臣和反清志士十分重视明史的研究。他们虽坚持不肯与清廷合作，但为着保存明朝真实历史的目的，仍派出了得力助手参与明史的编纂。这样，就相应地保证了明史的质量，并基本完成了《明史》的初稿。

就这样，因为一部《明史》的修纂，很多原本对清政权存在异议和抵制情绪的士人都从而转变了态度，逐步开始接受清政权的统治。所以，不得不说，《明史》是一部清朝统治者用来笼络人心的典籍。

传说中的"满汉全席"为哪般

相信满汉全席这个名字，大家都不陌生。不论是一些饮食类的节目、书籍，还是相声、电视、电影，都以各种方式对其进行过介绍和演绎。那么，这满汉全席到底是由谁创立的呢？没错，创立者正是历史上有名的康熙大帝。

满族在入关以前，生活在天气严寒的东北地区。由于性格比较豪放，因而在饮食上也并不十分讲究。《满文老档》中曾有记载："贝勒们设宴时，尚不设桌案，都席地而坐。"宴席的主食以米面点心为主，菜肴一般是火锅配以炖肉，猪肉、牛羊肉加以兽肉。皇帝出席的国宴，也不过设十几桌、几十桌，也是牛、羊、猪、兽肉，将大块的肉煮烂之后，用解食刀割肉为食。举行祭祀仪式的时候，就将整猪、整羊、整鸡等上席。

清朝定都北京后，满族与汉族杂处，努尔哈赤在辽沈推广满汉和睦相处的政策，令"满汉等合居一处，同住同食同耕"，对满、汉官员无论是在编制、礼仪、饮宴中都注意保持平等。这样做，无形中就增多了满、汉两族之间的烹饪技艺广泛交流的机会，饮食文化也潜移默化地受到了影响。满族的达官显贵，在与汉族官员的相互交往中，吸收了汉族菜肴的制作方法和宴饮程式，并进行了改造。

到了康熙年间，为了笼络汉族士人，"满汉一体"的政策更得到了进一步的推广。在政策的影响之下，满汉两族的官员交流更加频繁。为了表示对汉族士人的亲近和重视，康熙帝将汉席加入到了皇家的宴席上，自此，"满席"和"汉席"一起被列入了清廷的礼食制度。每到重大节庆时，康熙便以这两种不同的菜式招待宾臣，这便是"满汉全席"的由来。

当然，关于"满汉全席"的说法，这不过只是其中的一种。民间也流传着很多有关"满汉全席"的传说，而且更富传奇色彩。

相传，苏州城有一位名叫张东官的平民，他不仅拥有一手像耍杂技一般的切菜功夫，而且生得一条对味道十分敏感的舌头。

康熙皇帝在智擒鳌拜、平定三藩之后，江山稳固，百姓也变得越来越安居乐业了。但康熙并没有因此而感到满足，他深知"得民心者得天下"的道理，打算进一步笼络民心，于是便有了巡幸江南、访求前朝大贤的打算，以求消除满汉芥蒂。然而，这个想法却遭到了众多朝中满族权贵的反对。

为了完成这个想法，康熙以寻访美食作为幌子来到了江南。在江南，一次偶然的机会中，他遇到了厨艺高超的张东官。张东官不仅向康熙皇帝展示了自己的拿手绝活，还以能言善辩的口才与康熙进行了一番讨论，很快便赢得了皇帝的欢心。为表厚爱，康熙御封他为"江南第一名厨"，并让他到御膳房去工作。

然而，不幸的是张东官虽然刀工出众，但并不懂得如何做菜。再加之不懂皇宫规矩，他在宫廷中险象环生。为了保住性命，张东官被迫逃出皇宫。但是，在逃避追杀的过程中，他却博采众家之长，凭借自己的超人天赋，将中华民族各地美食熔于一炉，做得一手好菜。

后来，张东官重新被召回了皇宫，并被任命为"千叟宴"①的主厨。在这次宴席上，张东官自编了一套108道的食谱，并为其取名为"满汉全席"，获得了很大的成功。宴席举办完后，康熙帝对张东官大加封赏。但张东官却向皇帝请命辞去了御膳房的职务，说自己在京城开了一家最大的酒楼，为天下人做菜。康熙同意了张东官的请求，并御笔钦赐"满汉楼"的招牌。"满汉全席"也因此流传到了民间，逐渐成为天下第一宴。

除此之外，还有一种说法称：满汉全席其实并非始于皇宫，而是江南的官场菜，是扬州"大厨房"专为到扬州巡视的官员所创办的菜式。对

---

① 千叟宴，就是年岁较大的老人参加的宫廷宴席。此宴席最早始于康熙，是清宫中的规模最大、与宴者最多的盛大御宴，在清代共举办过4次。康熙为显示盛世太平，并表示对老人的关怀与尊敬，于康熙五十二年（1713）三月首次举办宴席，在席上作七律诗一首，名曰《千叟宴诗》，千叟宴因此得名。

此，清代文人李斗在记载了扬州一地的园亭奇观、风土人情的笔记集《扬州画舫录》中曾有描述：

上买卖街前后寺观，皆为大厨房，以备六司百官食次：

第一份，头号五簋碗十件——燕窝鸡丝汤、海参烩猪筋、鲜蛏萝卜丝羹、海带猪肚丝羹、鲍鱼烩珍珠菜、淡菜虾子汤、鱼翅螃蟹羹、蘑菇煨鸡、辘轳锤、鱼肚煨火腿、鲨鱼皮鸡汁羹、血粉汤、一品级汤饭碗。

第二份，二号五簋碗十件——鲫鱼舌烩熊掌、米糟猩唇、猪脑、假豹胎、蒸驼峰、梨片伴蒸果子狸、蒸鹿尾、野鸡片汤、风猪片子、风羊片子、兔脯奶房签、一品级汤饭碗。

第三份，细白羹碗十件——猪肚、假江瑶、鸭舌羹、鸡笋粥、猪脑羹、芙蓉蛋、鹅肫掌羹、糟蒸鲥鱼、假斑鱼肝、西施乳、文思豆腐羹、甲鱼肉片子汤、茧儿羹、一品级汤饭碗。

第四份，毛血盘二十件——炙、哈尔巴、小猪子、油炸猪羊肉、挂炉走油鸡、鹅、鸭、鸽、猪杂什、羊杂什、燎毛猪羊肉、白煮猪羊肉、白蒸小猪子、小羊子、鸡、鸭、鹅、白面饽饽卷子、什锦火烧、梅花包子。

第五份，洋碟二十件，热吃劝酒二十味，小菜碟二十件，枯果十彻桌，鲜果十彻桌。所谓满汉席也。

从这个记载上来看，此席取材广泛，用料精细，山珍海味无所不包，集宫廷满席与汉席之精华于一席，的确是一桌美味佳肴。

由于每一次满汉全席的操办都要耗费国家大量积蓄，因此，只有举行大型宴会的时候，皇宫中才会做满汉全席。宫廷中的满汉全席不仅食物精美，宴席规矩也很多。以康熙五十二年（1713）举办的千叟宴为例：那一年，正值康熙六十大寿，各地百姓有感于康熙恩泽，纷纷自发从数十里、几百里甚至上千里之外赶到京城向皇上祝寿。康熙见到这种情形，深感民众的诚心。于是，在万寿庆典的前一日特发谕旨，在北京西郊的畅春园宴赏众叟。

为了此次宴请能够圆满举行，早在数月之前，康熙帝就多次下达谕旨，令宫廷各衙门的官员和工匠做了诸多准备工作。不仅在御膳房内增添了炊具、食具、饮具及膳桌、坐垫，将宫廷筵宴用的凉棚，以及主副食品、酒等准备齐全。还命宫人将供老叟们出入的宫门重新油饰一新，把盛宴周围的殿宇房间布置得光彩照人，以表重视。

经过一番忙碌的准备，举办宴席的这一日终于到来了。宴席开始前，宫人们先按入宴者老品位高低将一等桌张和次等桌张摆放齐全。乾清宫地平正中摆皇帝宴桌，殿内地平下和殿外两廊下摆王公和一、二品大臣、外国使臣的一等宴桌，丹墀甬路和丹墀摆三品至九品官员、蒙古台吉①、顶戴、领催、兵民等所坐的次等宴桌。不仅宴桌有尊卑之分，就连筵宴盛器和肴馔也有明显的区别。

待宴桌摆放完毕之后，先由外膳房大臣率员分批引领参加宴会的各官、外国使臣和众叟入席，然后恭候皇帝驾临。伴随着鼓乐齐鸣，康熙乘坐轿子缓缓移至乾清宫。待皇帝在宝座上坐稳之后。丹陛大乐奏起，管宴大臣先引领乾清宫殿内外及东西两廊下的各级官员、蒙古王公等走至乾清宫正中，鸿胪寺赞礼官赞行三跪九叩礼，数千着老群臣一同向皇帝叩拜。随后再由管宴大臣引着王公大臣步入殿内入席，与宴众叟群臣于座次再向皇帝行一叩礼之后方可落座。

众人向皇帝行礼过后，茶膳房大臣向皇帝进茶。皇帝饮毕，殿内及东西廊下王公大臣均得到康熙赐茶，饮后茶碗均赏于本人。被赏茶的王公大臣官员等接茶后均出坐，向乾清宫内皇帝座处行一叩礼，以谢赏茶之恩。

随后，茶膳房总管太监将果宴奉送到皇上面前，并在丹墀两边摆放银包角花梨木桌两张，每桌安放银折盂1件，金勺、银勺各1把，玉酒盅20件。接着，皇帝召集一品大臣和年届九十的老者行至御座之前，并亲赐卮

---

① 清对蒙古贵族封爵名。源于汉语皇太子、皇太弟，是蒙古部落首领的一种称呼。位次辅国公，分四等，自一等台吉至四等台吉，相当于一品官至四品官。

酒，同时命皇子皇孙为殿内王公大臣进酒，并分赐食品。众叟向康熙帝再次谢宴。

之后，内务府大臣等执食盒上膳，群臣众叟方开始进食，清宫戏班则会进乾清宫献上歌舞助兴。待到歌舞完毕、千叟宴结束之后，众叟随着赞礼官高声唱祷向康熙帝再次行一跪三叩礼以表感激之情。礼毕，康熙帝伴随着中和韶乐起驾回宫。官宴大臣则按拟好的赏单将礼品赠予众叟。众叟跪领赏物后，再次叩谢天恩。至此，整场宴席方告结束。

整体看来，宴会的情景宏大、庄严，与我们在影视作品中所看到了并无太大区别。只是，历史上真实的清宫筵席并不像电影电视描述得那样奢华、铺张。据《大清会典》和《光禄寺则例》上所记载，康熙钦定最昂贵的宴席也不准超过每桌价银8两的标准。按照最高比值换算，康熙皇帝所举办的最昂贵的筵席，也就相当于现在的人民币4000元左右。这个费用与现在的奢华饭局相比，实在是相差甚远。

满汉全席名称的由来

满汉同席的模式创办于康熙年间，这个几乎是无可非议的。但对于"满汉全席"这个名字的由来，却有诸多说法。

除了上述文中讲到了"满汉全席"由张东官所创一说之外，比较常见的说法还有以下两种：

一种是说："满汉全席"是始于清代的官场筵席，但在正史中记载不多，仅在一些笔记文集中略有记录，但都称之为"满汉席"或者"满汉大菜"。

最初，官场中宴请嘉宾时，都是先吃满菜席，再上汉菜席，以适应席中满汉宾客的不同饮食习惯。这样的宴席方式，就使制作满席和汉席的厨师间相互展开竞赛，以求席桌更为精美，让自己的厨艺更得大家赏识。久而久之，他们不光研究自己的菜式，还互相汲取对方之所长，使彼此间的菜式既有不同之处，也有相融之势。后来，人们便在"满席"和"汉席"的菜肴中精选了一些珍品将其拼作一席，故有"满汉全席"之称。

还有一种是说：虽然满汉席自清代便一直都流传于世间，但被称作"满汉全席"则是源于一段相声。20 世纪 20 年代，在北京和天津献艺的著名相声演员万人迷编了一段相声名为"报菜名"，相声中有一大段罗列大量菜名的精彩"贯口"颇得大家喜爱。他在相声中指出，这些菜名皆出自"满汉全席"。自此，便有了"满汉全席"一称。

第三章　南征北战，不辱先祖之名

砍掉三十年的历史包袱——三藩

明末，明将孔有德、尚可喜、耿精忠和吴三桂，趁明王朝土崩瓦解之机，各率所部先后降清。当清军于顺治年间南下时，他们又充当了先锋，与清军共同消灭了南明王朝及农民军余部。后吴三桂将永历帝杀害，清顺治帝为表嘉奖给他很重的奖赏，封他做平西王，让他镇守云南、贵州；封尚可喜为平南王，镇守广东；耿精忠为靖南王，镇守福建。

顺治帝为鼓励他们忠心任事，辅弼皇室，不惜赐予政治上种种特权，使他们的权力远远超过了地方官员。就这样，吴三桂、尚可喜、耿精忠便成为各据一方的藩王势力，世称"三藩"。

此三藩之设，并非顺治帝的主观愿望所致，而是为了顺应当时军事与政治斗争的需要。作为当时抗清斗争主要活动地区的东南沿海及两广、云贵，情况错综复杂，随时有可能爆发叛乱。唯有以吴三桂等威名远著的军事将领镇抚这些地区，才能长治久安，以护卫王室。

然而，实际情况却正好与清政府的愿望相反。三藩兵权在握，各拥兵自重，其中以吴三桂的势力最大。吴三桂自恃功高，在云南称王称霸，不但掌握地方兵权，还控制财政，自派官吏，不把清廷放在眼里；耿精忠横征盐课①，又利用海运之便，同荷兰及东南亚各地进行走私贸易；尚可喜则在广州私设征收苛捐杂税的"总店"，每年私收白银不下十余万两。

---

① 课是指课税、征税，盐课就是中国古代的盐税。始见于约公元前 21 世纪以后的夏朝，相传禹平洪水，划九州，"任土作贡"，盐以贡的形式上缴国家。

这三股势力在事实上已形成了与中央政权相对立的军事割据状态。三藩势力的不断增长，不仅不能护卫王室，反而形成了一股与它抗衡的强大力量。

三藩的存在，已成为国家经济上的巨大负担。他们在其藩镇所得，都窃为己有，还从朝廷索取大量饷额和经费，用于养兵和行政开支。康熙帝即位之初，索尼四辅臣执政时期，对三藩采取笼络、包容之策，听任三藩所为，更助长其势力的急速膨胀。

康熙帝智擒鳌拜亲政之后，以敏锐的目光看出三藩势焰日炽，已构成国家的心腹之患，要统一政令，三藩是很大的障碍，一定得找机会削弱他们的势力。于是，"以三藩及河务、漕运为三大事，夙夜廑念，曾书之宫中柱上"，把它列为自己亲政所必须解决的三件大事的第一件大事，但又虑及"三藩俱握兵柄"，不敢贸然采取行动。他一直在苦苦思索，找个什么办法，才能够顺利削弱并消灭"三藩"。

康熙十二年（1673），平南王尚可喜以年老多病为由，上了一道奏章，主动申请撤藩"归老辽东"。要求让他儿子尚之信继承王位，留在广东。康熙抓住这个机会，立即批准尚可喜告老还乡的请求，但却拒绝让其子接替平南王的爵位，理由是广东安定，不必再设藩王镇守。

康熙帝的这一举措，深深震撼到了其他两位藩王——吴三桂和耿精忠。他们看出了朝廷急欲撤藩的意向，惶惶不可终日。为了试探一下康熙帝的态度，他们也假惺惺地向康熙主动提出了撤除藩王爵位、回到北方的请求。

康熙看到这些奏章之后，召集朝臣商议。大臣们意见不统一，有主张撤的，有主张不撤的。主张不撤的大臣多数觉得吴三桂他们要求撤藩是假的，如果批准他们的请求，吴三桂一定会造反。

康熙帝思虑再三最终决定，这些藩王掌握兵权太久，拖得越久，越不容易解决，认为吴三桂早有野心，撤藩，他要反；不撤，他迟早也要反。不如来个先发制人，索性一次解决。于是便下诏答复吴三桂，同意他撤藩。

诏令一下，吴三桂果然暴跳如雷。他本意是希望康熙帝会做出些挽留的姿态，他们就顺水推舟留下来。谁知康熙帝会这样决断，他又惊又恨，自以为是清朝开国老臣，现在年纪轻轻的皇帝居然撤他的权，于是决定起兵造反。

同年十一月，吴首先在云南起兵，公开抗拒朝廷撤藩。他杀掉了云南巡抚朱国治，发布讨伐清廷的檄文，自称"总统天下水陆大元帅，兴明讨虏大将军"，并写信与平南王、靖南王和各地老部下以及台湾的郑经，要他们共同起兵造反。

为了笼络民心，他脱下清朝王爵的穿戴，换上明朝将军的盔甲，在永历帝的墓前假惺惺地痛哭一番，说是要替明王朝报仇雪恨。但是，人们都很清楚，他引清兵入关、绞死永历帝[①]的斑斑劣迹如在眼前，现在他居然打起恢复明朝的旗号来，人们怎能相信他"兴明讨虏"的宣传？

吴三桂在西南一带势力大，一开始，叛军打得很顺利，仅三个月，已占领湖南全境，前锋直抵长江南岸，摆开了飞渡长江天堑，直捣京师的态势。他又派人跟广东的尚之信和福建的耿精忠联系，约他们一起叛变。这两个藩王有吴三桂撑腰，也反了。这就历史上有名的"三藩之乱"。

三藩一乱，整个南方都被叛军占领。康熙帝并没有被他们吓倒，他对三藩之乱采取了毫不妥协的态度，并迅速作出反应：一面停止撤销尚之信、耿精忠的藩王称号，把他们稳住；同时削除吴三桂爵位，将其长子额驸吴应熊逮捕，不久即下令处死，以寒吴三桂之心；一面调兵遣将，集中兵力讨伐吴三桂。以荆州为大本营，与吴三桂的军队夹江对峙，阻挡其正面进攻；以山东兖州为适中之地，接济南北；在西北一翼，以重兵阻击陕西叛军，威胁四川；在东南一翼，以重兵驻杭州、南昌等地，全力挡住耿精忠军队的攻势，以防止他们轻易进入湖南与吴军合势。

---

① 明昭宗朱由榔（1623—1661），是南明政权最后一个即皇帝位的皇帝，又称桂王。清兵入关，他于广东肇庆称帝，在位15年，被清兵追逼而逃入缅甸，后为吴三桂索回绞杀。

康熙的这一战略部署，恰好击中了叛军的要害。吴三桂损失惨重，屯兵南岸不敢渡江，军队锐气逐渐低落下来。这就给事先毫无准备的清军以喘息的时间，并使康熙从容调兵，顺利实施其战略计划。

尚之信、耿精忠一看形势对吴三桂不利，便向清军投降了。这样一来，吴三桂的力量渐渐削弱，处于孤立无援的境地中。

至康熙十七年（1678），清军已从各条战线进逼湖南，吴军节节败退。吴三桂已感到江河日下，他自己知道支撑不下去，连悔带恨，于当年八月生了一场大病断了气。

吴三桂死后，其孙吴世璠继位，改元"洪化"。然而吴三桂的死令部属人心涣散，军无斗志，不久便溃败回云南。

康熙抓住战机，展开了战略大反攻。康熙二十年（1681）九月，清军分三路攻进云南昆明，以长围数十里围城。延至十月，城中弹尽粮绝，城南守将暗降清军引导清军破城而入，吴三桂的孙子吴世璠自杀。其部属骨干人物或自杀、自焚，或被俘处斩。

经过八年战争，清军终于平定了叛乱势力，统一了南方。

康熙在平定三藩之乱后，采取了一系列行之有效的重要措施：

首先，军队编制得到统一，三藩之乱平定后，清政府对参加变乱的部队进行了妥善安置：吴三桂的部队悉配戍于辽宁开原县东四十里的尚阳堡，在台站服役；察哈尔布尔尼其党附各部落于义州、锦州等地安插；尚可喜、耿精忠、孔有德的部属，尚之信等家所属壮丁，则分别被编入正黄、镶黄、正白、正蓝旗汉军旗下；另外，还在荆州、福州、广州增设八旗驻防，广西、云南派绿营兵镇守，使得清廷统治权力得到了集中和加强。

其次，地方官吏的任命得到整肃。三藩之乱平定后，三藩任意坐缺补官的擅权行动即被废止，举官用人大权归于中央政府。

再次，三藩之乱平定后，康熙即宣布废除三藩所施行的各种虐政：下令凡是三藩私自征收的赋税一概免除，按照原制定的额税征收；并将尚可喜在广东所占田庐、店舍悉数归还于民。这些举措使得广大劳动人民的负担有所减轻，东南沿海和西南地方的残破局面开始好转。

三藩之乱的平定，有利于国家的统一、边疆的开发，是康熙一生中最主要的丰功伟绩之一。

冲冠一怒为红颜——吴三桂与陈圆圆

陈圆圆，本姓邢，名沅，字畹芬。母亲早亡，方随姨夫姓陈。圆圆能歌善舞，色艺冠时，为苏州名妓，享誉江南，被誉为"江南八艳"之一。

陈圆圆画像

崇祯末年，李自成的农民起义军威震朝廷，崇祯帝日夜不安。外戚周奎欲寻求美女为皇帝解忧，便派遣田妃的哥哥田畹下江南选美。后来，田畹将名妓陈圆圆等献给了崇祯皇帝。但由于当时战乱频繁，崇祯皇帝无心享乐。陈圆圆便又回到了田府，成为田畹府中的歌妓。

不久，李自成的队伍逼近京师，崇祯帝急召吴三桂镇守山海关。田畹设宴为吴三桂饯行，陈圆圆率歌队进厅堂表演。吴三桂见到陈圆圆之后，立即一见钟情、神驰心荡。

酒过三巡，突然有人来报说李自成率军突袭，田畹恐慌地问吴三桂："有敌军前来，该如何是好？"吴三桂回答说："若能以圆圆相赠，吾首先保护君家无恙。"就这样，陈圆圆成了吴三桂的爱妾。

李自成攻破北京，吴三桂的父亲投降了起义军，陈圆圆被李自成的手下刘宗敏掳走。吴三桂正欲答应投降李自成，忽闻陈圆圆已被李之部将所占，冲冠大怒，高喊："大丈夫不能自保其室何生为？"遂投降了清军与农民军开战，在一片石攻破李自成。

李自成战败后，将吴三桂之父及家中 38 口人全部杀死，然后弃京出走。吴三桂为报杀父夺妻之仇，昼夜追杀农民军到山西。此时，吴三桂的部将在京城搜寻到陈圆圆，立即飞骑传送。吴三桂遂终止交战，带着陈圆圆由秦入蜀，然后独占云南。

后来，顺治封吴三桂为云南王，吴三桂欲将陈圆圆立为正妃，陈圆圆没有接受。吴三桂便娶了另外一个女子为正室。但不幸的是，这个正室生性悍妒，吴三桂的很多爱姬都被她所陷害冤杀，陈圆圆看到这样的情景，便独居到别院去了。由于失去了吴三桂的宠爱，陈圆圆心灰意冷，遂乞削发为尼，从此在五华山华国寺吃斋念佛。

康熙平定三藩之乱时，吴三桂气绝身亡。陈圆圆在寺中得知这个消息之后，自沉于寺外莲花池中。

此后，几百年来很多人都将明朝灭亡的原因推在陈圆圆身上，说吴三桂投降清军完全是因为她的缘故，为此，明末清初的诗人吴梅村还曾写诗曰："恸哭六军俱缟素，冲冠一怒为红颜！"

收复台湾，统一中国

康熙幼年即位，他所继承的是一个饱经战火摧残、经济凋零、国弱民贫、各股势力对抗、政权不稳的国家基业。为了稳固江山，让清朝走向更加辉煌的盛世，康熙进行了一系列的整治和改革。在擒鳌拜、平三藩之后，他又趁着告捷余威，把注意力转向台湾。

康熙元年（1662），郑成功驱逐了荷兰侵略者，从荷兰殖民者手中收复了台湾，但仍然用南明永历年号，以明朝遗臣的身份继续同清廷对抗。清朝政府经过数十年的统治，已经完全巩固了其地位，国内满汉之间的民族矛盾也逐渐趋于缓和，郑成功的做法实际上成为阻碍国家走向统一的一股割据势力。早在康熙初年，统一台湾的问题已经提到清朝统治者的议事日程上来。

不久，郑成功去世，其子郑经继位。之后，郑经与其叔父郑世袭为争夺权力发生内讧，政治上越来越走下坡路。清朝由于当时国内棘手问题很多，对台湾还不能以武力压服，只能乘机派使者，企图说服郑成功之子郑经归降清朝。

郑经为了得到喘息的机会，减轻压力，同意与清朝谈判，交出南明皇帝赐给的敕书和印玺。但当清朝要求台湾人众迁回内地，剃发易服时，郑经坚决不同意，提出"请如琉球、朝鲜例，不登岸，不剃发易衣冠"的请求。清廷当然不会答应，致使首次谈判未能成功，双方形成对峙的局面。

清廷见招抚不成，就在第二年十月攻占了厦门、金门、铜山（东山岛）等地。郑氏在大陆沿海的主要岛屿都被清军占领，郑经的部队退出厦门，逃奔到台湾。清朝乘胜派舟师出征台湾，却在海上突遇台风，船只沉没，无功而返。次年五月，清军再度出征，又在澎湖附近遇到狂风暴雨，许多船只被摧毁，无奈又只得返回。

当时两岸虽武装对峙，但又都有一定的和平愿望。清廷见两次渡海东征都无功而返，只好又改用和平招抚手段。

康熙六年（1667），清廷派总兵孔元章赴台湾再次谈判，并承诺如果郑经愿意归顺，则册封他为"八闽王"，并让他管辖沿海诸岛。郑经犹豫不决，后以"和议之策不可久，先王之志不可坠"（《海纪辑要》）为由，拒绝清朝的招抚。

两年之后，康熙亲政了。他派刑部尚书明珠主持和议，派知府慕天颜入台，宣示招抚之意。这次，清朝廷作出了很大的让步，允许郑氏封藩，世守台湾。而郑经却仍然坚持提出只要能像朝鲜一样不削发，便可以称臣纳贡。康熙答复："若郑经留恋台湾，不思抛弃，亦可任从其便。至于比朝鲜不剃发，愿进贡投诚之说，不便允从。朝鲜系从未所有之外国，郑经乃中国之人。"(《明清史料丁编》第三本）清廷坚持一定要削发，认为不削发就不能表现归顺的诚意。由于在削发问题上互不妥协，这次招抚谈判又失败了。

此后便发生三藩之乱，中原战火弥漫。郑经乘机与吴三桂、耿精忠勾结，发兵攻福建、广东，与清军作战，先后占领厦门与漳州、泉州、潮州、惠州各地。后吴三桂兵败去世，郑经孤军难支，再次退回台湾。

清廷再一次派福建总督姚启圣和副将黄朝用赴台谈判。郑经要求"请照琉球、高丽外国之例，称臣奉贡，奉朝廷正朔，受朝廷封爵"，而康熙则认为"台湾人皆闽人，不得与琉球、高丽比"（《清圣祖实录》卷一百零九），坚决不同意台湾比照琉球、高丽之例。于是，谈判再一次无果而终。

此后，清廷又派人进行了几次谈判，但谈来谈去，终未达成协议。康熙看到和谈不能解决问题，于是决定武力克台，但清廷中反对武力攻取台湾的人很多。

康熙二十二年（1683），郑经病逝。其次子郑克塽监国。郑经的亲信侍卫冯锡范等人为了争夺权力，诱杀了郑经的长子郑克𡒊，扶持郑克塽继位。就这样，台湾地方大权落入冯锡范与刘国轩二人手中。岛上争权夺利，人心十分不稳。

康熙抓住这个机会，决定发动进攻，用武力夺取台湾。但是，台湾地处大海中，波涛万顷，作战需依赖水师，满族将士多生于内陆，不熟悉水战，要想夺取胜利，必须另选将帅，训练士卒。李光地、姚启圣向康熙帝推荐，觉得施琅①可当此重任。

康熙思虑再三，决定起用施琅，授福建水师提督一职，命令施琅于六

---

① 施琅，字尊候，号琢公，福建晋江人。早年为明将领郑芝龙（郑成功之父）部下，后随郑芝龙降清。他一贯主张攻取台湾，但因曾是郑氏部属，起初清廷并不信任他，将他安置在北京投闲13年。后被任命为同安总兵和福建水师提督，施琅在福建与郑氏作战多年，先后率师驻守同安、海澄、厦门。既了解台湾情况，又熟悉水师及海上风涛之变幻，是位有勇有谋的将士，但由于"施琅背郑降清"的做法，使得他成为一个颇有争议的历史人物。

月十四日率领官兵 2 万多人，战船 200 多艘，从铜山出发，向台湾发动进攻。郑克爽则派勇敢善战的刘国轩守澎湖①，所率兵将战船与施琅相当。"缘岸筑短墙，置腰铳，环二十余里为壁垒"（《清史稿卷二百六十·施琅传》），两军展开激战，历时七昼夜，两军各有伤亡。

施琅画像

施琅首战不胜，只得暂时退兵，集全军船队于八罩屿。八罩屿一带潮大流急，一遇风暴则舟船难以保全。刘国轩听说施琅军集于八罩屿，不甚欢喜，觉得可以"饮酒以观其败"。谁知八罩屿接连几天都是风平浪静，刘国轩顿感惶恐不已。

二十二日，施琅再次发动进攻。双方自辰时开战，炮火交攻，极其激烈。至巳时，南风忽起，施琅命乘风放火，郑军于是大溃，战船大量被击沉焚毁，死伤 1.2 万人，浮尸遍海，一些将士阵前投降，刘国轩仅率残余的 31 艘船仓皇逃回台湾。

澎湖的失陷引起台湾郑氏当局的极大恐慌。刘国轩逃回台湾后，与部下密议以后的对策，冯锡范主张撤离台湾，迁往吕宋，而刘国轩则认为人心已经背离，倡议归降清朝。与此同时，施琅也积极进行政治争取工作，对被俘的台湾兵将，优礼相待，赏给银米。800 多名伤残者医治之后释放回台，向他们宣示招抚之意。

两个月后，郑克爽自觉已无抵抗之力，遂派人至澎湖施琅军前，表示愿削发称臣，但请求仍居台湾。施琅不予同意，郑氏集团无路可退，最后只得修表乞降。七月十九日，施琅派代表抵台湾，郑克爽率刘国轩、冯锡范等迎接。之后，郑克爽下令全岛兵民遵制剃发。二十七日郑克爽向清军

---

① 位地台湾海峡中流。

递降表，并缴明延平王册印。自此，台湾得到统一。

郑氏投降之后，康熙并没有为难他们，反而给予了一系列的优待。封郑克爽为公爵，刘国轩为侯爵，其他投降的士兵和民众，或入伍，或归农。郑氏人众俱得到了妥善安置。

在妥善安排归降人员的同时，施琅因平台湾功，封靖海侯，并在台湾实施了安民措施。八月十三日，施琅率军来到台湾，颁布《谕台湾安民示》，提出："土地既入版图，则人民皆属赤子，保义抚绥，倍加意。"为安定民心，施琅还亲自前往郑成功之庙焚香祭祀，称其为"开台烈祖"。台湾全局于是归于安定。

在平定台湾郑氏之后，清廷内部对于如何处置台湾这个岛屿发生过分歧。有人认为：台湾"孤悬海外，易薮贼，欲弃之"；也有人说："海外泥丸，不足为中国加广，裸体文身之番，不足与共守，日费天府金钱于无益，不若徙其人而空其地。"（《台湾历史纲要》135 页）施琅则力主坚守台湾。他认为台湾"虽为外岛，实关四省之要害"，具有巨大的军事意义；如果弃之，必定会被荷兰人重新占据。而且，台湾岛上已"人居稠密，户口繁息"，再进行大规模移民必定造成动荡不安。

康熙皇帝极重视施琅的建议，也十分赞同施琅的意见，曰："台湾弃取，所关甚大。弃而不守，尤为不可。"（《康熙起居注》二十三年正月二十一日）在与议政王大臣、大学士和九卿多次商议之后，康熙决定采纳施琅的意见。

康熙二十三年（1684），清廷始设台湾府与台湾、凤山、诸罗三县，隶属福建省，在台湾设总兵官一员、副将两员，兵 8000 人，分为水陆八营。澎湖设副将一员，兵 2000 人，分为二营。康熙二十三年（1684）春，清朝驻台湾的第一批文武官员全部就职到位，宝岛台湾完全统一于清朝政府管辖之下。

郑成功收复台湾

郑成功，原名森，号大木，福建南安县石井村人。其父郑芝龙，是南明隆武朝"建安伯"，曾组织向台湾移民，积极开发台湾岛。顺治二年（1645），21岁的郑成功在福州受到隆武帝朱聿健的召见，隆武帝对他赏识有加，遂赐他国姓（朱），改名成功。

清顺治三年（1646），清军渡过了钱塘江，占领浙江。掌握隆武朝政大权的郑芝龙降清。郑成功虽苦苦劝阻，却未能阻止父亲，于是便率部至南澳（今属广东），起兵抗清。经过浴血奋战，取得了厦门作为抗清根据地。但是，之后的三次北伐均以失败告终，三次败战使得郑军兵力大伤。他考虑了全局形势，感到只靠厦门和金门作为根据地，势单力孤，不可能实现恢复中原的大业。而且台湾人民不堪忍受荷兰侵略者的暴行，切盼解放。于是，郑成功作出"亲征"台湾的重大决策。

郑成功雕像

顺治十八年（1661），郑成功披甲执剑，亲率2.5万名兵将，分乘百艘战船，从金门扬帆出发，意欲越过台湾海峡，直取台湾。然而，军队却在行进途中遇到东南逆风，白浪滔天，船队不能行进，只得返回，停泊在澎湖36屿中间，一连几天不能行进。几天的停靠，使军中粮食告急，如若再不采取行动，那就只有失败而归了。

郑成功意识到这一点之后，立即发布了一道命令，向全军将士宣告：自己此次率领大军，冒着风险东征，是为了收复被侵占的国土，而不是为了贪图享乐，所以希望全军将士能够拿出勇气，不要惧怕惊涛骇浪，万众一心，定能够战胜困难，夺回台湾。全军将士受到此番激励之后，人心振奋，顶着风浪，继续向东南进发，终于越过了台湾海峡。

郑成功决定带领将士在澎湖稍作休整便准备直取台湾。荷兰侵略军听说郑成功要进攻台湾，十分惊恐。他们把军队集中在台湾、赤嵌（今台南）两座城堡，还在港口沉破船阻止郑成功船队登岸。

郑军的船队避开了赤嵌城海岸，绕道从鹿耳门登陆。登陆后，郑军立即包围了军事据点赤嵌，与荷兰殖民军展开了激战，打得侵略军溃不成军，赤嵌城遂被收复。

荷兰总督见赤嵌已被收复，觉得形势不妙，便玩起了缓兵之计，表示愿意年年纳贡。然而，却遭到了郑成功的坚决反对，他表示：除非你们投降，把台湾交还中国，否则我们就战斗到底。起初，盘踞台湾城的侵略军还在负隅顽抗，后来，郑成功在该城周围修筑了土台，对其进行了9个月的围攻。荷兰人弹尽粮绝，最后不得不挂白旗投降，派人送出了投降书。1662年2月1日，受降仪式正式举行。至此，郑成功从荷兰侵略者手里收复了沦陷38年的我国神圣领土台湾，也为后来康熙统一中国打下了良好的基础。

亲征朔漠，无人能及

收复台湾之后，东南沿海得到了稳定，清朝在全国的统治更加巩固。然而，康熙还是无法完全安心，因为西北又崛起了一支厄鲁特蒙古部落，这个部落在噶尔丹的统治之下形成了一个与中央政府相对峙的强大的地方政权。

明末清初，我国北方的蒙古族分为三大部：漠南蒙古、喀尔喀蒙古和厄鲁特蒙古。而厄鲁特蒙古又分为和硕特、准噶尔、土尔扈特和杜尔伯特四部。其中以准噶尔部势力最为强大，明末清初，该部首领台吉哈拉忽拉成为执各部牛耳的人物。哈拉忽拉死后，他的儿子巴图尔珲台吉继位，在他的领导下，准噶尔部进一步强大，先后兼并了土尔扈特部及和硕特部的牧地，迫使土尔扈特人转牧于额济勒河（今伏尔加河）流域，和硕特人迁居青海。

噶尔丹①执政时，又先后吞并了新疆境内的杜尔伯特和原隶属于土尔扈特的辉特部，继而进占了青海的和硕特部和南疆维吾尔族聚居的诸城。

面对崛起于西北大漠的噶尔丹，清朝政府的西北边疆感受到了压力。但由于当时清廷正忙于平定三藩之乱，无力西顾。面对步步逼近的噶尔丹，康熙皇帝只是下令让守边部队严加防护，而一概不过问厄鲁特部的内部事务。

康熙的这一反应，使得噶尔丹更加得意妄为了。随着准噶尔势力范围的不断扩大，噶尔丹分裂割据的野心愈益膨胀。此时，正是沙皇俄国疯狂向外扩张的时期，为了顺利达到侵略中国西北边疆的目的，沙皇俄国对噶尔丹进行了一系列的劝诱，主张噶尔丹继续向外扩张政权。康熙二十六年（1687）年底，沙俄参加中俄边界谈判的全权代表戈洛文，在伊尔库茨克专门接见了噶尔丹的代表，阴谋策动噶尔丹叛乱。在沙俄的鼓动下，为建立自己的西北霸权，增强经济实力，噶尔丹将掠夺的矛头指向了喀尔喀蒙古。

康熙二十七年（1688），噶尔丹亲率骑兵自伊犁东进，对喀尔喀蒙古发动进攻，占领整个喀尔喀地区。喀尔喀蒙古的首领在战乱中仓皇率众东奔，逃往漠南乌珠穆沁一带，向清廷表明自己的处境，请求保护，同时表示愿意投顺清朝政府。喀尔喀与沙俄及厄鲁特接壤，战略位置十分重要。噶尔丹进攻喀尔喀的举动引起了康熙皇帝的高度警惕。康熙一面将他们安置在科尔沁，一面责令噶尔丹罢兵西归。

---

① 噶尔丹（1644—1697），清代厄鲁特蒙古准噶尔部首领，巴图尔珲台吉第六子。早年赴西藏当喇嘛。康熙九年（1670），其兄僧格（当时准噶尔首领）在准噶尔贵族争权夺利的内讧中被杀。次年，噶尔丹自西藏返回，击败政敌，夺得准噶尔部统治权。

噶尔丹画像

然而，噶尔丹此时气焰正盛，对于康熙的指令不但不予理会，反而率兵乘势南下，深入乌珠穆沁境内，继而穿过车臣汗部东隅，逼近呼伦贝尔，离清朝卡伦只有七八日的距离。战火烧遍整个喀尔喀蒙古，人民陷入了灾难之中，平定噶尔丹叛乱已经成为刻不容缓的事情。

康熙二十九年（1690）六月，康熙决定御驾亲征。早在康熙二十八年（1689）八月，康熙皇帝就派理藩院尚书阿喇尼以调解喀尔喀与厄鲁特矛盾为名，赴噶尔丹军营之中观察了80余天，获得大量情报。通过这些军事情报，康熙帝对噶尔丹的军事动向尽在掌握中。

此外，康熙皇帝还采取联络噶尔丹政敌、孤立打击噶尔丹的策略，并向沙俄提出警告，断绝噶尔丹寄希望于沙俄的想法。

一切准备就绪之后，康熙皇帝派出左右两路大军，向土拉河、克鲁伦河挺进，以图夹击噶尔丹。康熙亲临博洛和屯（今内蒙古正蓝旗南）指挥，同时令盛京（今辽宁沈阳）将军、吉林（今吉林市）将军各率所部兵力，西出西辽河、洮儿河，与科尔沁蒙古兵会合，协同清军主力作战。

右路军北进的过程中，在乌珠穆沁境内与噶尔丹军相遇，陷入了噶尔丹军队的包围之中，惨遭失败，右路军统率阿喇尼率残部勉强突围。

右路军的失败打乱了康熙帝的军事部署，噶尔丹则乘势长驱南进，抵达了乌兰布通。这时，清左路军也进至乌兰布通南，康熙急令右路军停止南撤，与左路军会合，合击噶尔丹于乌兰布通，并派兵一部进驻归化城（今内蒙古呼和浩特），伺机侧击噶尔丹归路。

八月初一交战开始，清军以火器部队在前，步骑兵在后，隔河布阵，首先集中火力攻击噶尔丹的驼阵，将驼阵轰断为二之后，再挥军渡河进攻，步兵从正面攻击，骑兵则从左翼迂回侧击。不久之后，噶尔丹便大败仓皇撤往山上，后乘机率仅剩的数千人残部夜渡沙拉木伦河，逃回了科布多（今蒙古吉尔噶朗图）。

经过乌兰布通之役，噶尔丹的嚣张气焰被打压了不少，军事实力也严重受损。但噶尔丹不甘心失败，在逃回大本营科布多之后，仍继续进行对抗清朝政府的新行动。他以科布多为基地，招集散亡人员，企图重整旗鼓，东山再起。而康熙也为了防止噶尔丹再次进攻，而进行了政治、经济、外交等多方面的准备工作。

康熙三十四年（1695）八月，噶尔丹率骑兵3万，再次东侵喀尔喀，向克鲁伦河以东推进，以流寇的形式在喀尔喀地区四处骚扰。在此形势下，康熙决定再次亲征。

次年二月，清廷调集9万军队，分东中西三路进击。东路军由名将黑龙江将军萨布素统领，率官兵约1.2万人，经索约尔济山，直趋克鲁伦河，实行牵制性侧击；西路军分归化城军与宁夏军两支，4.6万人，由安北将军费扬古统帅，越过沙漠，会师于翁金河（今蒙古德勒格尔盖西）之后北上，切断噶尔丹军西逃科布多之路；中路大军3万余人则由康熙亲率，于二月二十三日自京师出发，欲出独石口（今河北沽源南）北上，直指克鲁伦河上游，与其他两路约期夹攻，企图歼灭噶尔丹军于克鲁伦河一带。

按预定计划，中西两路大军应于四月二十七日会师于克鲁伦河巴颜乌兰。所以，在康熙皇帝起程前，西路大军已先行出发。但由于所行之路路途遥远，又不好走，所以行进速度十分缓慢。

五月十三日，清西路军进抵土剌河上游的昭莫多（今蒙古乌兰巴托东南）时，军队已因长途跋涉而饥疲不堪。鉴于这样的情况，西路军统帅费扬古决定不再前行，采取设伏截击的方针，以一部依山列阵于东，一部沿土剌河布防于西，将骑兵主力隐蔽于树林之中；振武将军孙思克则率步兵守在山顶。

战斗开始后，康熙亲率的中路军先向噶尔丹发起攻击。噶尔丹猝不及防，眼见着大队清军从天而降，不敢抵抗，率部夺路连夜西逃。厄鲁特兵刚刚逃出中路军的追击，便又钻进了西路军布下的军阵之中。噶尔丹率兵进击，企图攻占清军控制的山头。孙思克率兵据险防守，噶尔丹久攻不下。

此时，费扬古指挥沿河伏骑分兵一部迂回敌阵，宁夏总兵殷化行见敌人阵后森林中人畜丛集，却久不出动，断定是噶尔丹阵后老幼、辎重所在，便建议费扬古出精骑抄袭敌后。费扬古依计而行，噶尔丹部众果然大乱，夺路北逃。清军乘夜追击15公里以外，酋长及头目或死或降，噶尔丹的妻子阿奴也在战乱中被击毙。噶尔丹见大势所去，仅率数十骑趁夜色西逃而去。至此，康熙帝的此番亲征，以圆满胜利而告终。

噶尔丹回到领地之后，发现其后方基地伊犁地区早在他东侵之际就被其侄策妄阿拉布坦所袭占。而连年的征战已使得噶尔丹元气大伤，丝毫没有实力再夺回领地。之后，康熙对噶尔丹进行了多次劝降，而噶尔丹却拒不应允。鉴于此，为了永绝后患，康熙于三十六年（1697）二月再次下诏亲征。噶尔丹在抵抗无力的情况下，服毒自杀而亡。当晚，厄尔特部族人丹济拉将其遗体火化，携骨灰及噶尔丹之女钟齐海，率300户来投顺。至此，康熙平定噶尔丹叛乱之战始告结束。

历经三朝的战斗——准噶尔叛乱

虽然康熙亲征噶尔丹取得了胜利，但是准噶尔一部的叛乱却没有因此而结束。

噶尔丹死后，他的侄子策妄阿拉布坦成为准噶尔部的统治者，经过一段时间的喘息之后，准噶尔部又逐渐强大起来。随着策妄阿拉布坦统治地位的巩固和地盘的不断扩大，其分裂割据的野心又开始滋长起来。再加之沙皇俄国的怂恿和支持，策妄阿拉布坦便开始了对清军的攻击，不断袭击清军据守的科布多、巴里坤（今新疆巴里坤）、哈密等军事重镇，并派兵侵入西藏，进行分裂叛乱活动。

清政府得知策妄阿拉布坦派兵往西藏，即令出兵进藏，协同藏军对其进行围剿，这才将策妄阿拉布坦叛乱势力赶出西藏。

康熙逝世后，他所制定的抵抗政策，由他的儿子雍正帝、孙子乾隆帝继续推行并得到贯彻。

雍正五年（1727）冬，策妄阿拉布坦死，其子噶尔丹策零成为准噶尔领袖。噶尔丹策零在沙俄支持下，继续进行叛乱活动。自雍正六年（1728）开始，清廷曾多次出兵平定叛军。然而，噶尔丹策零并没有一点收敛之意，他的内外政策基本上遵循其父的路线，对东边也没有放弃向喀尔喀扩展的意图。

雍正七年（1729），雍正帝命侍卫内大臣傅尔丹为靖边大将军决定发兵征讨，噶尔丹策零闻讯惊恐不已，忙遣使求和，要求清军休战一年，得到了雍正帝的恩准。然而，噶尔丹策零却在休战期间，出兵突袭西路清军大营，此战清军损失严重，清政府与准噶尔贵族之间的关系进一步破裂。

雍正十年（1732），噶尔丹策零率军再次袭击驻扎于塔半尔河的清军。八月初，清军奋起反击，以精骑 3 万夜袭其营，大败准噶尔军。噶尔丹策零见势不妙，被迫降附。此后，清政府与准噶尔部割据势力之间的矛盾暂时得到缓和，维持了将近 20 年的和局。

乾隆十年（1745）噶尔丹策零死后，准噶尔部内乱，达瓦齐夺得汗位。接着，达瓦齐又与帮助他登上汗位的辉特部台吉阿睦尔撒纳互相攻战。1754年，阿睦尔撒纳兵败之后，率领 2 万兵士归顺清廷。清政府认为统一西北地区的条件已经成熟，决定命将出师，一举平定准噶尔地区的叛乱。

乾隆二十年（1755）二月清廷发兵 5 万直捣伊犁，达瓦齐猝不及防，兵败被俘。正当清军捉获达瓦齐、获得初步平叛胜利的时候，辉特部首领阿睦尔撒纳又叛变了。二十二年（1757）春，清廷遣军从巴里坤等地对阿睦尔撒纳进行分路进击，大败叛军。随后，阿睦尔撒纳叛逃沙俄，不久因患天花病死异域。

自此，清军迭经三朝、历时70年的平定叛乱之路才取得了最终的胜利，西北地区长期以来的分裂局面也随之宣告结束了。

坚决抵御沙俄，捍卫领土完整

康熙皇帝不仅注重对本国领土的统一和安定团结，更重注对外来侵略者的抵御。他对沙俄的抵抗和还击就是很好的例子。

俄国原是一个欧洲国家，和中国并不接壤，但是俄国觊觎中国领土的野心却由来已久了。

早在明万历十年（1582），俄国的势力就越过了乌拉尔山，进入西伯利亚地带。翌年，发生了"古勒寨之战"，努尔哈赤的父亲死于战斗中。

之后，俄国的势力继续向东扩张。到了明万历四十一年（1613），罗曼诺夫成为沙皇，创建了罗曼诺夫王朝，更加紧了对西伯利亚的扩张。明崇祯十一年（1638），哥萨克人听到达斡尔人说有一条黑龙江。五年之后俄人波雅科夫便带军侵入了达斡尔地区，这是俄军首次侵入黑龙江流域。

清顺治七年（1650），俄国人哈巴罗夫带领70多人，翻越外兴安岭，侵入了黑龙江地方，占领了头人阿尔巴西的住地雅克萨。次年，又带领众人侵占了索伦头人托尔加的驻地。顺治十五年（1658），俄军重新占领了尼布楚。之后，俄国人便开始了对黑龙江地域索伦、赫哲、费牙喀等部民的抢掠活动。俄人哈巴罗夫还将托尔加城主残酷折磨，施以火烧、鞭抽的酷刑，后将托尔加城付之一炬。

眼看国土完整遭到破坏，臣民遭受涂炭，康熙帝自然无法忍受，他曾言："朕亲政之后，即留意于此。"（《清圣祖实录》卷一二一）于是，康熙帝在削平三藩、统一台湾，加强了对中原地区的统治之后，便将战略目光转向了北疆。为了保卫边疆不受外来侵犯，在与沙俄交涉无果之后，他决定采取坚决的自卫措施，出兵反击，彻底清除这伙沙俄侵略者。

为了使反击能够取得良好的效果，康熙帝在出兵之前做了诸多准备工作。他总结了大清军民 30 多年来和俄国侵略者进行斗争的经验，还为了解敌情进行了三次东巡。

关于侦察敌情一事，还流传着这样一个故事：康熙帝派蒙古副都统彭春①以捕鹿为名，从墨尔根行进了 16 天，到达了雅克萨城下进行侦察。结果抓回了 6 名人质，并从他们口中探听出了敌军的居址、地形、兵力和交通等情况。

随后，彭春等回到京师报告，认为要攻取俄罗斯并不难，只要发兵 3000 人就足够了，并建议康熙立即行动。但是，康熙帝没有同意他们的建议，觉得单纯从军事上考虑不够周全，必须作更充分的准备才行。

随后，康熙帝先在卜魁（今黑龙江省齐齐哈尔市）设立黑龙江将军，又建黑龙江城（今瑷珲城），并设立驿站；之后又在乌拉（今吉林省吉林市）大量制造船只，准备溯水而战；并铸造战炮，筹划屯田，开辟驿路，以求战而能胜，胜而能守。

一切准备妥当之后，康熙开始对沙俄发动进攻。但是，由于远途奔袭，人地两生，再加上传闻沙俄凶残，很多官员对反击沙俄作战充满了畏难情绪。然而康熙帝心意已决，毅然决定出师抗俄。

1685 年 6 月，康熙帝派遣都统彭春率兵进抵雅克萨。彭春到达雅克萨后，并没有立即出兵，而是先派人送去康熙帝致沙皇的信和他本人给雅克萨俄军的咨文，文中给出最后的警告，要求俄军立即撤离中国。但沙俄侵略者却对中国的警告置若罔闻，不仅没有丝毫撤离的意思，反而招募新兵，增强雅克萨的兵力，并任命有作战经验的军役贵族托尔布金为阿尔巴津督军，来到雅克萨指挥作战。

6 月 23 日，清军统帅再次来到雅克萨城下和俄方对话，俄方依旧顽固

---

① 彭春（1644—1699），满洲正红旗人，栋鄂氏，后金开国五大臣之一何和礼的四世孙。他一生南征北战、功勋赫赫，为国家的统一与版图的完整作出了杰出的贡献。三藩之乱时，彭春率军南下平叛，战功卓著。1685 年，又率军攻打盘踞雅克萨的沙俄侵略军，一日即攻下雅克萨城。1690 年，率领右翼清军在乌兰布通大败准噶尔军……彭春因"性资忠勇，器识弘通"，而为康熙皇帝所倚重，康熙称其为"干城之选"，并加以太子太保衔，授正红旗蒙古副都统。

不化，且言语十分的不恭敬。见此情形，清军打算放弃劝和，立即出兵攻打俄军。

6月24日，清军列阵，包围了雅克萨。俄军见此情形，立即遣兵调将请求支援。25日，一队俄军从黑龙江顺流而下，企图冲进雅克萨协助城内俄军作战，被清军拦截在江上，双方经过了一场激战之后，俄军告败，死伤40余人。

接着，清军架起了大炮，向雅克萨发动了猛烈的轰击，不多时，俄军便伤亡严重，败下阵来。眼看走投无路，俄军放弃了最后的抵抗，在清军的劝降下，俄军头目托尔布金竖起了降旗。

清军接受了俄军的投降，并对他们采取了宽大的处理态度，准许700多名俄国人撤出雅克萨，返回俄国。至此，被俄军侵踞20余年的雅克萨，终于得到光复。随后，清军将胜利的捷音奏报到康熙帝的行宫。康熙帝指示："雅克萨城虽已克取，防御决不可疏。"（《清圣祖实录》卷一二一）但是，彭春等没有留军驻守雅克萨城，也没有收割田间庄稼，仅毁去城堡后，便回军黑龙江城。

托尔布金从雅克萨退到尼布楚，但侵略中国的野心不死，仍想卷土重来。这时，由彼顿率领的600名援军到达尼布楚，俄军的力量增加了。同时，他们探听到清军战胜后已全部撤回黑龙江城。于是，托尔布金便于同年六月，带领700余人，携带大炮和弹药，重新侵踞了雅克萨。

清军得知俄军再占雅克萨，不得不再次出兵抵御。康熙二十五年（1686）二月，康熙帝颁发谕旨："今罗刹复回雅克萨，筑城盘踞，若不速行扑剿，势必积粮坚守，图之不易。其令将军萨布素等……止率所部二千人，攻取雅克萨城。"（《清圣祖实录》卷一二四）

同年七月，萨布素奉命率所部2000余人及福建藤牌兵[①]400人进抵雅

---

① 又称虎衣藤牌兵。藤牌，是指藤制的盾牌，油浸过后可以防弓箭、挡鸟枪。历史悠久，殷商时期已出现，明代大将戚继光曾重用。清人关时已有藤牌军，此处的福建藤牌军于康熙二十四年（1685）组建，在雅克萨和平定准噶尔的战争中有出色表现。

克萨，随即围城进攻。经过两个多月的攻城和围困，俄军损失惨重。9月底，俄国头目托尔布金被击毙，城中俄军大多战死或病死，粮食弹药也消耗殆尽，最后困守在雅克萨的几十个俄军只能在城中坐以待毙。

康熙帝在清军兵迫雅克萨城的同时，再次表现出和平谈判解决两国边境问题的愿望。为了彻底解决沙俄侵略黑龙江流域的问题，以求得边界上稳定的和平，皇帝多次写信给沙皇。康熙二十五年（1686）七月三十日，康熙再次给沙皇彼得和伊凡发去咨文："我领兵大臣命鄂罗斯降人伊凡·米海罗莫洛多依，持书送尼布楚、雅克萨头目，令其悔改，撤回本地。讵彼等仍收我逃人，拒不撤至伊界，朕乃进兵围雅克萨城。其鄂罗斯人，俱行投降，未戮一人，悉行放回，并再三晓谕，令其撤至伊界，毋复来犯。今鄂罗斯人乘我班师之隙，竟复占雅克萨，将我人员俱行杀害……惟虽经屡次宣谕，鄂罗斯人竟不撤回，而死守尼布楚、雅克萨地方。今仍望察汉汗撤回属民，以雅库等某地为界，各于界内打牲，彼此和睦相处。"（《兵部为俄应撤回侵兵并于雅库立界事致俄皇咨文》）

1686年11月，正当雅克萨围城旦夕可下的时候，一批俄国信使从莫斯科来到了北京，递交沙皇要求解除雅克萨的包围和派使臣戈洛文来华议定边界的信件。康熙帝同意了俄国沙皇的请求，下令停止战斗，解除对雅克萨的包围并停止了进攻。1687年5月，清军撤离雅克萨返回黑龙江城。

康熙二十八年（1689）四月，康熙派索额图一行前往尼布楚与俄国进行谈判。临行前，康熙嘱咐索额图："尔等初议时，仍当以尼布潮为界，彼使者若恳求尼布潮，可即以额尔古纳河为界。"（《清圣祖实录》卷一四〇）

索额图使团到达尼布楚之后，以石勒喀河为界，将大营驻扎在岸边。俄国使团首席代表戈洛文到达后，则驻扎在河的另一边。会谈的会场设在野外，位于尼布楚城与河岸的正中，双方距离相等。

七月八日，谈判正式开始。经过双方多次协商之后，索额图按照康熙帝旨意，作出最后让步，双方签订了《中俄尼布楚条约》，划定中俄东段边界。条约规定：格尔必齐河、额尔古纳河以东至海，外兴安岭以南，整个黑龙江流域、乌苏里江流域包括库页岛土地，归中国所有。双方进行贸易互市。两国永为交好邻邦等。

《中俄尼布楚条约》签订后，俄军从中国领土上撤走，雅克萨重新回到祖国的怀抱。清朝加强了对黑龙江地区的管辖，中国东北边疆得到170多年的安定。

朝代更替的伏笔——古勒寨之战

朱元璋建立明朝以后，为了彻底打击蒙古人，便建立宗藩，以强化辽东。然而，朱棣登基之后，担心强藩在后，会威胁皇权，便撤销了辽东的封藩，并引进女真部落，采取"以夷制夷"的方针。以为此举既驯服了女真人，又加强了抵御蒙古人的力量，实在是一举两得。

而对于女真人来讲，明朝的这种做法使他们摇身一变成了天朝上国的公民，再加之有明朝政府的补贴，生活水平也得到提高，自然是一件美事。

最初，女真部落在帮助明军打击蒙古人方面贡献了不小的力量。但后来，随着对汉族先进生产力和文化的吸取，女真部落的势力不断壮大起来。于是，一些部落就不安分起来，走上了蒙古人的老路，不时对明朝一些地区进行劫掠。特别是建州女真一族（明代女真有建州女真、海西女真和野人女真三部），在其右卫首领王杲的率领下，多次抢掠内地，并大败明军，使辽东形势十分紧张。

为了解决这一难题，隆庆四年（1570），明朝任命大将李成梁镇守辽东。经过一番激烈的战斗，万历三年（1575），王杲战败，落得凌迟处死的结局。

王杲死后，他的儿子阿台袭职。阿台对父亲的死耿耿于怀，他十分痛恨明朝，时常起兵对抗，谋划为父亲报仇。

万历十一年（1583），为了彻底消除后患。明朝派李成梁率军进攻阿台驻地古勒寨，古勒寨地势险要，阿台带兵在此顽强抵抗，双方僵持不下。

由于阿台的妻子是建州左卫领袖塔世克的侄女，而按当时的战争规则，如果不投降，城陷以后就要屠城，为了使亲人免于危难。塔世克同其父觉昌安试图赴古垾城劝降阿台，觉昌安以自己和李成梁的交情向阿台担保，只要他投降，李成梁定会放他一条生路。而阿台却执意抵抗到底。

如果以阿台部落的战斗力来讲，李成梁想要攻下古勒寨并非易事。但是，苏克苏浒河部图伦城主尼堪外兰为讨好李成梁，见古勒寨久攻不下，就开始对城内民众进行诱降，声称李成梁有令，杀了阿台的人就能成为新的城主。阿台部下将领信以为真，将阿台杀死之后便开城投降了。

然而，等待着他们的并不是富贵荣华，而是一片腥风血雨的杀戮。李成梁非但没有履行诺言，反而下令屠城，将古勒寨中的女真人全部杀死，以绝后患。在这场杀戮中，觉安昌和塔克世也没来得及逃出来，惨死在了乱军之中。

古勒寨战役以明军的胜利而告终，但这并不意味着明朝危亡的化解，反而为明朝的彻底灭亡埋下了伏笔。因为，死于杀戮中的觉昌安和塔世克正是清朝开国皇帝努尔哈赤的祖父和父亲。为了保护族人、为父报仇，努尔哈赤就此登上了历史舞台，并最终成为大明王朝的终结者。

第四章　丰富多彩的"业余"生活

乐此不疲的儒学之路

康熙帝亲政，平定"三藩"、统一台湾之后，国内大的战事基本上宣告结束，政局开始走向稳定。但是，在这一期间，阶级矛盾和满汉民族矛盾空前激化、异常尖锐，满汉文化冲突剧烈。为了适应和调整这些错综复杂的社会关系，清政府在统治思想及文化政策方面作了相应的调整。

在古代中国，上至朝廷，下至黎民百姓，无一不见国家法定或认可的礼仪存在，这和皇帝的政治观念有关。而且，古人认为，天子治国主要内容是教养二事，认为国家为政，必须养先于教，即所谓"有文治，必有武功。"武力足以抵御外敌和平定内乱，但在国家政治和社会生活都走上正常时，文治才是国家运作的功能所在。

而众所周知，儒家尚礼，所坚持的正是"为国以礼"的思想。由于在儒学与政权之间建立起了稳固的制度化关联，儒家思想①自汉武帝而后便成为封建社会的正统思想和精神支柱。帝王们可以对孔子的称谓、尊祀之礼及其政治地位稍作调整或升降，但要想不尊孔崇圣那却是不可能的。正可谓"不可一日无孔子之道"。特别是对于入主中原的少数民族统治者来说，是否尊孔更直接关系到能否稳固其统治根基。

康熙帝对此有十分自觉的认识，故其利用一切时机向臣民宣扬对孔子

---

① 儒家思想由孔子创立，基本上坚持"亲亲"、"尊尊"的立法原则，维护"礼治"，提倡"德治"，重视"人治"。儒家思想是中国影响最大的流派，也是中国古代的主流意识，被封建统治者长期奉为正统思想，对中国、东亚乃至全世界都产生过深远的影响。

的尊崇之意。一方面，保持自己"国语骑射"为特色的满族文化作为回应；另一方面，主动接受并大力弘扬以儒学为核心的汉族传统文化，提倡尊孔读经，把崇儒重道作为基本国策。这样就减少了满汉文化相互之间的隔阂和摩擦，积极地促进了满汉文化的融合。

其实，康熙对于儒学思想的推崇并不仅仅是因为上述这些政治方面的作用。就他本身而言，也是十分喜欢研究儒学的，认为"殊觉义理无穷，乐此不倦"（《康熙起居注》第1册第80页）。康熙八年（1669），他敕谕众官曰："朕惟圣人之道高明广大，昭垂万世，所以兴道致治、敦化善俗莫能外也。朕缵承丕业，文治诞敷，景仰先哲至德。"（《圣训》）康熙十六年（1677）十二月，他在御制《日讲四书解义序》中，明确宣布清廷要将治统与道统合一，以儒家学说为治国之本。二十三年（1684），御驾亲临阙里圣庙，并行三跪九叩首礼，曰"至圣之道与日月并行，万世帝王咸所师法，下逮公卿士庶罔不率由……朕向来讲求经义，体思至道，欲加赞扬，莫能名言。特书'万世师表'四字悬额殿中，非云阐扬圣教，亦以垂示将来"（《御制文初集幸鲁盛典》）。之后有诏颁御制《孔子赞序》及颜回、曾参、子思、孟轲四《赞》并重修阙里圣庙成而特制碑文，并将自己对于孔子的盛赞和尊崇昭告天下。

康熙非常注重学习、研究儒家思想，曾曰："朕御极五十年，勤览书籍，凡《四书》《五经》《通鉴》《性理》等书俱曾研究。每儒臣逐日进讲，朕辄先为讲解一过，遇有一句可疑、一字未协之处，亦即与诸臣反复讨论，期于义理贯通而后已。"

但是，康熙对于儒学的尊崇，并不仅仅只是停留在对孔子的称颂上，更"不徒空言"，而是期于"见诸实行"，他曾专谕讲官曰："尔等进讲经书，皆内圣外王、修齐治平之道。朕亦孜孜详询，每讲之时必专意以听，但学问无穷，不在徒言，要惟当躬行实践，方有益于所学。尔等仍直言无隐，以助朕好学进修之意。"

除此之外，他还钦定程朱理学①为官方哲学，并用道统、治统合一论，用以论证清廷统治的合法性。可见，康熙完全是从帝王实用的立场来评估儒学与儒经的。

朱熹画像

康熙以儒治国，并在为政实践中形成了一套以儒学尤其是程朱理学为理论基础的政治思想体系。比如他认为："臣为邦本，必使家给人乐，安生乐业，方可称太平之治。"故其反复向群臣宣谕"爱民"、"重民"、"安民"、"惜民"的道理，要求他们奉公守法，恪尽职守，清正廉明；还采取了一系列诸如减免赋税、惩治贪官的有利于民生安乐、社会稳定的措施；并本着程朱理学之旨要人们"存天理，去人欲"，通过所谓"闲邪存诚"、"省察克治"的功夫，达到"辨明天理，决去人欲"的目的。

康熙的这一政治思想体系，不仅对清初疗治多年战争的创伤，恢复和发展社会经济，使社会稳定、民生安乐等有着十分重要的意义，还深刻影响了其子其孙，为雍正和乾隆所继承和发扬，为康乾盛世的兴起打下了良好的基础。

儒学思想的创始者——孔子

儒学思想历经千年经久不衰，曾作为皇家思想被尊崇，至今仍为世界

---

① 程朱理学，是宋明理学的主要派别之一，也是理学各派中对后世影响最大的学派之一。由北宋程颢、程颐兄弟创立，其间经过弟子杨时、罗从彦、李侗三代的传承，到南宋又由朱熹摄入的北宋"五子"（周敦颐、邵雍、张载和二程）的学说而最终完成。由于朱熹是这一派的最大代表，故又简称为朱子学。

程朱理学的核心思想是：认为理或天理是自然万物和人类社会的根本法则；物、人各自之理都源于天理，此为理一；要存天理、灭人欲。

很多人所研究和追随，可见其价值之高。而提到儒学思想，就不得不说到他的创始人——孔子。

孔子，名丘，字仲尼，生于公元前 551 年。孔子的祖先本是殷商（华夏族）后裔，故为孔姓。而关于孔子名字的由来，则流传着两种说法：

一种是说因孔子出生之前其母曾在尼丘山祈祷，故起名为丘，排行第二，故字曰仲尼。（《孔子家语·本姓解》载：私祷尼丘之山以祈焉，生孔子，故名丘字仲尼）

另一种则是说孔子一生下来，头顶中间低，四边高，很像尼丘山。因此，他的父母便给他起名为丘，字仲尼。

孔子 3 岁的时候，他的父亲就病逝了。之后，孔子的家境相当贫寒。碰巧当时又处于乱世，中国社会正在从奴隶社会向封建社会转型，整个社会处在动荡之中，思想文化也发生了深刻变化。夏商周三代十分浓厚的天命鬼神观念受到了冲击，贵族垄断的教育模式也维持不下去了。在孔子的出生地鲁国，这种旧制度崩溃的迹象更为明显。

孔子画像

在这样的背景之下，孔子不得不自贬身价，从事一些在当时被认为卑贱的职业。然而，也正是这种逆境激发了孔子好学向上的精神，如饥似渴地展开了学习。为了能够获得真知，孔子还曾经亲自前往周都洛阳，专门拜访老子，向老子请教。孔子到了 30 岁左右，博学的名声已经流传开来，并收了第一批弟子。

孔子不仅博闻多识，而且毕生致力于研求政和为人之道。然而，仕途的大门却迟迟没有向他敞开，直到年过半百之后，他才获得了从政的机会。在治理鲁国的 3 个月中，孔子的才能使强大的齐国也感到了畏惧。但由于身处乱世，孔子所主张的仁政没有施展的空间。于是，孔子便辞了职，继续发展自己的教育事业。

孔子首创私学，开门授学，促进了文化知识在民间的传播。"因材施教"是孔子的一条重要教学原则，即重视启发式的教育，要求学生举一反三。孔子的弟子多达3000人，其中贤人72人，便是著名的"七十二贤"。

孔子曾携弟子在外周游列国14年，之后回到了故土。但厄运却在他的晚年接踵而至。

先是他的独生子孔鲤离他而去，紧接着，孔子最喜爱的弟子颜渊和在卫国当官的子路也相继去世。独子和弟子的离去，使孔子悲痛不已，从此一病不起，不久便与世长辞了，享年73岁。

孔子无论生前死后，其崇拜者都不可胜数。孔子逝世后，鲁哀公将孔子故居改建为庙，收藏孔子生前用过的东西。此后，除去焚书坑儒的秦朝，孔子在整个封建社会都备受推崇。

《康熙字典》诞生记

有这样一本字典，它曾在一次拍卖会上拍出了4.4万元的高价，成为收藏界的宠儿。究竟是什么样的一本字典能拥有如此高的身价呢？它就是《康熙字典》。

康熙不仅在治国安邦方面独有一套才能，对于四声七音的渊源和古文篆隶随世递变的历史也颇有研究。而且，康熙帝十分注重对文化的普及和文人的培养。康熙觉得随着时代的变迁，人们对一些古文的释义了解起来一定会有所困难。而若是因为不好理解就将原本一些好的思想和文化丢弃掉也实在可惜。

于是，为了使学者文人查考古文时"得以备知文字之源流，而官府吏民亦有所遵"，康熙四十九年（1710）三月初七，康熙亲令大学士、吏部尚书张玉书①和陈廷敬②两人为总阅官，主持编著字典。而且，在上谕中，康熙还对编纂字典的意义、方法、要点作了详尽而有原则的指导。

接到康熙的旨意之后，张玉书和陈廷敬便开始着手主持编纂事宜。历经六年之久，翰林院30余人参考明代的《字汇》《正字通》两书，最终将这本工程浩大的巨著编著而成。因为这本字典是康熙下令编纂的，所以称为《康熙字典》。成书后，康熙还亲自为字典拟了序。之后交由武英殿刊印，世称"殿本"。这也是我国历史上唯一一部由皇帝上谕并作序的字典，也是中国第一部以字典命名的汉字辞书。

《康熙字典》采用部首分类法，按笔画排列单字，文字涵盖面十分广泛。整部字典共分为十二集，以十二地支标志，每集又分为上、中、下三卷，并按韵母、声调以及音节分类排列韵母表及其对应汉字。字典中收入的文字多达4.7万多个，在很长一个时期内是我国字数最多的一部字典，直到1915年《中华大字典》出版后，才以多收录1000多字的优势超过了它。

字典的书首附有"检字"、"辨似"，书末附有《补遗》，《补遗》中收有音有义的冷僻字或正集里某些字的异体字；《备考》中收有音无义或音义全无的字等，为汉字研究提供了重要的参考。

《康熙字典》的查找方法可记为：一二子中寻，三画问丑寅，四在卯辰巳，五午六未申，七酉八九戌，其余亥部存。

如查"康"字。在部首索引中找"广（yɑn）"部，除部首外，"隶"为8画，再到"寅集下""广"部8画里找，即可查到"康"字。

---

① 张玉书（1642—1711），字素存，号润甫，江苏丹徒（今江苏镇江）人。自幼刻苦读书，顺治十八年（1661）考取进士，对史学和春秋三传都颇为精通。康熙三十五年（1696），曾随康熙亲征噶尔丹叛乱，著有文贞集十二卷、《清史列传》等。历任翰林院编修、国子监司业、侍讲学士、刑部尚书、兵部尚书、华殿大学士兼户部尚书、太平宰相等职，朝廷甚是倚重。

② 陈廷敬（1638—1712），原名陈敬，因同科考取有同名者，故朝廷在其名中赐一"廷"字，改为廷敬。字子端，号说岩，晚号午亭山人，清代泽州（现山西省阳城县皇城村）人。陈廷敬生平好学，诗词、文章、音乐都颇有造诣，康熙皇帝对其诗作风格很是赞赏。入仕以来，曾先后担任经筵讲官、工部尚书、户部尚书、吏部尚书等职。

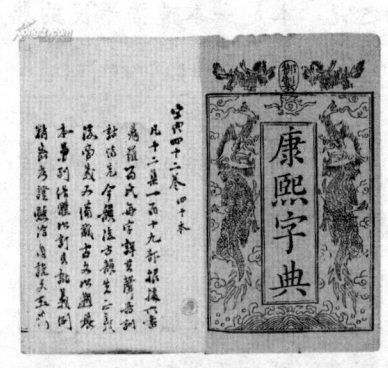

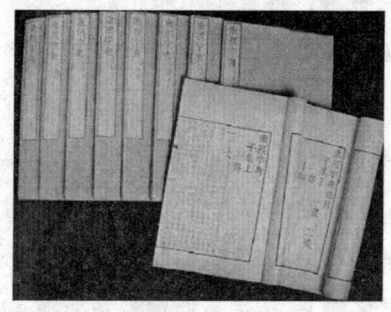

《康熙字典》康熙五十五年刻本

《康熙字典》问世后，乾隆、光绪均又做修纂再版，为以后的字典编纂奠定了基础。此后，后人在其基础上编纂出了《汉语大字典》《中文大字典》等字典书籍，但是由于《康熙字典》注重"古"而后继者服务于"今"，因此，至今《康熙字典》仍发挥着不可替代的作用，是阅读古籍、整理古文献、从事古文化研究的重要参考书，为中外人士所注目和使用，而且具有很高的收藏价值。

但是，值得一提的是，《康熙字典》并不是仅有武英殿一种版本，武英殿的版本多是内廷赏赐用的，装订非常豪华，民间很少见到。因此，此字典自问世以来，就版本众多，据不完全统计有100多种。有道光七年（1827）的内府重刊本、其他木刻本，以及清末出现的石印本、铅印本等。其中，清末上海同文书局增纂石印本是发行量最大，也是最流行的一种版本。

现代也出版了一些《康熙字典》的版本，但内容较之从前的版本有所差别。现代版本收字更全，将旧版《康熙字典》最难查的补遗和备考依现代文字规范并入正篇，方便查找。对用字也进行了修订，使其更加规范。另外，还补入大量今人常用的规范字，将原字典字头的切音读法替换成了汉语拼音，使现代人使用起来更加方便。

因改编字典而引发的血案

《康熙字典》的编著为世人研究古籍提供了重要的参考资料，但也有人因为它而革职、入狱，甚至遭受到了血光之灾。本是一本造福于民的典籍，为何会成为一柄杀人的利刃呢？这话还得从一个人说起。

此人名叫王锡侯，江西新昌县（今宜丰）棠浦镇沐溪村人，康熙五十二年（1713）与兄长王景云共同启蒙，为追求功名，自己锁在王氏祠堂的小房里，夜以继日地苦读，几乎连吃饭的工夫都不肯耽误。期望着有朝一日能够"学而优则仕"。

然而，也许是命运弄人，王锡侯的科举之路却并不十分顺畅，24岁才补博士弟子，38岁才考中举人，之后就屡试不第，再也不见起色。

于是，科举之路不顺畅的王锡侯就在家里著书了。因为他对于考证字音字义十分感兴趣，于是便将《康熙字典》仔仔细细地研究了一番。在看了数遍之后，他发现了一个问题：《康熙字典》虽然收字很多，"然而穿贯之难"，按照笔画查字，使用者只能查到字却不能知其所有组词用法，而且字与字之间没有联系，就像散落的珠子一样贯穿不起来。

针对这个缺失，王锡侯想出了"以义贯字"的方法，把读音或意义相同、相近的字，汇集到一处，加以补强，并称"字犹零钱，义以贯之，贯非有加于钱，钱实不妨用贯，因名之曰《字贯》"。很快，这本《字贯》就出版问世了，全书分天文、地理、人事、物类四大类，共40卷，使字词之间看起来更加明了，王锡侯也对自己所作的这本典籍感到很是欣慰。

但是，好景不长。乾隆四十二年（1777），王锡侯的一个仇家王泷南向江西巡抚海成举发，说王锡侯在《字贯》一书的自序中，写有"然而穿贯之难"的字句，声称这是在公然诋毁康熙帝的圣训。

江西巡抚海成听闻之后，立即将此事上报朝廷。乾隆听说之后，对《字贯》一书进行翻看查实。之后发现，王锡侯不仅在自序中书有海成所述字样，更要命的是，他竟然不顾避讳地把康熙、雍正、乾隆的名讳直书于书籍之中，而清朝时有明确规定，在不得已书写皇帝名号时，皆应减一笔或加一笔来避讳。王锡侯的做法在当时看来，是属于大逆不道的罪行。

于是，乾隆给了他"罪不容诛，即应照大逆律问拟"的处置。之后，王锡侯被监送京城问斩，子孙七人都被判斩，其他家人亲属则"充发黑龙江，与披甲人为奴"。就连上奏时建议革去王锡侯"举人"头衔作为惩罚的江西巡抚海成，也被乾隆认为判罚太轻，有替罪人说好话之嫌，而被判为斩监候，秋后处决；而原江西布政使周克开、按察史冯廷丞也因之前看过《字贯》一书，却没能检出悖逆之处而遭到革职处分。

康熙到底有多喜欢狩猎

在很多描述康熙皇帝的书籍和影视作品中，都有关于康熙狩猎的描述和片段。这并不是为了显示康熙豪迈气概的艺术手法，而是在真正的历史中也确实存在的事情。康熙一生不仅狩猎多次，而且也十分喜欢狩猎这项活动。

对于现代来讲，狩猎这种事并不多见，即便是有，也多被人们当成一项娱乐来看待。而在古代，狩猎不仅仅是娱乐，更是一种军事才能的体现，凡是雄才大略的帝王，几乎没有不喜欢狩猎的。而满族更是生在马背

满族骑射

上的民族，他们的战术都是来自狩猎，也可以说是靠着狩猎得到的兵法和政权。所以，康熙喜欢狩猎也就成了理所当然的事。

康熙帝自幼便跟从满洲侍卫默尔根学习骑射，并且十分刻苦用功。而默尔根在教授骑射的时候也从来都不因康熙是天子而有所畏惧，只要康熙在姿势、方法等方面稍有不当时，默尔根就会严加批评，要求改正。正是因为这样严格的教学方式，才使得康熙拥有了十分精湛的狩猎技艺。虽然满人多善骑射，但是能比得上康熙的人却是少之又少的。

康熙皇帝进行狩猎活动主要以每年的"秋狩"①为主，但又不仅仅只是"秋狩"。宫廷档案中曾有记载说，康熙每到北方出巡，几乎都会进行狩猎，而且还猎获过不少猛兽。关于此事，民间还流传着一个传说：

据说，康熙二十二年（1683），康熙皇帝到五台山礼佛。在上山途中忽遇一只猛虎从对面一步步走下来。眼看猛虎距离康熙愈来愈近，情急之中，康熙问身边的侍卫："老虎会吃人吗?"侍卫答曰："启禀圣上，吃人乃是老虎的本性。"康熙一听此言，随即拿来侍卫手中的弓箭，拉满弓弦，向猛虎射去。老虎中箭后，应声倒在地上，一命归西了。

在确认老虎死后，身边的人连声称赞康熙的射箭功夫。康熙却责备随身的侍卫："一般伤人的猛虎都是突然之间窜出来的，而这只老虎却是一步步走过来，大概并没有伤害我们的意思，反倒像是来迎驾的。你们不动脑子就断定它是害人之物，害得我伤了它一条性命。"

随后，为了向这只老虎表达歉意，康熙命人将其抬进寺中，特制了木架，并摆放了贡品将其供了起来。不久之后，老虎的肉逐渐腐烂了，大家便取出腐肉，以草填之，眼睛部分则以玻璃球镶嵌，移到天王殿内展出，栩栩如生。

康熙狩猎图

为了纪念此事，从此之后，原来的红崖村就被改名为"射虎川"了。

这件事情不仅在山西民间广为流传，跟随在康熙身边的西方传教士南怀仁和作家高士奇的著作中，都有康熙狩猎的详细描述。而《山西历史地名录》也有这方面的记载："康熙二十二年（1683）帝西巡经此（指台麓寺），忽遇一虎，亲挽雕射之，虎应弦而毙，因名射虎川。"

①　秋狩，是秋季狩猎的简称。自康熙以来，清朝的皇帝几乎每年秋天都会到木兰围场（在今河北省围场县境）巡视习武，行围狩猎，是帝王演练骑射的一种方式。除了狩猎之外，皇帝往往还会邀蒙古各部王公在此相聚，以笼络蒙古上层贵族。

由此可见，康熙的狩猎技术的确是十分超群的。为了训练军队、方便狩猎，康熙帝还于康熙二十年（1681）开辟了一万多平方千米的木兰围场。清朝前半叶，皇帝每年都要率王公大臣、八旗精兵来这里举行以射猎和旅游为主要内容的"木兰秋狝"。①

当时的木兰围场根据地形和禽兽的分布，划分为72围。每次狩猎的时候，先由管围大臣率领骑兵，合围靠拢形成一个包围圈，并逐渐不断缩小。等圈子缩小到一定程度，野兽密集起来时，大臣就奏请皇上首射，皇子、皇孙随射，然后其他王公贵族骑射，最后是大规模的围射。

木兰围场狩猎图

从康熙二十年（1681）至嘉庆二十五年（1820）的130多年间，康熙、乾隆、嘉庆先后来围场举行秋狩多达105次。雍正在位时，虽没有到过围场，但他告诫后世子孙"当遵皇考所行，习武木兰，毋忘家法"。

康熙狩猎主要是使用火枪和弓箭，在他晚年，曾对自己的狩猎收获做过统计。据《圣祖实录》记载，康熙狩猎共获"虎一百二十五、熊二十、豹二十五、猞猁十、麋鹿十四、狼九十六、野猪一百三十二、鹿数百只，其余围场内随便射获诸兽不胜记矣"。而且，他还曾在多伦会盟时开硬弓命中很远的靶子，令到场的蒙古王公惊骇不已。如此看来，康熙的骑射技艺确实非常人所能及。

康熙帝选择木兰围场作为皇家猎苑，除了方便训练和狩猎之外，还有其重要的政治目的和战略意义。木兰围场北控蒙古，南拱京津，是历史上的战略要地。前文讲到的平定噶尔丹叛乱的乌兰布通战役就是在这里举行

---

① 木兰是满语"哨鹿"之意。哨鹿，是一种诱杀的打猎方法。八旗兵在打猎时，都会有兵士头戴雄鹿角，在树林里口学公鹿啼叫，以此来引诱母鹿出现，以便猎杀。

的，这时的木兰围场实际上已成为清政府的主要政治、军事活动场所了。

巴林右旗博物馆中的黄马褂

对于"黄马褂"这个词，相信大家并不陌生。我们常在一些影视作品中看到某位大臣因立了大功而得到皇上赐的黄马褂，于是便如获至宝，欣喜不已，连连谢恩。

其实，这黄马褂分为两种。一种是清代的一种官服。凡领侍卫内大臣、护军统领等，皆服黄马褂。而巡行扈从大臣，如御前大臣、内大臣、内廷王大臣、侍卫什长等，也皆例准穿黄马褂。这种黄马褂就像是现在的工作服一样，并没有太多的权力夹杂。

另一种则是上文提到的御赐黄马褂，这种黄马褂就不仅仅是一件衣服了，而是一种荣耀的象征。而且，很多时候，御赐的黄马褂还代表着皇上钦赐的权力。比如，皇上钦派大臣去办案，为了行事方便，就会御赐黄马褂。而下边州府的人见到了黄马褂也就如同见到了皇上的圣谕，必定毕恭毕敬听从调遣。

在内蒙古自治区第一家旗县级博物馆——巴林右旗博物馆内也藏有一件身长及脐、袖长及肘、四面开裾的黄缎子马褂。据说这个马褂颇有来历，还有一段很神奇的传说。

话说一天，一队人马在巴林草原上行进，看装扮，大概是经常来草地做生意的商人，中间骑毛驴的应该是掌柜，其余的人为伙计。

走了一段，掌柜抬眼望了望天，向身边的伙计说道："已经到了晌午，我们找个地方歇息吃饭吧！"

其中一个伙计听后说："往南边不远就是柳泼子，那里有一个蒙古营子，我们可以到那里歇脚。"

得到掌柜的应允后，一行人便来到了那个地方。按照掌柜的吩咐，他们三三两两分别扎进了不同的蒙古包。掌柜则同其中一个伙计直奔了眼前

黄马褂

不远处的蒙古包。

蒙古包里住着一位年逾六旬的老婆婆。见有客人盈门，立即出门招待。掌柜朝老婆婆点了点头，便钻进了蒙古包。蒙古包的正中间放着一个柜子，躺柜上面有一个被黄缎子蒙着的相框，看不出是什么东西，掌柜正好坐在了柜子的前面。

老婆婆见状十分不乐意，说道："我尊敬的客人，请你坐到右边来。"

掌柜不明所以，身边的伙计告诉他："这是草地的习俗，北边是为尊的位置，是不可以随便坐的。"

掌柜听罢哈哈一笑道："那么我就更应该坐在这里了。"

没等掌柜说完，老婆婆便喝道："你这人真不识好歹，你知道，你坐的位置是供奉谁的吗？那是当今皇上的位置！"随后，老婆婆扯下了相框上的黄缎子布，露出一个用紫檀木镶边的画像来："你们看，这就是当今的皇帝康熙爷，他带领人马在草原上打了胜仗，保佑我们这地方平平安安过好日子。我们都是虔诚地供奉着他，他的前面是连东西都不敢放的。客人，你还是靠右边坐吧。"

掌柜听了，笑得更厉害了，指着画像说："这哪是当今的康熙，简直像是庙里的判官！"

老婆婆听后勃然大怒，推搡着便要赶二人出去。伙计见状要与老婆婆争执，被掌柜拦了下来。他往右边坐了坐，依旧笑嘻嘻地说道："老婆婆，不要发火，我只是说你供的画像与当今皇上长得不像。我经常见到当今的皇上，他长得根本就不是这个样子。"

"你见过康熙爷？"老婆婆问。

"对。"

"你是京城来的商人？"老婆婆又问。

掌柜听罢笑而不答了。

伙计见状对老婆婆说道："掌柜又渴又饿，快给我们弄点吃的吧，吃完还要赶路呢。"

老婆婆听说他们见过康熙爷，立即尊敬起来，赶紧备上了饭食。二人吃饱之后，又美美地睡了一觉。临走时，掌柜命伙计给老人留下饭钱，却发现钱并不在自己身上。于是，便让伙计从驴背上取来一个明黄色闪光缎马褂交给了老婆婆，并对她说："三天后，会有人来赎这衣服，你要他一沟牛、一坡羊，否则不要给他。"说完便骑上驴离去了。

三天以后，果然有巴林王爷府的人来对老婆婆说："前天康熙爷路过这里，将一件黄马褂抵了饭钱，我们特奉命前来赎回。"

老婆婆一听才明白那个掌柜就是康熙爷，立即吓出了一身冷汗。对儿子说："康熙爷的衣服藏在咱家，就能保佑咱家永世安康。这件衣服我们不能交出去，快把它藏起来吧。"

从此，康熙的黄马褂和这个传说就在巴林草原世世代代流传了下来。

独特养生之道大揭秘

康熙是古代君主制社会中在位时间最长的皇帝，他在位 61 年，活了 69 岁。虽然 69 岁这个岁数对于现代人来讲并不算长寿，但在古代，也算是高龄之人了。古代的君王很多都是年纪轻轻便撒手人寰了，所以才有了"人生七十古来稀"一说。而且康熙直到老年精力也是极好的，晚年的时候，他还经常会连夜批阅奏章。那么，康熙因何会有如此健康的身体呢？这与他注重日常保养有很大的关系。

康熙非常强调饮食对健康的作用，他觉得要使身体健康，关键在于饮食得宜，绝对不能随意摄取。他说："……养生之道，尤以饮食为要义，朕自御极以来，凡所供馔肴皆寻常品味。"在他的食谱中不见马牛羊、鸡犬豕之类的厚味，有的是鱼虾果蔬食品。他认为多吃蔬菜、水果对身体有益。同时，他还强调"适可而止"，不能有所偏嗜，更不能暴饮暴食以致形成积滞。

康熙身为最高的统治者，自然有很多人都极力向他献媚邀宠。由于康熙爱吃水果，各地官员便争先恐后采摘鲜果进贡给他，以博皇上欢喜。但他对于不到时节便进贡上来的水果从来不多吃，而是说："现在还不是这些果子成熟的季节，等放熟了，气味甘美时再吃吧！否则，对身体是没有好处的。"

他还认为，由于每个人的体质不同，胃的消化及适应能力也各有差异，因而，每个人都应该对自身的情况加以了解，以合理进食。

康熙对饮水的要求是很高的，曾著有《水性记》一文。他认为"饮食物中，水为最切"。他对各地贡来的水和巡行在外用的水，都有自己的制取方法和定夺标准。每当大雨倾盆或洪水暴发之际，他绝不饮用河水。因为他觉得洪水会把地表有害的物质、粪便等冲刷下来，这些杂物浸泡在河水之中是极不卫生的，自然也于健康无益。

康熙有一个很好的生活习惯，即进膳后，自觉保持良好的心态，只讲开心事，只说开心话，或者欣赏自己喜爱的古玩字画。他说："朕用膳后必说好事，或寓目于所爱珍玩器皿，如是则包含易消，于身大有益也。"

康熙还曾做了一首《膳酒自述》，说明了自己的养生之道和心得：

盈余休说帝王家，俭朴身先务戒奢。
盛馔醇酿应有损，野蔬风味亦堪佳。
樽中旨酒无能饮，案上珍肴勿过加。
淡泊宁心和五味，养生得正胜丹砂。

古代的皇帝为求长生不老，大多偏爱补药和各种丹药①。但对于康熙

---

① 丹药多见于道教文化之中，历代以来人们将丹药的功效传得神乎其神，认为其不仅可以延年益寿，甚至能够让人成仙。唐代皇帝尊崇道教，因此也经常借道教的炼丹术来服用丹药，以求长生不老。晚唐的三个皇帝宪宗、武宗、宣宗，就是十分爱吃丹药的典型代表。

而言，补药则是被他所杜绝的东西。他曾说："服补药大无益。药性宜于心者不宜于脾，宜于肺者不宜于肾。朕尝谕人勿服补药。药补不如食补。夫好服补药者，犹人之喜逢迎者。天下岂有喜逢迎而可为善乎？先年满州内老人皆不服药，朕也从不服药。"他也从来不去寻求长生之道，认为人之生死是自然的现象，不必强求。

就日常起居而言，康熙提倡要"起居有常"，不可"贪睡"，而且要保持衣着和室内的洁净卫生。康熙曰："人平日洁净，则清气著身，若近污秽，则为沌气所染。"还说"凡居家在外，惟宜洁净"。就是说，不论在家里或出门在外，都应该干净整洁，才能保证身心的洁净顺畅。

对于烟酒方面，康熙虽不反对饮酒，而却十分反对那些成日沉湎于酒中极不节制，常常喝得酩酊大醉的人。他曾说："大抵嗜酒，则心志为其所乱而昏昧，或致病疾。"因此，康熙从不多饮酒，只是"平日膳后，或遇年节、筵宴之日饮小杯一杯"。

康熙从来都不抽烟，也十分厌恶抽烟的人，觉得这是于人于己都毫无益处的事情。而康熙身边有两位大臣史贻直和陈元龙则是烟不离手。为了让他们戒烟，据说康熙还设了一个小计策。

那年，康熙去江南出巡，史、陈两人也随同前往。在途中，康熙当面赏赐给两人各一个水晶杆的烟袋，并让两人当面试一试烟袋好不好用。两人自然受宠若惊，马上装烟点火抽起来。可是不曾想，刚一用力吸，就清楚地看到水晶烟杆内的火星顺杆直往上冒，直到唇边，噼啪作响的声音还没有停息。史、陈二人见状，觉得惊慌不已。康熙顺势向二人说明，吸烟是多么危险的一件事情。直到这时，两人才明白了康熙的真正用意。从此之后便再也不敢吸烟了。

现代很提倡运动养生的方式，康熙也深谙此道。康熙一生勤于治理朝政，深悉体质的重要。他多次批判了好逸恶劳的思想，他说："世人皆好逸而恶劳，朕心则所谓人恒劳而知逸。若安于逸则惟不知逸，而遇劳即不能堪矣。圣人以劳为福，以逸为祸也。"为此，在日理万机之暇，他还在宫内种植蔬菜。秋天则到木兰围场狩猎骑射，以舒展筋骨，增强体质。

此外，康熙还很注重修身养性。对于心理的调节，他曾亲自总结了一条经验，叫做"宽怀只有数行字"①，因此，康熙多通过练书法以求得身心舒畅。而"寡虑"、"寡嗜欲"、"寡言"，是康熙养生之道的另一妙方。他引庚桑子之言曰："毋使思虑营营。"就是说，不要使你的思虑焦忧不安，"心静则心和"，"心和而形全"。做到心平气和，方可以"养生"。

因康熙而名震京城的小吃——茯苓饼

北京有一个十分有名的小吃——茯苓饼，相信生在北京或者到过北京的朋友一定不会陌生，这种茯苓饼几乎大小售卖特产的商店都有。它之所以能够成为一种名吃，不仅仅是因为它好吃，也与康熙皇帝有着一定的联系。

康熙幼时得过"天花"，病好之后，身体十分虚弱，尤其脾胃不和，经常出现积食拉稀的症状。太医们会诊研究，认为由于幼主在出天花时药吃得太多了，现在再用药的话恐怕不妥，但又一时想不出来更好的法子。

康熙的祖母孝庄太皇太后爱孙心切，眼看着太医们想不出来医治的良方，实在急坏了。她一面下令责罚太医，一面派人打听民间的良医。后听身边的人说江南有一位大夫很有名气，可以叫来一试。

太皇太后听后，立即下诏招其进宫医治。不久，这位老医生便奉诏赶到了宫中。在太医们的陪同下，给小康熙仔细地望、闻、问、切之后，只开了一味药"茯苓"②，并注明一定要云南产的野生茯苓。然后采用精白面、茯苓粉、蜂蜜糖，制成了"茯苓饼"，给幼主服食即可。

---

① 经现代医学研究表明，练习书法可对脑神经起到调节、放松的作用，还可消除疲劳，培养人的意志，锻炼人的耐心，从而获得身心健康。

② 经现代医学研究发现，野生茯苓中含有93%的β茯苓聚糖，这种物质能增强人体的免疫功能，提高机体的抵抗能力。

茯苓饼

太皇太后听后，随即命人找来茯苓，并按照老医生所说的方法制成了细巧的点心"茯苓饼"。结果，小康熙尝过之后，十分喜欢这种风味独特、清香可口的点心。而且，吃了一段时间之后便脸色红润，能够读书习武了。太皇太后见状十分高兴，命人重赏了老医家，后又留在宫内监制"茯苓饼"。

从此之后，"茯苓饼"的名气便响彻京城，成了京城的名点，为人们所喜爱和推崇，经久不衰。

康熙真的微服私访过吗

看过电视剧《康熙微服私访记》的观众，大概都会产生疑问：从电视剧情来看，康熙在私访时遇到的趣事连连，而且查处了不少贪官污吏。那么，电视剧中所述的故事有几分是真？历史上的康熙皇帝真的去微服私访过吗？

要想弄明白这个问题，我们还得从当时清朝的社会背景和祖制说起。

清朝是满族人在汉族人的土地上建立起来的政权，到了康熙统治江山的时候，民心依旧不稳，社会比较动荡，全国的抗清救国运动此起彼伏，皇帝若是微服出巡的话会有很大的风险。

再就是，汉族与满族的隔阂很深，而满洲人的长相特征十分明显，满洲人大多汉语也不是很流利，所以无法在长相和口音上隐藏自己的身份。

而且，当时皇帝外出有几匹马拉车，响几声锣，有多少人的仪仗等，都是有严格的祖制规定的。在这种祖制下是不允许皇帝默不作声、悄然离宫的。

另外，清朝设有密折制度①，皇帝在各个地方都布有耳目，可以由此直接了解真实民情，大没有冒着违背祖制的罪名私自出宫的必要。

所以说，康熙曾经微服私访的事情多属民间的戏谈和影视剧的艺术编纂。在真正的历史上，这样的事情发生的概率是很小的。

不过，虽然康熙未必进行过微服私访，但他的确是中国古代史中到地方上巡察社会与了解民情最多的皇帝之一。

在《清圣祖实录》，有众多关于康熙皇帝出巡视察民情的记载。他东巡山东，西巡陕西，北巡塞外，南巡江浙，京城的周边之地更是频频到顾。几乎大半个国土都曾留下过圣祖的足迹。不过他的巡视并不是微服前往，也不是为了游玩，而是出于政务的考虑，从这个角度看，康熙巡幸正是他勤政的反映。

在康熙的出巡中，最有代表性的便是六次南巡。前边我们提到过，康熙南巡的主要目的是为了解决"黄河水患"的问题。

康熙南巡图（部分）

其次，康熙的六下江南，也逐渐化解了满汉之间的矛盾和文化差异，并且很注意安抚和笼络汉官。有一次，康熙南巡来到江苏，江苏巡抚来接驾，康熙便与他攀谈起来。问道："今年多大了？""62 岁了。"巡抚答道。

———————————

① 清朝采用的密折制度，是允许和鼓励四品以上的中央和地方官员，直接向皇帝递呈密折，起到官员，尤其是同僚之间相互监督、告密的作用，以便皇帝了解各官员的动向和实情，从而加强管理。

康熙又问："眼睛还能看得清楚吗?"巡抚回答说："大字还看得清楚,小字就看不见了。"于是,康熙就送了他一副眼镜。

第二日,康熙又念巡抚年老牙口不好,特命自己的随行御厨做了一道"康熙豆腐"送到他的府上。巡抚受宠若惊、感激不已之际,品尝之后急忙赶来谢恩,但言语间又为这道菜只能吃一次而感到遗憾。于是,康熙就派他的御厨再次来到巡抚府,教府上的厨师这道"康熙豆腐",以便能够让他永久享用。另外,康熙南巡还经常"赐匾、赐字、赐宴、赐食、赐银、赐物、赐见、赐官",使很多汉族官员都对康熙忠心耿耿。

康熙皇帝在巡幸的时候,还十分注意尽量避免骚扰百姓。他要求凡巡幸一切需用之物,皆从节俭,而且不允许地方官向民间百姓索取,都是由衙门照时价采买供给。并且要求凡经过地方,百姓须各安生业,照常生活,不得迁移远避,反滋扰累。但是,虽然节俭,也并非像一些书籍和影视作品中所描述的露宿在乡野小店,只是尽量不铺张浪费而已。

尽管如此,地方官员也唯恐接驾不周,同时也想借机敛钱,还是难免会有扰害百姓之事发生。

虽然康熙下令避免搅扰百姓正常生活,但也并不是不见百姓的。一般来说,康熙出巡的时候,经过郡邑官民都会扶老携幼,欢腾道旁。康熙皇帝曾在巡视山东时,所经城邑百姓就曾夹道欢迎,康熙皇帝询问道路旁的百姓收成情况,得知"连岁顺成,民生稍得安业"。

康熙皇帝自称通过到处巡幸,对风俗民情无不洞悉。而且,康熙皇帝即使在巡视地方的时候也从来不耽误处理朝政工作。如康熙二十三年(1684)首次南巡时,就规定奏章俱3日一送行在,有时内阁送来的时间晚了,他要批阅到深夜。

此外,康熙还在南巡时,查处了不少贪官污吏。例如,他首次南巡的时候,就在宿迁发现漕运总督邵甘涉及贪污问题,于是便当面斥责道:"朕时巡之举,原欲周览民情,察访吏治。你身为大臣,理应为僚属做个廉洁表率。谁知到任以来,不仅丝毫没有政绩,反而不谨之处甚多。"邵甘听后，急忙为自己申辩。康熙帝立即拿出了人证物证，使得邵甘不得不低头服罪。随后，康熙帝便给了他革职查办的处分。

康熙皇帝关心民生，勤于政务，提倡廉洁，给人们留下了十分高大的帝王形象。大概也是因为如此，人们才会编出了康熙微服出巡的故事，以供后人传诵吧！

历史上的宜妃

听到了康熙微服私访一事，自然就不得不提到了那个每次都会伴随他出行的女人——宜妃。既然康熙微服私访一事并不真的存在，那么宜妃是否也只是影视作品中杜撰出来的人物呢？

其实，历史上的确有宜妃这个人。她是满洲镶黄旗人，郭络罗氏，佐领三官保之女。于康熙十三年（1674）入宫，最初被赐封为贵人，三年之后晋升为嫔，康熙二十年（1681）再晋为妃。

宜妃是皇五子胤祺、皇九子胤禟、皇十一子胤禌的生母，生前居住在延禧宫中。康熙帝病危的时候，宜妃也正生着病，皇上便命人用软榻将宜妃抬到自己宫中，见了最后一面。由此，可见康熙帝是十分宠爱宜妃的。

而宜妃也深知自己在康熙心中以及后宫之中的地位，因此，在为康熙帝守灵的时候，她竟跪在了新君雍正生母德妃之前，这个举动让雍正皇帝感到很是生气，觉得宜妃这是以下犯上之行为，为此还重重责罚了负责安排此事的宫监。此事，在《清史稿·列传一·后妃》中曾有记载："宜妃，郭络罗氏。当圣祖崩时，妃方病，以四人异软榻诣丧所，出太后前，世宗见之，又傲，世宗为诘责宫监。"

后来在雍正打击胤禟集团时，又有人向雍正告发说胤禟等人原计划在夺取帝位后尊宜妃为皇太后，这就更加深了雍正和宜妃之间的嫌隙，雍正对于她越发感到不满起来。但由于当时雍正的母亲已死，这时的宜妃也年岁已高，已无太大妨碍。于是，雍正便没有将其多放在心上。

至于宜妃是否曾随康熙一起出巡一事，史料中并无记载，但就当时的官规来讲，妃嫔想要见家人一面都是难上加难的事情，更别说是出宫巡幸这样的大事，想必可能性也不会太大吧！

　　而对于电视剧《康熙微服私访记》中所演的宜妃曾因为皇上挡箭而身亡一事，更是编纂出来的故事。历史上的宜妃是于雍正十一年（1733）八月二十五日去世的，乾隆二年（1737）九月二十五日入葬于清东陵景陵妃园寝之中。

第五章　无人能懂的帝王之痛

"克妻"——留不住的皇后们

自古以来，皇宫的女人们都以能够坐上皇后的宝座，成为一国之母而感到荣耀，也为了争夺后位而展开了激烈的后宫争斗。然而，成为康熙皇帝的皇后，却并不见得是什么好事。因为这个位置就像是被施了魔咒一样，残酷地吞噬着身居后位的女人们的生命。

康熙四年（1665），太皇太后为了拉拢索尼家族，遏制鳌拜势力，便选定索尼的长子内大臣噶布喇的女儿赫舍里氏为皇后。此决定一出，立即遭到了鳌拜和遏必隆等人的强烈反对，说赫舍里氏是"满洲下人之女"，不可立为皇后。然而他们的反对并没有得到太皇太后的采纳，赫舍里氏还是进了宫当了皇后。那一年，她年仅12岁。

事实证明，太皇太后的决断没有错误。赫舍里氏不仅温柔贤淑，她的家族也在打击鳌拜势力方面贡献了不小的力量，特别是她的叔父索额图，更是功勋卓著。因此，康熙深深地感激祖母为自己的选择，钦佩祖母的眼光。随着时间的推移与年龄的增长，他与皇后之间的感情，也在逐步加深，康熙也越来越宠爱自己的这位妻子。

康熙八年（1669）十二月，赫舍里氏诞下了一名男婴，这是她跟康熙的第一个孩子，也是康熙的嫡长子[①]。康熙十分欢喜，为孩子取名承祜，

---

① 正妻为嫡，嫡出就是正妻所生的孩子，嫡出的儿子谓之嫡生、嫡子。姜室为庶，所生孩子称为"庶出"。嫡为大宗，庶为小宗。在古代通常是嫡出子嗣继位，因古代有立嫡、立长的规矩。庶出子嗣一般不考虑继位，但有立贤之说，所以也可立为太子或世子。

孝诚仁皇后——赫舍里氏

意思是希望这个孩子可以得到上天的护佑，平安健康地成长。而赫舍里氏也因为皇子的出生而地位攀升，更得皇上及皇太后、太皇太后的喜爱。

可惜天不遂人愿，被康熙视若掌上明珠的承祜不到 3 岁便夭折了。那天，由于太皇太后"身疾特甚"，康熙便陪伴祖母前往赤城汤泉（位于今天河北张家口市赤城县）疗养。刚去了十几天就得知了嫡子夭折的消息，悲痛不已，多日郁闷难解，随扈大臣见他情绪低沉，反复劝请节哀。康熙因为怕祖母悲伤，并没有表现出太过悲愤的情绪。

而赫舍里氏则因难以承受丧子之痛而得了一场大病。远在赤城的康熙皇帝闻知此信，征得祖母同意，即刻飞骑进京探望，并在宫内陪伴皇后整整一天，直到皇后病情好转，方才放下心来。但是，从那以后，皇后的身体就大不如前，身体每况愈下，渐渐变得孱弱、多病起来。

康熙十三年（1674），皇后第二次临盆。皇后居住的坤宁宫内外一片忙碌，大家都翘首以盼孩子的诞生。左等右等，小皇子终于平安降生了。康熙欣喜不已，给孩子取名保成，同样祝愿他能够平安长大。然而，仅仅过了两个时辰，康熙便由大喜转为大悲。皇后因难产导致昏迷不醒，尽管御医使尽浑身解数，仍无法挽救渐渐逝去的皇后的生命，年仅 22 岁（周岁仅 20 岁）的赫舍里氏皇后于当日下午咽下了最后一口气。她是清代皇后中去世时年纪最轻的一位，也是唯一一位因难产而早卒的。

得子之喜与丧妻之悲的大起大落，让康熙受到极大打击。他为此辍朝五日；给赫舍里氏上谥号"仁孝皇后"；不久又将岳父噶布喇封为一等公，世袭罔替。

而对于皇后以生命为代价孕育的皇子，康熙帝道出"胤礽乃皇后所生，朕煦妪爱惜"之语，坚持亲自抚养这个儿子，对其宠爱至极。并在其幼年之时，便册立为皇太子。可以说，这与康熙对他母亲赫舍里皇后的宠爱有很大的关系。

赫舍里氏死后，康熙三年之久没有再立皇后。但是，毕竟是一国之母、掌管六宫的位置，也不能一直都空缺着。因此，在康熙十六年（1677），康熙才遵照祖母之命册立了第二位皇后——钮祜禄氏。

钮祜禄氏是四大辅臣之一遏必隆的女儿，康熙初年选立皇后时，钮祜禄氏也在应选之列。以出身来看，她在当时所有应选的满族女子中居于高位，比索尼的孙女赫舍里氏更具优势。而且品貌与素质也绝不比赫舍里氏差。然而，孝庄为遏制鳌拜集团势力进一步扩大，同时也为了团结索尼及其家族，以加强皇权，果断决定立赫舍里氏为后，但当时钮祜禄氏也被纳入宫中，成为皇上的妾室之一。

孝昭仁皇后——钮祜禄氏

虽然由于父辈卷入政治斗争，致使自己没有能当上皇后，但年幼的钮祜禄氏却清楚这是与自己终身命运息息相关之事。于是便一边发愤读书，一边极力与皇太后以及太皇太后处好关系。在其死后的追谥册文中曾有这样的记载："皇后钮祜禄氏……衣疏服澣，首弘俭朴之风，夜寐夙兴，克佐宵旰之治。惇五常而仁能逮下，循四教而慎以提躬。览史披图，既媲徽于彤管，含章蕴美，洵叶吉于黄裳。"可见，钮祜禄氏在诗书方面是颇有研究和文采的。也正是因为相对较高的文化修养，使钮祜禄氏在后宫中显示出了自己的优势，为她继赫舍里氏之后荣登后位，创造了有利条件。

《清圣祖仁皇帝实录》中记载曰：康熙十六年（1677）五月十一日，"谕礼部，朕恭奉圣祖母太皇太后慈谕，册立妃遏必隆之女为皇后，礼部

93

即选择吉期，开俱仪来奏，特谕礼部"。就这样，钮祜禄氏的努力终于没有白费，她成了康熙后宫中的第二位皇后。

而且，这位皇后也深得皇上、皇太后与太皇太后的欢心。康熙赞誉她是自己的"良配"，是"内廷之良佐"。只是红颜薄命，钮祜禄氏在入宫的10多年中，非但没有生育过一男半女。在坐上后位半年之后，就去世了。至于死因，有关史料中都没有过多的记载。只知道，这位才能出众的皇后不到30岁便香消玉殒了。

钮祜禄氏死后，康熙伤痛不已，一度影响了自己的身体健康。康熙还亲自将她的梓宫①送至武英殿安置，而且每天必去梓宫前举哀。

不仅皇帝如此，钮祜禄氏死后，太皇太后也曾驾至乾清门，欲入宫哭临。经过大家再三劝阻，才回到自己宫中。这些举措，都是玄烨第一位皇后去世时不曾享有的。可见，钮祜禄氏在康熙及太皇太后心中的地位的确非同一般。

康熙的第三位皇后是佟佳氏，她是康熙生母孝康皇后亲弟弟佟国维之女，也就是康熙的嫡亲表妹。佟佳氏先是被封为皇贵妃，康熙所册封的妃嫔中，她是唯一一位皇贵妃。清制，"后以下，皇贵妃最尊，可总摄六宫事，即副后也"。钮祜禄氏皇后去世后，康熙10多年未立皇后，因此，后宫事宜自由位同副后身份的佟佳氏掌管。

与前两位皇后一样，佟佳氏也是一位温婉端庄的女子，而且心胸十分宽容。她居于当时后宫的首位，却对服侍之人十分宽厚，从不刁难。待妃嫔们也很友善，即使康熙钟情于比她更年轻、漂亮的妃嫔，她也从不嫉妒、干涉，甚至还主动向康熙举荐一些她认为合适的女子，为此，其追谥册文中曾说她"志在进贤，苟参差而必采"（张采田编：《清列朝后妃传稿》，传上，第87页）。

康熙二十二年（1683）六月，佟佳氏为康熙诞下一个女儿。当时，因

———————

① 中国古代帝王、皇后所用的棺材多是用梓木制做而成的，因此称为梓宫。后世也以此借指已死而未入葬的皇帝灵柩。

康熙正奉祖母往塞外避暑，内务府总管奏闻喜信曰："六月十九日巳时皇贵妃诞育公主。据顾太监、大夫们讲，皇贵妃身子安康，公主安好。"康熙听后自然开心，而皇贵妃更是欣喜不已。虽然之前她时常照料其他的皇子皇女，可毕竟这是她与皇帝亲生的第一个孩子，总是不一样的。然而，令佟佳氏万万没有想到的是，这个可怜的女儿生下来不到一个月，甚至还没见到自己的父亲便夭折了。此事对佟佳氏打击甚大，从此身体虚弱，再未生育。

孝懿仁皇后——佟佳氏

按理说，钮祜禄氏去世后，中宫久虚，康熙早就该册立佟佳氏为皇后了。康熙的生母也久有立自己的侄女为皇后的意愿。但是，也许是康熙担心佟佳氏也像之前两位皇后一样离他而去吧，迟迟没有册立。直到康熙二十八年（1689）七月初佟佳氏染患重病时，康熙才降谕礼部："奉皇太后慈谕，'皇贵妃佟佳氏，孝敬性成，淑仪素著，鞠育众子，备极恩勤。今忽尔遘疾，势在濒危，予心深为轸惜，应即立为皇后，以示宠褒。钦此'。"然而，佟佳氏依旧没有逃脱厄运，当上皇后的第二日，佟佳氏便永远地闭上了双眼，成为我国历史上在位时间最短的皇后。

佟佳氏逝世之后，康熙亲做了《恭挽大行皇后诗四首并序》以作为对亡妻的悼念。字里行间满是浓浓的哀思，真挚地表达了康熙对于孝懿深厚的夫妻感情。

《恭挽大行皇后诗四首并序》原文如下：

序

大行皇后秀钟华阀，德备壸信，克孝克慈。顷者正位翟褕，甫承册命，遂婴笃疾，莫挽徽音。时属新秋，候当阑暑，惊璇霄之月坠，

95

伤碧落之星沈。物在人亡，睹遗褂而雪涕；庭虚昼永，经垂幕以怆怀。悲从中来，不能自已，握管言情，聊抒痛悼。

诗一：

月掩椒宫叹别离，伤怀始觉夜虫悲。

泪添雨点千行下，情割秋光百虑随。

雁断衡阳声已绝，鱼沉沧海信难期。

繁忧莫解衷肠梦，惆怅销魂忆昔时。

诗二：

交颐泪洒夕阳红，徒把愁眉向镜中。

露冷瑶阶曾寂寞，烟塞碧树恨西东。

旧诗咏尽难回首，新月生来枉照空。

弯影天涯无信息，断弦声在未央宫。

诗三：

淅沥动秋声，中心郁不平。

离愁逢叶落，别恨怨蛩鸣。

寂寂瑶斋隔，沉沉碧海横。

玉琴哀响辍，宵殿痛惨更。

诗四：

音容悲渐远，涕泪为谁流。

女德光千禩，坤贞应九州。

凉风销夜烛，人影散琼楼。

叹此平生苦，频经无限愁。

佟佳氏去世时，玄烨36岁，正值盛年，但直到病逝，他再也未曾册立皇后，连被称为"副后"的皇贵妃之位，也一直空缺着。

读到这里，大概有人就该问了。既然康熙再未立后，那么人们所说的康熙的第四位皇后乌雅氏又是怎么一回事呢？

乌雅氏是护军参领威武的女儿，满洲正黄旗人。康熙十七年（1678），为康熙生下了皇四子胤禛，也就是后来的雍正皇帝。次年，被康熙晋封为德嫔，二十年（1681）晋德贵妃。雍正元年（1723）五月崩逝于永和宫，享寿64岁。也就是说她生前最高的封号即德贵妃，并未做过一天皇后。其皇后的封号是死后追封的，可以说乌雅氏皇后是母以子贵的典型代表。

其实，没有当过皇后对于乌雅氏来说，或许也是一件好事。毕竟谁也不能保证她做了皇后之后不会步前三位皇后的后尘。也许从未身处后位是乌雅氏一辈子的遗憾，但说不定她也是因此而躲过了一劫呢！

奢华庄重的皇家婚礼

提及婚礼，除了基本的程序和礼仪之外，几乎各地都有不同的习俗。比如有些地方会在结婚前由伴娘在新娘头上撑开一把红伞，意为"开枝散叶"；有的地方则会在婚礼当天让新娘子"迈火盆"，取"红红火火"之意。那么，古代的皇家婚礼又是什么样的呢？下面我们就以康熙迎娶赫舍里氏为例，来一起见识一下皇家婚礼的盛况。

首先是纳采礼。纳采是汉族婚礼中的一个习俗，即男家遣媒妁往女家提亲，送礼求婚，此礼是于康熙四年（1665）七月初七日举行。

之后，择定于同年九月初八举行大婚。大婚前一日，康熙帝先遣派官员去祭告天地、太庙、社稷，之后行大征礼。大征礼也叫"纳征礼"，其实就是向女方家里送去各种财物的礼节，相当于现在的"过彩礼"。由皇帝派以内务府大臣为首的一行人，把礼品送到新娘家。新娘全家人则分列庭院两侧，向北三跪九叩，以示对皇上恩宠的感激之情。

九月初八日，大婚典礼隆重举行。根据美籍华裔历史学家吴秀良《康熙朝储位斗争纪实》中所描述的内容，婚礼的大致过程是这样的：

康熙皇帝先进入太和殿察看册立皇后的封册和金印，接着，将这两件象征皇后身份和权力的物件交给钦派使臣，使臣手捧册宝，众侍臣尾随其后，送到赫舍里氏家中。

皇后从使臣手中接过这两件物品之后，行过跪叩礼，便乘轿来到皇宫。轿前由四位大臣的夫人骑马带领，轿后有七位大臣的夫人骑马跟随。两侧则由侍卫和内侍护送。

与此同时，康熙也身着大婚礼服，先到太皇太后和皇太后宫中行礼谢恩，接着到太和殿赐皇后亲属及诸王百官宴席。这时，皇后留在中宫（即皇后的居所），并不出席宴席。而皇太后率诸大臣和摄政大臣的夫人们到太皇太后宫中，在那里设宴招待皇后的母亲及其母系亲属。下午6时许，宴席结束后，皇帝和皇后便留在中宫休息。

第二天，皇帝会谕礼部按照先例为太皇太后和皇太后上尊号。皇后则会到太皇太后宫及皇太后宫行朝见礼。

第三天，皇帝在太和殿接受诸王及百官的朝贺，然后将大婚礼成的消息诏告天下。至此，这场皇家婚礼的礼仪才宣告完毕。

由此可见，古代皇家的婚礼与民间的婚礼相比，除了礼数众多之外，更主要的是凸显皇家庄重、威严、盛大的气派。当然，也并非所有的妃嫔都能够享此待遇，这是只有皇后才能享受到的荣耀。而册封其他妃嫔的时候，则只是行册封礼和聆听太皇太后、皇太后、皇后的训导即可。

两立两废的太子

赫舍里氏是康熙的第一位正妻，她的早逝曾让康熙忧伤不已。因为感念皇后的贤淑，加之胤礽又是他们唯一的嫡子，康熙自是对其宠爱有加。

康熙十四年（1675）六月，正值皇后去世一周年之际，康熙决定册立刚满一周岁的胤礽为皇太子。[①] 特发布谕旨于礼部："帝王绍基垂统，长治

---

① 此次皇太子册封，是清朝历史上第一次也是唯一一次皇帝公开册立皇储，也是首开清代"嫡长子皇位继承制"。此后，从雍正朝开始，为了避免因皇储争夺而导致诸多争端和悲剧的发生，清廷便不再公开册立皇储，而是另创了秘密建储的制度，这种密立制度一直沿用到了咸丰朝。

久安，必建立元储，懋隆国本，以绵宗社之祥，慰臣民之望。朕荷天眷，诞生嫡子，已及二龄。兹者钦承太皇太后、皇太后慈命，建储大典，宜即举行。今以嫡子胤礽为皇太子。尔部详察应行典礼，选择吉期具奏。"

随后，礼部选定同年十二月十三日为吉日。这一日，胤礽被正式授予了象征着皇太子身份的皇太子册、宝，名正言顺地坐上了皇太子的宝座。

胤礽在成为皇太子之前，就一直是由康熙亲自抚养的。在被确立为皇太子之后，康熙更是对其倾尽全力悉心培养。康熙是学识渊博之人，对自己未来的接班人自然也寄予厚望，为此他亲自厘定了全面、周密的方针与步骤，对太子教育甚严，无论寒暑从无间断。太子亦勤学好问，对待学习认真严肃，从无懈怠。

胤礽所用皇太子宝

康熙曾言"皇太子从来惟知读书，嬉戏之事一切不晓"，再加之太子天资聪颖，学业进步很快，早在十几岁时，就已经能熟练运用满、汉、蒙三种文字，娴驭武功，"骑射、言词、文学，无不及人之处"。

等到太子年龄稍长一些之后，康熙便开始向他传授治国之道。"告以祖宗典型，守成当若何，用兵当若何；又教之以经史，凡往古成败、人心向背，事事精详指示。"

而身为储君的胤礽也具有较高的政治天赋。在康熙亲征噶尔丹时，曾让皇太子代理朝中事务。胤礽不负众望，恪尽职守，赢得满朝的拥戴。而康熙帝也对他的表现十分满意，他给皇太子的朱批说："皇太子所问，甚周密而详尽，凡事皆欲明悉之意，正与朕心相同，朕不胜喜悦。且汝居京师，办理政务，如泰山之固，故朕在边外，心意舒畅，事无烦扰，多日优闲，冀此岂易得乎？朕之福泽，想由行善所致耶！朕在此凡所遇人，靡不告之。因汝之所以尽孝以事父，凡事皆诚恳敦切，朕亦愿尔年龄遐远，子孙亦若尔之如此尽孝，以敬事汝矣。因稔知尔诸事谨慎，故书此以寄。"

就这样，皇太子在父亲的喜爱和关怀之下幸福地成长起来。康熙不仅十分用心培育胤礽，也尽全力给予自己所能给的一切。为了培育太子，康熙甚至打破自古以来封建国家有关皇帝和储君之间的规矩，破格树立胤礽的权威；并规定每年的元旦、冬至、千秋三大节，百官都要对皇太子行二拜六叩之礼；甚至为了维护太子的地位，还不惜罢斥重臣纳兰明珠……

不得不说，康熙是一位称职的慈父。但也正是康熙不分轻重的溺爱和骄纵最终惯坏了儿子，使得养尊处优的胤礽逐渐变得骄纵跋扈、不可一世起来。

胤礽

胤礽不再像幼时那样谦和有礼，脾气变得日益暴躁起来。动不动就任意鞭挞诸位王公大臣，随意处置忤逆自己的人；历次外出巡游都肆意挥霍浪费，甚至还命令当地官员搜刮民脂民膏……但对于这一切，康熙总是持宽容包庇的态度。即使对太子的行为实在看不下去，也只是一批批地更换太子身边的侍从，认为太子品德不坏，即使犯错也一定是他身边的小人教唆所致。康熙的这一举动，更使得太子肆无忌惮起来。长此以往，康熙觉得自己不能再坐视不管了。

于是在康熙三十七年（1698），康熙帝册封皇长子胤禔为多罗直郡王，皇三子胤祉为多罗诚郡王，皇四子胤禛、皇五子胤祺、皇七子胤祐和皇八子胤禩均为多罗贝勒，并宣布这些皇子在受封之后可以参与国家政务，并分拨佐领，各有属下之人。此次分封皇子的做法，相对削弱了皇太子的权力，太子一向蛮横，早已在众皇子间树敌颇多。如此一来，随着诸皇子权力的增加，他们与皇太子之间的矛盾也就越发显著起来。

康熙帝原本的意图是想考验太子，并让其有所收敛。然而，胤礽却没有丝毫悔改的意思，继续肆意妄为地发挥自己太子的权力和威严。

康熙四十七年（1708）五月，康熙帝到塞外出巡，命皇太子、皇长子、皇十三子、皇十四子、皇十五子、皇十六子、皇十七子、皇十八子随驾。

出巡期间，反对皇太子的胤禔等皇子向康熙帝报告了许多皇太子的不良表现。比如，说他暴戾不仁，对手下屡施酷刑，以致兵丁"鲜不遭其荼毒"；截留蒙古贡品；放纵身边人敲诈勒索属下等。康熙听后，对太子的做法极其气愤。

之后，又赶上年仅7岁的皇十八子胤祄在随驾途中得了急病，不得不留在永安拜昂阿医治。康熙帝为此感到十分着急，而其他的皇子也纷纷表示关心，并安慰父皇要注意身体。而皇太子却始终无动于衷，就像没事人一般。康熙帝很是生气，责备皇太子说："伊系亲兄，毫无友爱之意。"可是皇太子听后不仅丝毫没有觉得惭愧，反而觉得康熙偏心而愤然发怒。这一下，不禁让康熙回想起自己当年在出塞途中生病时，曾令皇太子与皇三子驰驿前迎。而胤礽到行宫时，看到自己天颜消瘦，也没有表现出丝毫的忧虑和安慰之情。将这两件事联系起来，康熙帝越发觉得寒心不已，觉得皇太子实在冷漠无情，缺乏仁义之心。

但是，这些事情康熙都因为对儿子的疼爱而忍耐了下来。但是，皇太子接下来所做的一件事却触碰到了康熙的死穴。

在那次出巡的返京途中，一天夜里，康熙帝发现胤礽悄悄靠近了他的帐篷，并鬼鬼祟祟地从缝隙向里面窥视。这个举动不禁让康熙怀疑皇太子可能要"弑逆"，认为皇太子的行为是："欲分朕威柄，以恣其行事也。"如此一来，康熙就不得不下决心要将太子废掉了。

于是，康熙帝于康熙四十七年（1708）九月初四，在布尔哈苏台行宫中，召集了随行的诸王、大臣、文武官员和侍卫齐聚宫中，涕泪交加地宣读了皇太子胤礽的一系列罪状，并上谕曰："太祖，太宗，世祖之缔造勤劳与朕治平之天下，断不可以付此人矣。回京昭告于天地、宗庙，将胤礽废斥。"

就在同一天，康熙帝还接到了皇十八子胤祄的死讯。这两件事对于康熙来说，都是相当沉重的打击。康熙帝难过不已，一连六日"未尝安寝"，每每提起都涕泣不已。

九月十六日，康熙帝回京之后，命人在自己养马的上驷院旁设毡帷，给胤礽居住。又命皇四子胤禛与皇长子胤禔共同看守。当天，康熙召集诸臣于午门内，宣谕拘执皇太子胤礽之事。之后又亲拟祭文，于十八日告祭天地、太庙、社稷。遂将废皇太子幽禁咸安宫，二十四日，颁诏天下。

此时的康熙已经步入老年，废太子一事让他觉得心力交瘁。康熙告诫自己的儿子们，希望大家可以就此安分守己，不要再多生事。然而，诸皇子为了争夺皇位，早已各自形成了自己的政治集团。康熙帝废掉皇太子的举动不仅没有制止他们彼此间的争夺，反而让一些皇子重新看到了希望，因而储位之争愈演愈烈，诸皇子为争夺储位而积极活动起来，逐渐形成了九子夺嫡的局面。

面对皇子间的彼此攻击与争夺，康熙意识到要想打破这个局面，必须把太子的缺位补上，以堵塞诸子争储之路。

其实，早在最初废掉太子的时候，康熙就开始感到后悔、痛心了，并且经查实胤礽的罪名也多有不实。于是乎，康熙四十八年（1709）三月初九日，康熙遣官告祭天地、宗庙、社稷，重新恢复了太子的身份。

皇太子虽然得到了复立，但并没有解决掉原有的君储矛盾。胤礽复位之后很快便联合太子党众人再次展开了行动。

胤礽潜通信息，求托合齐①等人，借助手中之权势，"保奏"他尽早即帝位。这件事让康熙帝再次变得怒不可遏。

康熙五十年（1711）十月二十日，康熙帝以托合齐生病为由，将其解

_____

① 托合齐原来只是安亲王的家人，后转为内务府包衣，曾任广善库司库。因为他是定嫔的哥哥、皇十二子胤裪的舅舅，故受到康熙帝的照应和信任，于康熙四十一年（1702）出任步军统领一职。

职；同时任命隆科多为步军统领。十月二十七日，又命人将已经解职的托合齐拘禁于宗人府。

康熙五十一年（1712），康熙帝决定再废皇太子。九月三十日，康熙帝向诸皇子宣布："皇太子胤礽自复立以来，狂疾未除，大失人心，祖宗弘业断不可托付此人。朕已奏闻皇太后，著将胤礽拘执看守。"十月初一，御笔朱书向诸王、贝勒、大臣等宣谕重新废黜胤礽的理由，并告诫诸臣："各当绝念，倾心向主，共享太平。后若有奏请皇太子已经改过从善、应当释放者，朕即诛之。"十一月十六日，遣官告祭天地、太庙、社稷，皇太子再次被正式废黜，幽禁于咸安宫内。

虽然康熙对于胤礽的做法痛心疾首，但还是难舍父子亲情。康熙晚年时，也不忘为胤礽作好打算。他担心自己去世后，胤礽会遭到不测，特命人于京郊郑家庄修建王府供胤礽居住，以使其安享一生。

这位一生跌宕起伏，曾被两立两废的太子，最终于雍正二年（1724）十二月病死于住所，时年51岁。死后被追封为理密亲王，葬于黄花山，谥"密"。

九子夺嫡

自古以来，皇位对于王孙贵族而言总是充满了诱惑力的。他们总是绞尽脑汁地寻找着各种可以成为储君或者一举登上皇位的机会，甚至不惜舍弃骨肉亲情。

康熙四十七年（1708），皇太子胤礽首次被废黜，康熙的众位成年皇子纷纷打起了太子之位的主意。为此，他们纷纷采取各自的行动，形成了大阿哥胤禔、二阿哥胤礽、三阿哥胤祉、四阿哥胤禛、八阿哥胤禩、九阿哥胤禟、十阿哥胤䄉、十三阿哥胤祥、十四阿哥胤禵"九王夺嫡"的局面。

这几位皇子一共结成了四大朋党，分别为大千岁党、太子党、四爷党和八爷党。其中以大千岁党的动作最为明显。

大千岁党以皇长子胤禔为首，为首党人就是胤禔的舅舅、大学士明珠。为了争夺储位，大千岁党的人可谓是煞费苦心。

胤禔

由于胤禔是康熙的皇长子，所以他们先从争取立长下手，认为父皇立嫡不成，势必立长。此外，胤禔还曾奏请父皇杀掉胤礽，指其利令智昏，并说："今欲诛胤礽，不必出自父皇之手。"也正是此举让康熙看出了胤禔的野心，指出其杀弟之念：不谙君臣大义，不念父子至情，天理国法，皆所不容。于是，在宣布拘执胤礽同时即明确宣谕："朕前命直郡王胤禔善护朕躬，并无欲立胤禔为皇太子之意。"就此断了胤禔的念头。

胤禔见自己立储无望，便将希望寄托在了与自己关系亲密的胤禩身上，说相士张明德曾说胤禩日后必定大贵。没想到却惹得康熙大怒，随即严惩了张明德。

之后，经皇三子胤祉揭发，康熙又查证出胤禔与一位会巫术的人来往密切，并让其用巫术镇魇胤礽，导致胤礽又疯又癫，险些丢了性命。此事一经查实，其母惠妃便奏称胤禔不孝，请置正法。但康熙帝不忍杀害自己的亲生儿子，革了他的封号和爵位，判其终身幽禁。

太子党是以胤礽为首的党羽，胤礽被首次废黜之后便想尽办法重新复位。并在复位之后试图早日篡夺康熙的皇权，最终再次被废，落得被终生圈禁的下场。

三皇子胤祉喜欢舞文弄墨，周围都是些文人，根本没有形成什么明显的朋党之势。所以，试图成为储君的野心和动作也比其他皇子要小得多了。再加之看到胤禔和胤礽的下场，他便不敢再搅这趟浑水。

四爷党以皇四子胤禛为首，胤禛在胤礽被废黜之前，本来是太子党的人，对于储位并不十分热衷。只是想辅佐好太子，尽为臣之道。直到胤礽被废才察觉到自身利益的紧迫，加入到了夺嫡的明争暗斗之中。

要论势力来讲，四爷党还是相当雄厚的。军事上有年羹尧的支撑，朝堂上有隆科多的辅佐，地方上有戴铎的响应，最主要的是还有十三阿哥胤祥的支撑。

然而，胤禛的夺嫡之路走得却并没有那么张扬，而是低调稳当地进行着。正因如此，也才没有让康熙帝迁怒于他。

剩下的便是以八阿哥胤禩为首的八爷党了。八爷党是所有朋党之中势力最强的一支，其中还包括九阿哥胤禟、十阿哥胤䄉和十四阿哥胤禵。

胤禩从小养成了亲切随和、"乐善好施"的待人之风，人称"八贤王"。其精明能干，在朝中有威望，党羽多，声势大。

当时废黜太子之后，康熙曾问朝中百官：储君之位谁来当最合适？谁知百官大部都举荐了八阿哥，这引起康熙极度不满。

之后，待到重新复立胤礽为太子之后，康熙又有意不给胤禩加封。尽管如此，胤禩在朝臣中仍有较高威信，是大臣中声誉最高的皇子。但是，却始终没再受康熙重用。

此次九王夺嫡事件，让康熙深感过早立储不易，也不是明智之举。毕竟皇子众多，帝位仅有一个，储君的策立难免会惹来兄弟之间的你争我夺。于是，自胤礽二次被废之

胤禩

后他便不打算再立太子，决定在自己弥留之际再行昭示天下了。

多子多孙不见得就多福气

据记载，康熙一生共有子女 50 多个。这样多的子孙，按理说，康熙应该是可以尽享天伦之乐的。但是，命运对于康熙帝来讲似乎并不是那么公平，这些孩子曾经给他带来欢乐的同时，也带来了无尽的忧伤。

在这些子女中，康熙不仅要为平息皇子之间的皇位争夺战煞费苦心，更令康熙悲痛不已的是，不少皇子公主都寿命不长，甚至有的出生不久便夭折。例如皇六子允祚 5 岁就夭折了，皇十九子允稷则只活了 2 岁。

康熙的孩子中，仅有 24 位皇子、7 位公主活到了成年①。单说给康熙帝生育子女最多的容妃，所生的五位皇子中就有四位皇子早殇。人生最大的哀伤莫过于"白发人送黑发人"，而这样的伤痛却屡次在康熙身上上演。

数次经历丧子、丧女之痛的康熙，虽为一代君王，却也难掩作为父亲的哀伤，他经常因为子女离世而涕泪交加，不思饮食。特别是十八皇子胤祄的死，对康熙的打击尤其巨大。

胤祄生于康熙四十年（1701）八月初八日，他的母亲是顺懿密妃，生前很得康熙宠爱。胤祄出生之后，康熙自然也是欢喜不已。

康熙向来很重视对皇子们的教育，从皇子幼年起就对他们进行骑射、诗书、礼仪、文章等方面的教育。外出征战、狩猎或者巡幸的时候，也都喜欢让皇子们陪驾随行，让他们从小就接触社会，了解民情，顺便开阔他们的视野，增加见识。康熙对于胤祄的教育方式更是如此。

康熙四十七年（1708）五月，康熙帝决定前往热河行宫②避暑和行围

---

① 从康熙朝开始，对皇子序齿作出了规定：早殇者不排行，仅附在最后。但因玉牒是十年一编，所以这项规定并不严格。例如：如有幼儿在编修前数年出生，则会序齿，但不久夭殇，却不予芟除。

② 热河行宫，即今承德避暑山庄，它曾是中国清朝皇帝的夏宫。从康熙开始，清朝的皇帝们往往把这里当成避暑的胜地，每年都要到这里过上很长一段时间，享受这里的良辰美景。承德避暑山庄经屡次扩建，最终完工于乾隆五十五年（1790 年）。

打猎，并让七位皇子随驾同行，其中就有尚不满 8 岁的皇十八子胤祄。

一行人到达热河休息了几日之后，康熙便下令队伍继续向北行进，越过大漠去行围打猎。得到旨意之后，队伍便浩浩荡荡地出发了。

康熙一边欣赏着大漠风光，一边摩拳擦掌地预备着在围场中一展风采。然而，刚行进了没多久，一件意外之事就发生了——十八阿哥胤祄突然病倒了。

胤祄本来就年幼，又自小一直养在宫中，很少外出活动。这次塞外之行，一路上风餐露宿，加上塞外气候变化无常，一时间难以适应，就发起了高烧。而且，随着时间的推移，病势逐渐严重起来，康熙在察看了十八阿哥的病情之后，决定命人留在驻地照顾他，其余人继续向前行进。

可是，没走多久，负责照顾胤祄的人就快马加鞭地赶来告诉康熙帝说十八阿哥的病情越来越重，恐有生命危险了。得知这个消息，康熙立即命队伍掉转头匆匆回到驻地探望。

等到康熙再次见到十八阿哥的时候，他已是两腮高肿，连进食都很困难。再加上连日来高烧不退，胤祄几乎连说话的力气都没有了。眼看着爱子如此痛苦，一向镇定的康熙也变得焦虑万分、手足无措起来。在胤祄病重的时候，康熙经常将他抱在怀中，不分昼夜地亲自照料。

由于塞外医疗条件差，药物稀缺，康熙还派人给在宫中处理政务的三阿哥胤祉和四阿哥胤禛送去手谕，急传宫中的御医以最快的速度赶来为胤祄医治。还在手谕的封皮上特意写道："著降此谕火速乘驿交付三贝勒（胤祉）、四贝勒（胤禛），不得延误分秒！"

幸好太医赶来得及时，通过一番医治之后，胤祄的病情一度出现了好转。康熙这才松了一口气，随即给远在京中的三阿哥和四阿哥送去手谕，告诉他们胤祄病情好转的消息，并表达了自己的喜悦之情。

虽然十八阿哥的病情稍有回转之势，但由于还没有痊愈。康熙顾念儿子的身体，决定停止此次行围，带领队伍返回宫中。尽管一路上康熙都命人小心翼翼地照看阿哥，然而胤祄的病情还是再度恶化。而且，此次发病较之前一次似乎更加严重，最后连随行的御医们都不知道该从何下手了。

康熙忧虑不已，一面怒气冲冲地斥责御医无用，让他们赶快想法子，一面寸步不离地守在胤祄身旁，鼓励他要坚持下去。结果，一切努力还是没有挽回这个渐渐孱弱的生命。十八阿哥还没等回到宫中，便撒手而去了。

眼睁睁地看着爱子的生命从自己的身边悄悄溜走，却又无能为力。这使得已经年过半百的康熙悲愤不已，他脸色阴沉，郁郁寡欢，甚至连饭都吃不下去。

本来胤祄的死已经让康熙感到悲痛万分了，但更令他痛心的是，面对弟弟的生病，随行的皇子们都表现得十分淡漠，几乎一点关心之意都没有。特别是作为兄长和皇太子的胤礽，不但在胤祄生病的时候不闻不问，对于胤祄的离世，也看不出有丝毫的哀伤。胤礽的这一表现，也成了康熙后来决定要废黜他皇太子之位的原因之一。

而像十八阿哥这般在外出途中离世的皇子，在康熙统治期间也不是唯一一次。康熙四十一年（1702），康熙率皇子皇女等陪皇太后去塞外避暑时，五公主也在随行途中得病而亡，年仅20岁。

我们知道，一般当皇子、皇孙和嫔妃寿终正寝之后，都会被安葬到皇陵和妃陵之中，那么，对于这些早夭的皇子们又是如何安葬的呢？

《大清会典》记载："康熙年间定，凡皇子初殇，皆备朱式小棺，祔葬于黄花山园寝，惟开墓穴平葬，不封不树。"照此说来，逝去的皇子们大部分应该都安葬于这黄花山园之中了。

但是，在这些皇子中有一个人却是例外，他就是上边提到的十八阿哥。据《陵寝易知》上的葬位图和葬位歌诀所记载，十八阿哥胤祄后来被安葬在景陵妃园寝内其生母密妃王氏的墓旁。按理说，皇子是不应安葬在妃陵之中的，但是十八阿哥却成为整个陵寝中唯一的一个特例，这也是由于康熙过于喜爱这个孩子，怕这个孩子太过孤单，才让他守在生母身边吧。

清代宫廷丧葬习俗

清朝是满族人建立的天下，而满族人的文化习俗与汉族存在着一定的区别。

同东北地区很多少数民族一样，满族最初也是实行火葬制。火葬一般是在人死后的第二天进行，葬俗古朴粗简。火葬时，死者的子孙等族人聚集在一起，头戴白布，宰杀牛马，大哭祭奠。普通人火化后的骨灰先盛在布袋或锦袋中，然后置于瓮罐内，再埋于地下。皇帝的骨灰罐则装在金或银制的宫殿式器皿内，称作"宝官"，以显示地位的尊贵。这种丧葬习俗一直延续到清朝政权稳定之后才有所改善。

康熙时，由于越来越多地受到汉族文化的影响，火葬逐渐被土葬取而代之，只是将死者生前所用的衣物、器皿等以火焚烧，用来送葬。清宫称之为"殷奠礼"。

此外，在满族的旧俗中，家中有长辈死后，晚辈男女都要在举丧之前去掉冠饰和发饰，然后将头发剪下一些，以表示以身相殉之意。在服丧期间男子不得剃发，女子则要把头髻打开，使头发披散，以示哀悼。满族建国后，剪发习俗就被纳入宫廷丧礼中，而且一直延续到清亡。

就丧礼而言，清朝宫廷的丧礼在经过了汉族文化熏陶之后，就变得比民间丧礼复杂多了。其中以皇帝去世的规模最大、规格也最高，称之为"大丧仪"。

在皇帝去世当天先要进行小殓，给皇帝将入棺的衣服穿戴整齐。皇子、皇孙们也要穿孝服、剪发辫。次日举行大殓。而大殓当天，诸王、贝勒、贝子以及文武大臣都要到乾清门瞻仰遗容。随后，皇帝的尸体被放进梓官中。大殓之后，将灵堂设在乾清宫内，梓官停在正中。在梓官前设有宝榻，宝榻前设供案，上边放置香鼎、灯台和花瓶、匙、箸、瓶等物，另外灵前还陈设早、晚膳桌和果桌。

除了小殓与大殓之外，还有朝奠、殷奠、启奠、奉移、初祭、绎祭、大祭、除服等诸多丧仪，而在皇帝的所有丧仪中，有一项丧仪特别重要，那就是颁发皇帝的遗诏。

颁发遗诏之时，亲王以下的满汉文武官员都要穿着丧服在宫外跪听宣诏。然后，礼部官员捧诏出大清门，送到礼部刊刻好之后由遣官颁发各地。省中文武官员则要摘冠饰、穿素服到郊外跪迎，之后回衙跪听宣诏。此后三天内，文武官员每天两次举行哀行礼，百日内不许嫁娶和作乐，也不许剃发，总之要停止一切喜庆活动，以敬哀思。

悬而难决后继之人

康熙是一位颇有功绩的帝王，但一个人再伟大也有逐渐老去的一天。康熙五十一年（1712）太子二度被废之后，康熙也渐渐步入了老年。虽然他一直不愿意承认自己已经变成老人的事实，但是身体、精力等各方面的衰退，还是在每时每刻提醒着他岁月的更替。

胤祯

太子被废之后，康熙感到惆怅不已。一是自己精心培养的储君竟如此不争气，亲手断送了自己的前程；再就是为自己的老去和江山担忧，不清楚该把自己一生辛苦经营的事业转交到谁的手中。

为此，他不止一次地度量着自己的几个皇子，在众多的子嗣之中，能有资格列为储君的人选只有寥寥几人。

其中大儿子胤禔野心太大、有勇无谋，而且对待兄弟也表现得太过薄情寡义。所以，早已在胤礽被复立之前便被康熙排除在外了。

嫡长子胤礽已经两次被废，自然也不可能

110

再有登上储君之位的机会。

八阿哥胤禩才情出众，为人谦和，又深得朝臣的爱戴。按理说，将皇位传给他应该错不了。但是一想到胤礽和他领导的太子党所做之事，康熙还是觉得心有余悸。他刚打压了太子党，现在又出来一个皇八子集团。这让他十分担心试图"弑父杀君以图早登皇位"的历史会重演。康熙心想，自己绝不能让这样的事情再度发生。为了以防后患，康熙便毫不犹豫地废除了皇八子集团，严惩了集团内部的众多臣子，皇八子也就这样退出了争夺皇位的历史舞台。

其余的孩子们中，也就剩下四阿哥胤禛和十四阿哥胤禵了。要论才能，十四阿哥在四阿哥之上。他自幼聪明过人，才能出众，甚有义气，为康熙帝所厚爱，从少年时代起，就频繁地扈从其父出巡。康熙五十七年（1718）十月又被任命为抚远大将军，统率大兵驻在西北，平定新疆、西藏有功，很受康熙器重。

但十四阿哥本身却似乎对争夺储君之位并不十分感兴趣，反而一直都尽心尽力地辅佐八阿哥。后来，当康熙怒斥胤禩妄蓄大志、企图谋害胤礽，要给予其处置时，胤禵挺身而出为八阿哥作保。这使得康熙更加愤怒，一度拔刀要诛杀胤禵，又经其他皇子劝解才怒气稍平，但十四阿哥还是为此而挨了康熙好几记耳光和二十大板的处罚。自此之后，他们父子间的关系就没有以前那么亲密了。照此看来，将皇位传给胤禵显然也不是很合适。

那么，剩下了也就只有四阿哥胤禛了。在康熙看来，相对于其他几位皇子而言，胤禛倒还是比较安分守己的。他处处小心谨慎，看父亲的脸色行事，有时还不痛不痒地为胤禵说句好话，赢得一个既亲孝父皇又友爱兄弟的好名声。而对于争夺皇位的心思，他更是隐藏得严严实实，不让康熙察觉到半分。但是，胤禛一向不受康熙宠爱，把皇位传给他的话康熙似乎也并不是很乐意。

就这么一次次地思来想去，继承皇位的人一直都没定下来。然而，朝中的大臣们却几次三番地就这件事情展开讨论，并上奏请求康熙为了江山社稷着想，早日立储。在大臣们的压力下，康熙不得不对立储之事作出回应。

康熙五十六年（1717）时，他先搞好了皇太子仪制，限制皇太子的仪制规格，表现出他对皇权与皇储权的矛盾很头疼。

而后将诸皇子和朝廷中的主要官员召集到乾清宫，发布了一个谕旨。这个谕旨的篇幅很长，其内容主要是说自己如今已经老了，在位的50多年中发生了很多事情，而自己也感到身体大不如前，并对自己的一生进行了一个简单的总结，也很坦然地谈到生死之事。还说自己不会忘了立储的事情，也希望能早日放下担子，好好休息。但是皇储之事关乎江山社稷，实在不能掉以轻心。之后又表达了对朝中老臣的眷恋和对臣子们的叮嘱。

康熙的这番话让大臣们都感到很是动情，但是关于大家最关心的立储之事，还是没有得到根本的解决，这不免让臣子们有些失望。

其实，那时康熙之所以不宣布储君是谁，一是拿不定主意；再就是顾虑到宣布储君之后宫中又会鸡犬不宁，展开你争我夺的厮杀。为此，他曾拿齐桓公死后下葬难①的典故来作比喻，表明自己对皇子争斗的担忧。由此看来，康熙之所以这么做，大概是想多过几天安稳日子吧！

但是，大概连康熙自己都没有想到的是，他竟然在5年之后就突然病逝了。康熙死后，步军统领隆科多宣布了康熙的遗诏，令大家都没有想到的是，他在遗诏中所立的新帝居然是四阿哥胤禛。于是，在历史上便流传开了种种关于四阿哥即位之谜的传说，不过，这都是后话了。从此，继康熙之后的第二盛世王朝——雍正王朝便就此拉开了序幕。

① 《史记》中曾有记载，春秋五霸之一齐桓公，死后还未入殓，几个儿子便展开了对皇位的争夺，结果导致其去世67日，尸体腐烂、蛆虫爬窗而出都没有下葬。

康熙之死

康熙六十一年（1722）十一月十三日，时年 69 岁的康熙帝驾崩了。由于康熙一向身体健硕，而且去世十分突然，不禁令人们产生了诸多疑惑和遐想：康熙帝到底是寿终正寝还是为人所害的呢？

历史上，关于康熙死因的说法大概有以下几个版本：

一、出游病逝说。在很多官方记载中都说康熙帝是在去南苑行围的时候，突然病重，随后驾崩的。例如，《清圣祖实录》就曾有记载说：康熙六十一年（1722）四月，康熙帝前往热河避暑，八月初三日开始行围，九月初二日返回热河行宫。二十七日抵京，驻跸畅春园。十月二十一日又赴南苑行围。十一月初七日"上不豫，自南苑回驻畅春园"。十三日戌刻，"上崩于寝宫"。而萧奭的《永宪录》① 中也记载说："己丑（康熙六十一年十一月初八）上不豫。传旨：偶冒风寒，本日即透汗，自初十日至十五日静养斋戒，一应奏章，不必启奏。甲午（十三日）戌刻，上崩于畅春苑。"

二、含恨猝死说。也有人认为，康熙去世之前不过是偶感风寒，并没有到任何病危阶段，也未发出过任何"病危"的通知，不可能会无缘无故地突然死去。从记载来看，康熙在宣称"偶感风寒"之后，便再没有任何治病的活动与记载。这说明，当时康熙很可能已经被试图早日得到皇位的胤禛给软禁隔离起来了。一生要强的康熙晚年却遭到自己儿子的控制和威胁，自然含恨气郁，终至猝死。

三、中毒身亡说。民间盛传康熙是被雍正毒死的，原因是雍正朝吕留良一案中，曾静曾有供词曰："圣祖皇帝畅春园病重，皇上进一碗人参汤，圣祖就驾崩了。"这就是说，康熙很有可能是被雍正送的参汤给毒死的。

---

① 《永宪录》，清江都萧奭著，书成于乾隆十七年（1752），书中记录了康熙六十一年（1722）到雍正六年（1728）7 年间发生的几桩重大历史事件。

113

另外，意大利人马国贤也有记载说："驾崩之夕，号呼之声，不安之状，即无鸩毒之事，亦必突然大变，可断言也。"而且，据记载，在十三日的白天，胤禛总共在康熙的寝殿中先后进出三次，且无他人在场。当晚戌刻（晚上 7 点到 9 点）的时候，康熙便告驾崩了。康熙猝死后，也是胤禛为其父亲自更衣，此外没有任何一名大臣、皇子、后妃在场；种种迹象表明，胤禛毒害父皇一事嫌疑巨大。

岁月更替，历史变迁，至今谁也无法真正断定到底哪一种说法是真，哪一种说法是假。但不管怎么说，康熙终归是撒手人寰，走完了他人生的最后一程。胤禛即位后，给康熙上谥号曰："合天弘运文武睿哲恭俭宽裕孝敬诚信功德大成仁皇帝"，庙号为"圣祖"。胤禛为表孝心，还亲自弄破手指用血圈出了"圣祖"二字。由此，康熙大帝便成了清圣祖。

圣祖被安葬在距顺治孝陵东南约两里的景陵之中。可惜的是，景陵曾在民国时期两次被盗，盗匪们对陵墓进行了疯狂的盗掘，致使陵寝严重受损。可怜身前那般逞强好胜的一代帝王，身后竟落得如此劫难，实在可悲可叹。

第二篇
功过众说绘纭，
勤政无人能及——雍正

帝王档案：

姓　　名：爱新觉罗·胤禛

年　　号：雍正

民　　族：满族

生 卒 年：1678—1735 年

父　　亲：康熙帝——爱新觉罗·玄烨

母　　亲：孝恭仁皇后乌雅氏

养　　母：孝懿仁皇后佟佳氏

原配妻子：孝敬宪皇后乌喇那拉氏

子　　女：10 个儿子，4 个女儿

即位时间：1722 年 11 月 13 日

在位年数：13 年

庙　　号：世宗

谥　　号：敬天昌运建中表正文武英明宽仁信毅睿圣大孝至诚宪皇帝

陵　　寝：泰陵

继 承 人：乾隆帝——爱新觉罗·弘历

第一章 "为君难"却偏偏为君

韬光养晦的皇权争夺之路

康熙去世之后，按照遗诏，四阿哥胤禛登上了皇帝的宝座。虽然这样的结局寓意着胤禛在夺权的道路上取得了最后的胜利，但是这条路却走得并不十分顺畅。

作为康熙的众多皇子中的一个，他并没有像原本的皇太子胤礽和十四弟胤禵那样享受到康熙帝过多的宠爱，也没有八阿哥胤禩那般深得朝中众多大臣的拥戴和厚爱。但是，他却步履稳健地一步步成为清朝的又一代帝王，其间所付出的心血可想而知。

自古以来，除去那些用来被人当作棋子扶上皇位或者"赶鸭子上架"的继位者以外。能统大业者，就必有其过人之处。雍正帝也不例外，不得不说，他是一个聪明的人。

胤禛极会揣度康熙的心思，他知道自己的父亲喜欢什么，厌恶什么。康熙是个热爱读书的人，自然也就希望自己的儿子们能够勤学好读。胤禛虽然不能像胤礽那样得到父皇手把手的教导，但也绝不在学习上偷懒，他像他的兄弟一样，受到全面且系统的教育。7岁，胤禛到上书房开始读书，他的师傅张英、徐元梦等人都是当朝一流的学者。他不仅学习了四书五经、作诗、书法，还学习了满洲语文与骑马射箭。胤禛的书法笔力苍劲，造诣很高，有一些流传至今的作品就是证明。

除了读书之外，他还经常随从康熙出行，或举行祭祀，或军事出征，或塞外行围，或巡视地方，或代理政务等，以增加自己的实践经验。

随着年龄的逐渐长大，胤禛意识到想要夺得皇位，除了增加自身的才

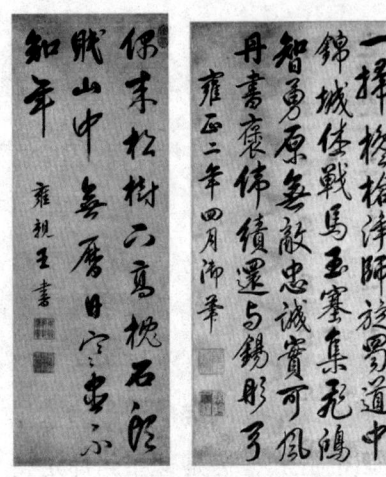

雍正书法作品

能之外，最主要的是要讨得父亲的欢心。怎么讨好父亲呢？他抱着一项宗旨，就是诚孝父皇，即对父皇既忠诚又孝顺。胤禛自己也曾说："四十余年以来，朕养志承欢，至诚至敬，屡蒙皇考恩谕。诸昆弟中，独谓朕诚孝。"

通过前面对康熙的描述，我们都知道，康熙最厌恶的就是皇子的忤逆和结党营私的行为。因此，在诸皇子都在激烈争夺皇位之时，胤禛既不急着结党，也不明着参加竞争。而对于兄弟们的夺权行动也不表示出任何干预和支持的意思，只是不动声色地劝慰康熙，尽一个做儿子的本分和孝道。虽然，这样的行为并没有让胤禛得到弟兄和朝臣们的支持，但在康熙眼中，他的这个儿子是忠于他的。这一点对于赢得皇位来讲，远比其他一切都重要。

后来，当康熙帝第一次废皇太子之后，大病了一场。胤禛更是抓住机遇，不忘表现自己的尊敬和孝顺。他几乎日日都去探望父皇，还奏请与皇子中稍知药性者如胤祉、胤祺、胤祹和自己一同检视药方，并亲力亲为地服侍父皇吃药治疗。康熙帝服药后，病体逐渐痊愈，自然也就对这个尽心尽力服侍在自己身边的儿子徒增了几分好感。而本来很有希望继承皇位的胤礽却没有看到这个机会，他的不闻不问更使得康熙帝对其寒心不已。

除了诚孝父皇之外，胤禛还表现出了对兄弟们的友爱之情。胤禛知道，处理好兄弟之间的关系，也是极其重要的事情。因为在众多的兄弟中无论得罪了哪一个，他们到康熙那里去参上一本都会降低自己在父皇心中好不容易建立起来的良好印象。况且，康熙最希望的事情就是皇子间能够友好相处，不要发生手足相残的悲剧。自己若能够跟众兄弟处好关系，自然也可以博得康熙帝的欢心。

胤禛在处理兄弟之间关系时，主要原则是既不"结党"也不"结怨"。其实，这两者本来就是联系在一起的。一旦有了自己的党派，自然也就等于与其他的党派的兄弟们结下了怨仇。所以，为了谁也不得罪，胤禛一直将自己抛离在外，绝不干涉他们之间的党派之争。故他在兄弟角逐皇储时，采取一种不附不和、不排不斥的中庸态度。

此外，他还尽力与各位兄弟友好相处。比如，面对皇太子的初次被废，很多兄弟都为了给自己争夺皇位创造有利条件，而不惜落井下石。但胤禛却没有这么做，反而给予胤礽①不少关照。

后来，胤禛的几位弟弟被封为贝子时，胤禛还向父皇启奏说，自己愿意降低爵位，以提高弟弟们的世爵。种种做法，都表现出了对手足之情的重视。为此，他还曾在随驾出京途中作过一首名为《早起寄都中诸弟》的诗词，诗中写道："一雁孤鸣惊旅梦，千峰攒立动诗思。凤城诸弟应相忆，好对黄花泛酒卮。"表明他对兄弟之间的友爱之情，以及愿做群雁而不做孤雁的心意。胤禛如此这般的友善，自然深得康熙帝的喜欢和诸兄弟的好感。同时，这种态度，也使他躲避开父皇与兄弟两方面的抗衡和对峙。

如果说，诚孝父皇和友爱弟兄都只是家长里短的小事，不足以显示一个帝王应该拥有的素质，那胤禛的勤慎敬业②一定可以弥补这个空缺。对于父亲交给他去办的事情，他都会认真仔细地去办，而且也一定会办得成功，办得让康熙帝满意。

他结婚之后，多次受父皇之命，参与重大政治与祭祀活动，并屡次随父外出巡幸。每次外出办事或者作为父亲的随行者，他都尽心尽力地专心做事、勘察民情、勤于政务，力求为父亲分忧解愁。特别是在康熙三十五

---

① 胤礽初次被废幽禁时，由皇长子胤禔和皇四子胤禛看守。胤礽说父皇所斥"弑逆"一事，实为乌有，请代奏明。胤禔不答应，胤禛却愿意前往代奏。后提到此事时，康熙赞誉道："前拘禁胤礽时，并无一人为之陈奏，惟四阿哥性量过人，深知大义，屡在朕前为胤礽保奏。"

② 胤禛的足迹遍及大清江山的东西南北各方。他曾数次到东陵以及关外的永陵、福陵和昭陵祭祀。在康熙一生的六次南巡中，胤禛有两次都在随行的行列中。此外，他还随父西巡五台山并巡视京畿五次，治理永定河，察看水利。而塞外的出巡更是多达十余次。

年（1696），他跟随父皇远征噶尔丹，领正红旗大营，得到了充分的锻炼和提高。总之，多年以来对于父亲的协助，使他对社会、对人生，对政治、对朝政有了深刻的认识与深切的体验，为其后来登上皇位准备了条件。

除了这些，胤禛还从自己的性格着手进行修改。他由于喜怒无常、脾气暴躁，曾不止一次地受到过康熙帝的批评。为此，他就想法来陶冶自己的性格，约束自己的这个脾气。他把父亲教导他的话作为自己的座右铭，用来约束自己。一是培养自己隐忍的个性，其次也是让父皇看到自己正努力改变。

至此，胤禛争夺皇位的内部资本差不多就算准备就绪了。而就外力而言，胤禛也没有放松。一个人若要成为君王，自然不能缺少臣民的支持和拥戴。虽然朝堂之上，拥护他的人远没有支持八阿哥胤禩的人那么多。但是胤禛仅有的几个拥护者却都是朝中举足轻重的人物。步军统领隆科多，战功赫赫的年羹尧以及手握重兵的十三阿哥胤祥，那都是极得康熙信任的人。再加上心腹戴铎的出谋划策，胤禛自然也就后顾无忧了。

就此看来，胤禛似乎是占尽了天时地利人和的。也正是这样的天时地利人和，促使胤禛一步步登上了天子的宝座，成为大清的第五代帝王。

得不到善果的"诸葛亮"——戴铎

想当年，刘备在诸葛亮的辅佐之下所向披靡、稳坐江山。结果不光是刘备成了一代赫赫有名的帝王，诸葛亮的大名也是名震四海，世代流传。如果说，每一个成功的帝王背后都有一位了不起的军师的话，那么雍正背后的这位"诸葛亮"便是戴铎了。

戴铎原本只是四阿哥府中的一名家奴，此人善于察言观色，很会揣摩主子心思，而且有点儿小聪明，经常会替主子出些小主意，算是一个类似清客①的角色。

在康熙晚年的时候，众多皇子围绕储位展开了争夺，这场争夺战最终以皇四子胤禛的胜利而告终。而他的成功，多半是得益于他的夺储策略，而戴铎正是为雍正帝筹划这些策略的人。

戴铎曾在1713年给雍正写了一封信，信中详细地说明了自己为主子的谋划。信件原文如下：

奴才戴铎谨启主子万福万安。奴才每思人生在世，百岁无多。上之不能从赤松子游得达摩祖髓，作古今来第一风流人物，次之又不能苟全性命不求闻达，甘隐逸于林泉下，而随波逐流，碌碌一世，醉生梦去，与草木同腐朽，良可悲也。幸达我主子有尧舜之德，而奴才受格外之知，惟因身居外吏，不能日近天颜，虽有微衷无由上达，即或偶言亦难尽备，此奴才之日夜抑郁而不能自安，终身饮恨，而时为愧赧者也。

然当此君臣利害之关，终身荣辱之际，奴才虽一言而死，亦可少报知遇于万一也。谨据奴才之见，为我主子陈之：皇上有天纵之资，诚为不世出之主；诸王当未定之日，各有不并立之心。论者谓处庸众之父子易，处英明之父子难；处孤寡之手足易，处众多之手足难。何也？处英明之父子也，不露其长，恐其见弃，过露其长，恐其见疑，此其所以为难。处众多之手足也，此有好竽，彼有好瑟，此有所争，彼有所胜，此其所以为难。而不知孝以事之，诚以格之，和以结之，忍以容之，而父子兄弟之间，无不相得者。我主子天性仁孝，皇上前毫无所疵，其诸王阿哥之中，俱当以大度包容，使有才者不为忌，无才者以为靠。昔者东宫未事之秋，侧目者有云："此人为君，皇族无噍类矣！"此虽草野之谚，未必不受此二语之大害也。奈何以一时之小而忘终身之大害乎？

至于左右近御之人，俱求主子破格优礼也。一言之誉，未必得福之

---

① 清客，是指旧时在富贵人家帮闲凑趣的文人。旧时科举不顺、仕途不畅之士，只得在富贵人家做帮闲门客，写字作诗、喝酒打牌都是他们的绝活，所以凡事能应付自如、左右逢源。

速，一言之谗，即可伏祸之根。主子敬老尊贤，声名实所久着，更求刻意留心，逢人加意，素为皇上之亲信者，不必论，即汉官宦侍之流，主子似应于见面之际，俱加温语数句，奖语数言，在主子不用金帛之赐，而彼已感激无地矣。贤声日久日盛，日盛日彰，臣民之公论谁得而逾之。

至于各部各处之闲事，似不必多于与闻也。

本门之人，受主子隆恩相待，自难报答，寻事出力者甚多。兴言及此，奴才亦觉自愧。不知天下事，有一利必有一害，有一益必有一损，受利受益者未必以为恩，受害受损者则以为怨矣。古人云：不贪子女玉帛，天下可反掌而定。况主子以四海为家，岂在些须之为利乎！

至于本门之人，岂无一二才智之士，但玉在椟中，珠沉海底，即有微长，何由表现。顷者奉主子金谕，许令本门人借银捐纳，仰见主子提拔人才之至意。恳求主子加意作养，终始栽培，于未知者时为亲试，于已知者恩上加恩，使本门人由微而显，由小而大，俾在外者为督抚提镇，在内者为阁部九卿，仰籍天颜，愈当奋勉，虽未必人人得效，而或得二三人才，未尝非东南之半臂也。

以上数条，万祈主子采纳。奴才身受深恩，日夜焚祝。我主子宿根深重，学问渊宏，何事不知，何事不彻，岂容奴才犬马之人刍荛之见。奴才今奉差往湖广，来往似需数月。当此紧要之时，诚不容一刻放松也！否则稍为懈怠，倘高才捷足者先主子而得之。我主子之才智德学素俱，高人万倍，人之妒念一起，毒念即生，至势难中立之秋，悔无及矣。冒死上陈之罪，实出中心感激之诚，万求主子恕其无知，怜其向上，俯赐详阅纳行，则奴才幸甚，天下臣民幸甚。

这封信中不仅鼓励雍正争夺成为储君的权利，还详细地告知雍正该如何不露声色地展示自己的才能；怎样处理与父亲、兄弟、朝臣以及身边人之间的亲疏关系，等等。不得不说，这是一封看透人性的书信，而且分析得入情入理，很有践行的价值。雍正帝也正是按照信中的指导去行动，才越来越被康熙看中，最终登上了帝位。

而对于戴铎来讲，他之所以写了这样一封密信，无非是希望雍正能够顺利登上皇位，从而也让自己捞到一些好处。但是，他万万没有想到的是，自己如此尽心尽力为主子出谋划策，非但没有为自己带来任何恩宠和实利，反而为以后的暴尸荒野埋下了祸根。

　　本来，争夺皇位就是一大禁忌，而且是康熙帝最为反感的事情。为此事，很多阿哥和大臣都已付出了惨痛的代价。为了避嫌，雍正称自己是"天下第一闲人"，并给自己冠以"破尘居士"、"圆明居士"等法号，表现出一副一心向佛、与世无争的样子。而戴铎却在这种风口浪尖上，向主子提议让其参与夺权之战。虽说，四阿哥早已有了夺权之心，但是突然被人这么赤裸裸地揭穿出来，自然也不觉得好受。

　　为了不使自己的野心败露，他给戴铎回信说："语言虽则金石，与我分中无用。我若有此心，断不如此行履也。况亦大苦之事，避之不能，尚有希图之举乎？至于君臣利害之关，终身荣辱之际，全不在此，无祸无福，至终保任。汝但为我放心，凡此等居心语言，切不可动，慎之，慎之。"借此将自己与夺权之事剖离得干干净净。

　　但是，对于戴铎信中好的方针策略，胤禛自然也舍不得弃之不用。但若留这样一个看破天机的人在身边自然不妥，于是，胤禛便将戴铎远远打发到了杭州、福建一带。

　　谁知戴铎刚去了不久就连写了几封信，说自己无法适应那边的天气和环境，要求回到京城。四阿哥自然不愿让他回来，但又深知此类小人不能得罪，便应允将来给他封官，并将他的哥哥提拔做了河南省开归道的道员，这才暂时稳住了戴铎。

　　如果戴铎就此消停的话，还能留下一条性命。但是，野心不小的他意图得到主子更多的信任。再次出谋划策，请求四爷将其调至台湾任台湾道一职，以便四阿哥夺权失败之后有条退路。

　　这一得寸进尺之举，彻底惹怒了四阿哥，他去信痛斥了戴铎，并劝告他要安分守己，切勿再胡言乱语。

　　然而，戴铎仍不消停，康熙五十七年（1717）再次给胤禛去信提到了争储之事。得到的依旧是主子的斥责之语。

　　直到康熙帝去世，四阿哥真正登上了帝位。戴铎才安心下来，心想自己终于盼到了这一天，雍正帝一定会厚待他们这些"旧人"，这一下总算可以安享荣华富贵了。可事实恰好与他所想的情况相反，雍正帝继位之后，依旧没让戴铎回京，而是将其"解往四川任布政使"，后又"发放与年羹尧军前效力"。之后，年羹尧上报说："原任四川布政使戴铎将主子在藩邸时所批折子一扣与臣看，臣恐其在外招摇生事，敬收臣处，今附折恭缴。"（《永宪录》）

　　雍正接到奏报之后气愤不已，心想：戴铎一直密藏着自己从前的批折，并不时地拿给别人看，可见他果然是个颇富心机的"小人"。于是，为了永绝后患，雍正帝给他寻了个"贪污"的罪名，便将其彻底铲除了。

初登帝位却为何要手足相残

　　在经历了太子两立两废、九子夺嫡等一系列的夺权争斗战之后，皇位继承人终于尘埃落定，四阿哥胤禛成了新一代的皇帝。但是，兄弟之间的恩怨却并没有因此而终止。

　　康熙帝在世的时候，四阿哥胤禛是一向以友爱兄弟而著称的。谁知，继承大统之后，他居然一反常态，对众弟兄展开了一系列的报复、打压行动。

　　虽然雍正的帝位是康熙在遗诏中亲传的，但是对于众阿哥来讲，他们并不十分服气。于是，雍正皇帝自继位之后，就面临着兄弟们的不满和挑战。除了十三阿哥胤祥之外，几乎没有兄弟愿意承认雍正继位的事实，并持有很大的反对意见。

　　于是，为了降伏各兄弟，整顿朝政，从而稳固自己作为新君的地位，雍正以"大不敬"之罪名，对他们一一进行了处置。

大阿哥允褆①早在太子废立一事时就因得罪父皇，而被夺爵，幽禁于府第之中，并派贝勒延寿等轮番监守，并严谕：疏忽者，当族诛。允褆久不与外界沟通，已经成了一只不见天日的井底之蛙。这样的人对于已经登上大位的雍正帝来讲，丝毫不存在威胁。因此，雍正帝便索性对其不闻不问，任其自生自灭。允褆于雍正十二年（1734）去世，死后按贝子礼仪殡葬。

二阿哥允礽，也就是原来的皇太子胤礽，虽然自被废之后就一直被禁锢在咸安宫，但由于其曾两度被立为太子，又一直都野心勃勃。所以，雍正对其还是不放心。他登基之后，先是封了允礽为理郡王，以堵住众人之口。后又命人在山西祁县郑家庄盖房驻兵，将允礽移居幽禁于此，让其远远地离开京城，这才安心。可谁知这位理郡王命薄，不到两年就在幽禁之地去世了。允礽死后，雍正帝追封其为和硕理亲王，葬于黄花山（今天津蓟县）理亲王园寝。

三阿哥允祉无论是文学、书法还是骑射，在众多的皇子里面，表现都是极突出的，也备受先帝康熙的喜爱。但是，对于皇储一事，允祉却似乎并不十分热衷，只是一门心思地读书习字。然而，即便如此，雍正帝即位后，还是以"允祉与太子素亲睦"为由，将允祉发配到遵化为康熙帝守陵。允祉被发配之后，难免心中不悦，便在私下里发了些牢骚。偏巧这些牢骚就传到了雍正帝的耳朵里，于是，雍正帝便发起怒来，削去了允祉的爵位，将其幽禁于景山永乐亭。雍正十年（1732），允祉死于幽禁之地，时年56岁，以郡王礼殡葬。

五阿哥是郭络罗氏宜妃之子，康熙生前曾评价此子心性甚善，为人敦厚。允祺在康熙帝亲征噶尔丹时，曾领正黄旗大营，后被封为恒亲王。允

---

① 清朝很多皇帝继位之后，为了避讳，都会把兄弟名中与自己相同的字改掉。比如：康熙名玄烨，兄弟名字中的"玄"就被改成了"元"；于是，雍正继位之后，也就将兄弟名字中的"胤"改成了"允"。另外，由于十四阿哥名为"胤禛"，虽与雍正帝的名字"胤禛"不同字却同音，便被改成了"允禵"。

祺生性本分，从未有过争储的举动，即使在九王夺嫡的时候，他也不曾有过结党营私之举。只想安安稳稳做自己的平安皇子。但允祺这个简单的愿望并没有实现，雍正继位之后，还是借故削去了其子恒升的世子爵位。不过，相对于其他被发落的皇子而言，允祺的遭遇已经算是比较幸运的了。雍正十年（1732），允祺去世，享年54岁。雍正十二年（1734）立碑勒铭，称其"秉性和平，持躬谦谨，颇具乐善之风"。

八阿哥允禩是雍正帝的所有兄弟中最为优秀、最有才能的一位。但是，也正因如此，他被雍正帝当成了最为强劲的政敌。早在太子被废之时，允禩为谋继位，便同大阿哥允禔、九阿哥允禟、十阿哥允䄉、十四阿哥允禵等结党，并且赢得了朝中多数臣子的拥戴。这对于雍正帝来讲，无疑是自己夺权路上最大的阻碍。

所以，即便雍正帝最后还是顺利登上了皇位，但是他绝不会留这样一个威胁在自己的身边。但由于允禩在朝中威望甚高，又不能毫无缘由地将其治罪。于是，雍正帝便先将其封为亲王，以显示自己亲近兄弟之意。而八阿哥的福晋在受封之时，非但没有丝毫高兴之情，反而对来祝贺者说："何贺为？虑不免首领耳！"（意思是："没什么好庆贺的，还不知道什么时候就会丢了脑袋呢！"）这话传到雍正帝那里，雍正帝立即命人将八福晋赶回娘家，并治了罪。不久，又借故命允禩在太庙前跪一昼夜。后又多次借各种缘由斥责允禩"怀挟私心，遇事播弄，希动摇众志，搅扰朕之心思，阻挠朕之政事"。

如此几次三番之后，雍正帝终于开始正式整治允禩了。雍正三年（1725）三月二十七日，议总理事务王大臣功过时，判定允禩无功有罪；随即革除了允禩的爵位，命每旗派马兵若干在允禩府周围防守，又于上三旗侍卫内每日派出四员，随允禩出入行走，名曰随行，实为监视；随即又将其囚禁于宗人府，围筑高墙。之后又命允禩自改其名为"阿其那"①，改

①　"阿其那"是满语音译，在满族中是"狗"的意思。一说为"俎上之鱼"之意。

其子弘旺名为"菩萨保"①。

雍正四年（1726）五月十七日，雍正召见诸王大臣，以长篇谕旨，历数允禩罪行，后将其40款罪状颁示全国。其中主要包括：欲谋杀允礽，希图储位；与允禟暗蓄刺客，谋为不轨；擅自销毁圣祖朱批折子，悖逆不敬；晋封亲王，出言怨诽；庇护私人，谋集党羽，逆理昏乱，肆意刑赏；拘禁宗人府，全无恐惧，反有不愿全尸之语……此外，雍正帝还在谕旨中称其为"凶恶之性，古今罕闻"。

就这样，允禩正式成为一名阶下囚，4个月之后，死于牢狱之中。

九阿哥允禟因与八阿哥结党，自然也难逃一劫。雍正帝在处置允禩的时候，也将允禟一同治了罪，给其定了28条罪状后，将其革去黄带子、削宗籍，逮捕囚禁。改允禟名为"塞思黑"②。后送往保定，加以械锁幽禁。允禟在保定狱所备受折磨，不到3个月就因患了腹疾（也有传闻说是中了毒）而卒于狱中了。

十阿哥允䄉也因与八阿哥结党而为雍正帝所恨，但由于他在整场事件中的活动和所起作用不大，并没有引起雍正特别的重视。雍正元年（1723），雍正帝命他遣送哲布尊丹巴③、呼图克图④灵龛到喀尔喀，允䄉托病不行，奉差擅回。后因在疏文中连写"雍正新君"字样，被雍正帝斥为大不敬，被削去了爵位，并拘禁于京师之中。直至乾隆二年（1737）才被释放，封为辅国公。乾隆六年（1741）卒，以固山贝子品级入葬。

十二阿哥允祹，在康熙生前时很受重用，康熙末年已任镶黄旗满洲都统，但却从未参与结党谋位之事。雍正帝即位后，先封了允祹为履郡王。但是，按雍正帝的原则来讲，他是不会给自己不信任的人以实权的，特别是对于自己的兄弟们来讲更是如此。于是，不久之后，先借故将其降为了

---

① "菩萨保"，是佛教化名字，虽无贬意，但因去除"弘"字辈，就相当于不再承认其皇族血统，如同被贬为庶民一般。

② 塞思黑满语中"猪"的意思。一说为"讨厌鬼"之意。

③ 哲布尊丹巴：与达赖喇嘛、班禅额尔德尼、章嘉呼图克图齐名的藏传佛教四大活佛之一。

④ 呼图克图：清朝授予蒙、藏地区喇嘛教上层大活佛的封号。

127

"在固山贝子上行走"，不给实爵，仅享受贝子待遇，后又将其降为镇国公。但好在这位阿哥是个胸宽量大之人，既然已经被降职，那就安心地过起了降职后的日子。也正是这样随遇而安的心态，让他一直活到了乾隆二十八年（1763），享年79岁。

十四阿哥允禵与雍正帝是一母所生，要论血缘关系的话应该最亲近的。但是，在当年九王夺嫡的时候，允禵非但没有站在自己的亲哥哥一边，反而与八阿哥结党，这件事情一直让雍正帝心里很不舒服。再加上雍正帝继位之后，又有传闻说康熙帝临终前是传位给"胤祯"，而被篡改成了"胤禛"，才使四阿哥登上了皇位。这就更使得两兄弟成了针锋相对的冤家，彼此之间存在着不可逾越的隔阂。

雍正帝继位之后，先是不许允禵进城为先帝吊丧，后又命其在遵化看守父皇的景陵，再将其父子禁锢于景山寿皇殿左右，不许其与外界沟通联络。直到乾隆帝继位之后，允禵才得以释放。

从雍正帝对待众兄弟的态度看来，凡是不与他站在一条战线上的人，似乎最终都不会得到很好的下场。应当说，雍正帝之所以这么做，一是要排除异党，令自己的江山稳固。二是要借此警告朝中的臣子，要一心一意归顺自己，不要妄图谋逆生事。

其实，自古以来，新君上任之后大多都要为自己的政权巩固作出种种努力，以树立威信，这是正常的行为。只不过，雍正皇帝将矛头指向的却是自己的兄弟们，就免不了会让大家觉得有些残忍了。

悍妇能妻八福晋

2011年众卫视热播的一部穿越剧《宫锁心玉》，一时间让历史上的八阿哥胤禩之妻成了人们热议的话题人物。在剧中，杨幂扮演的八福晋晴川机智勇敢、聪慧过人，深得众阿哥的喜爱。而上文中曾提到八福晋因在接到雍正帝的册封谕旨后，错说了一句大不敬的话而被免去福晋身份，赶回家中。那么，历史上的八福晋到底叫什么名字？又是怎样的一个人呢？

八阿哥的妻子郭络罗氏，是和硕额驸明尚之女，安亲王岳乐的外孙女。由于生母早亡，郭络罗氏自幼被外祖父岳乐接至身边，在安王府中长大。这个出身名门贵族、家世显赫、身份尊贵的女孩，从小备受宠爱，故为人比较傲慢任性。

康熙三十七年（1698），郭络罗氏嫁给了皇八子允禩。婚后，她的豪爽大气、泼辣强悍更是出了名。这在古代看来，特别是对于名门望族而言，是绝对不能够容忍的。为此，康熙还曾在诸皇子前指斥允禩，流露出对郭络罗氏的不满："允禩素受制于妻，其妻系安郡王岳乐之女所出。安郡王因謟媚辅政大臣，遂得封亲王，其妃系索额图之妹，世祖皇帝时记名之女子。其子玛尔珲、景熙、吴尔占等，俱系允禩妻之母舅，并不教训允禩之妻，任其嫉妒行恶，是以允禩迄今尚未上子。"

除此之外，很多兄弟和友人也都看不惯八福晋身为一个女人却作威作福的做派，多次劝允禩要加以惩治，不能任由其如此发展下去。

而允禩对于妻子的作风却熟视无睹，并无半点责怪之意，也并没有以寻常的伦理纲常为标准来要求或评判郭络罗氏的言行。夫妻两人颇有相通之处，关系倒也十分和睦。

因此，八阿哥便落下了一个"妻管严"的称谓。就连素来与允禩要好的允禟的管家也曾说：八府中的事都是福晋做主，允禩颇为所制。可见，郭络罗氏是允禩府中的当家人。

郭络罗氏一生都未曾生育，成为八贝勒福晋后的最初十年，是她一生中最为惬意之时。自从康熙四十七年（1708）太子首次被废开始，她就与其夫一起，卷入权力之争的漩涡，愈陷愈深。在先后经历了八阿哥被先帝怀疑、被政敌陷害、被贬黜等种种事件之后，郭络罗氏又迎来了灭顶之灾。

雍正帝登基之后，晋封允禩为亲王。聪明的八福晋早就料想到雍正帝不会放过自己的夫君，于是便心直口快地说出了"不知道什么时候脑袋就会掉"的话，而被雍正帝斥为大不敬，撤去了福晋的名分，休回外家。

郭络罗氏接到谕旨之后，"毫无畏惧，忿然而去"。这样的态度，使雍正帝更为愤怒，认为郭络罗氏冥顽不灵、不知悔改，"甚属可恶，亦不可容于盛世"，"令庶人允禩妻自尽，仍散骨以伏其辜。散骨谓扬灰也，一云以庶人殡殓，非邸抄之讹，则宗人府议罪如是耳"。

就这样，这位刚烈耿直的女子最终落得了自尽并被散骨扬灰的下场。生前被休去了福晋身份的她，死后都不得与丈夫同葬相伴，实在惹人怜悯。

唯一得到信赖的皇十三子

雍正帝登基之后，为了排除异己，对很多兄弟都进行了不同程度的惩治。但在众兄弟之中，却有一位是个例外。他不但没有遭受到雍正帝任何的排挤，反而还得到了重用和不少好处。这个人就是康熙朝皇十三子——胤（允）祥。

允祥

允祥生于康熙二十五年（1686）十月初一，是满洲正蓝旗人，敬敏皇贵妃章佳氏[①]所生。14 岁时，其生母章佳氏身亡，胤祥被交由胤禛的生母德妃乌雅氏抚养。

十三阿哥自幼能文能诗，书画俱佳。且颇有办事才力，善于协调人际关系。此外，还继承了满洲人的传统技艺，骑马射箭样样精通。有记载称他"精于骑射，发必命中"。

如此才能兼备的皇子，自然是颇受康熙帝喜爱的。自康熙三十七年（1698），12 岁的允祥第一次随父去盛京谒陵[②]后，之后的 10 年间，康熙只要是去出巡，

---

① 章佳氏的死还曾引起一场风波，按丧制，皇子在母妃去世百日内不得剃发，而三阿哥允祉却违反了这一丧仪规定，而遭到了从郡王降为贝勒的处罚。

② 谒陵：古汉语用词，意为祭扫坟墓。

就必定会将允祥带在身边。从这一点足以看出，康熙对他是另眼相看的。而且，这种喜爱是旁人一眼就能够看出来的，就连供职清廷的汉族文人也一清二楚。皇八子允禩的老师何焯就曾在给家人的信中，提到了十三皇子为皇帝所钟爱者，前途无量。

但是，对于争夺太子之位，允祥却一直没有表现出太大的兴趣。而是素与四阿哥胤禛交好，他不嫌皇四子胤禛势孤力薄，与他结成一党，积极帮助四哥谋夺储位。当时，对于四阿哥来讲，就连同母所生的十四阿哥允禵都站在了八阿哥的一边，不肯帮助自己，而十三阿哥却能如此相助，自然令胤禛感动不已。

后来，太子第一次被废之后，康熙惩处了争夺皇太子之位的皇子。为了使四阿哥不受牵连，允祥大包大揽，将罪责揽到自己身上，使四阿哥胤禛得以开释，摆脱干系，却也因此而失去了康熙帝的宠爱，直到康熙病故之前再也没有受到重用。但是，允祥的这一举动，却为自己的后来谋下了一个好前程。

在康熙皇帝去世的第二天，入承皇位的雍正帝便任命允祥为四位总理事务大臣之一，同日又将他晋升为和硕怡亲王。而得到厚待的允祥感念雍正帝的恩德，更加尽心竭力地辅佐新帝。

受到提拔之后，允祥以其理事之才能，识人之明达，手段之老练，迅速成为雍正帝的得力助手。

雍正元年（1723）到雍正三年（1725）之间，允祥先后担任总理事务大臣①，总理户部和京畿水利营田事务。处理康熙、孝恭仁丧事，总管会考府、造办处、户部三库、户部、总理营田水利，领圆明园八旗禁军、密谋筹办军需并对用兵漠北进行战略谋划，还要承担皇帝临时交办的审断案

---

① 清王朝在顺治帝与康熙帝即位之初，都曾设立过辅政大臣。很重要的原因是顺、康两帝都为幼主即位。为了稳定局势、稳固朝纲，便会任命辅政大臣协助料理朝务。雍正帝即位时已有45岁，正是年富力强的时候，但他经过权衡，还是任命了四位总理事务大臣：尚书隆科多、允禩、允祥和大学士马齐。

件等，可谓职任繁多，综理万机。但即使面对这么纷杂的事务，允祥依旧是得心应手，处理得井井有条，这也就更增加了雍正帝重用他的信心。雍正帝曾经赞赏道："朕实赖王翼赞升平，王实能佐朕治平天下。咸谓圣王贤臣之相遇数千百载而一见，今且于本支帝胄之间得之。"

雍正四年（1726）七月，由于允祥政绩卓然，雍正还亲自写了一个匾送给他，上面写了八个字："忠敬诚直勤慎廉明"，这八个字的评价之高一眼可见。雍正七年（1729）设立军机处后，允祥又出任了首席军机大臣一职，可谓是如日中天，权倾一时。

此外，雍正帝还特意为他风风光光地举办了一次封王大典，并赏赐白银万两，还允许他随便挑选一个儿子来世袭王位。随后还在自己挑选的陵寝旁边封赏了一块风水宝地给允祥作为将来的陵寝，最终在允祥的一再推辞之下才罢休。可见，雍正帝待自己的这位兄弟实在不薄。

允祥之所以能够得到雍正帝的如此重用，除了才能出众、辅佐有功之外，与他的谦恭谨慎、安分自处也有很大关系。

允祥原本天分就高，难免不被他人所嫉妒。他在被皇太子党争事件牵连之后，更是将形形色色争权夺利的行径看得很清楚。他深知雍正是个好表现的人，绝不容许别人抢自己的权力和风头。因此，为了保全自己，他一向都是处事低调、处处谦卑恭敬，绝不恃宠逞能，面对雍正的恩宠和赏赐，允祥总是表现得无比谦抑，比如补给他26万两银子，他死活不收，最后只收了一半；给他一个郡王的名额，他却有功不居，有奖不受，一再推辞；甚至他从不在家接待外臣，以免招来闲话和是非。

他的这种做法，不但让雍正放心，也使别人无从评议。所以，他才能一生都为雍正帝所信任，保持荣宠不衰，被雍正称为"柱石贤弟"。

但是，这份荣宠允祥并没有享用多久。在康熙年间允祥就患上了一种名为"鹤膝风"①的病，身体状况一直欠佳。再加上没有仔细调养，雍

---

① 鹤膝风，中医指结核性关节炎。患此病者，以膝关节肿大疼痛，而股胫的肌肉消瘦为特征，渐渐地膝盖的形状会变得像鹤膝一般，故此得名。

正继位之后，他对于新帝交给的一切事务都欣然接受，概不推辞并总是竭尽全力地去办。长时间的高负荷工作，使得他的身体状况每况愈下。在承办完雍正帝的陵寝一事时，他"往来审视"、费尽辛苦，甚至怕烦扰百姓"常至昏夜始进一餐"。这种身心俱疲的状态加重了他的病势，使得病情进一步恶化。

允祥病后，雍正对他"医祷备至"，命太医们全力医治。但尽管如此，还是未能留住允祥的性命。雍正八年（1730）五月初四日，胤祥病故，年仅44岁。

对于十三弟的去世，雍正万分悲痛，在八年九月初六的上谕中曾说："朕因忆吾弟怡贤亲王在日，八年以来诚心协赞，代朕处理之处不可悉数。从前与吾弟闲谈中，每常奏云，圣躬关系宗社至为重大，凡臣工可以办理者皆当竭诚宣力以代圣躬之劳，臣心实愿将己之年龄进献，以增圣寿。比时闻之，深为不悦，以此言为非。今日回思吾弟八年之中辅弼勖襄，夙夜匪懈，未必不因劳心殚力之故伤损精神以致享年不久。且即以人事论之，吾弟费八年之心血而朕得省八年之心血，此即默默中以弟之寿算增益于朕躬矣。"表达了自己的无限惋惜之情。

在允祥去世的第二天，雍正亲自到允祥的灵前祭奠，并宣布辍朝三日，并为之素服一月，这种哀荣是从来没有先例的。在清朝两百多座王爷园寝中，允祥的园寝是规模最大、最壮观的，其园寝的神道有3里多长，这在亲王的园寝里也是极为罕见的。从此，这位一生呕心沥血的王爷就这样永远地安寝在了这所豪华的陵园之中。

被囚禁数年的十三阿哥

雍正帝的继位，让十三阿哥允祥成为众兄弟之中唯一备受信赖且平步青云的王爷。而自古以来有关他的传闻也是络绎不绝，曾有记载说，十三阿哥允祥曾被康熙帝囚禁十几年之久，因此而患上了名为鹤膝风的病并且得不到及时的医治，导致了最后的英年早逝。历史是否真的如此？

　　从康熙出行以及历史上对于允祥的记载来看，允祥自幼天资聪慧、才能过人，是深受康熙帝的喜爱的。后因在太子首次被废、众阿哥争储一事中受到牵连，才与允禵、允礽等众皇子一起被康熙所囚禁。

　　此后的十几年中，允祥这个名字在康熙末年的官方文件中便基本销声匿迹，不再出现。至少在当时的官方史籍《清圣祖实录》上没有记载，允祥似乎就这样人间蒸发了。而且，《清圣祖实录》中记载说除了允禵，废太子允礽、允祉、胤禛、允祺和允禑都开释了，唯独没有提到允祥，于是，便有人猜测说，允祥一直都被圈禁，直到雍正帝继位之后才得以开释。以至于十三阿哥由于心情郁闷，终于患病，"湿素毒结于右腿，膝上起白泡，破后成疮，时流稀脓……"

　　以上说法似乎并不准确。据记载，康熙四十九年（1710），允祥就又重新出现在康熙的随驾名单中，随同康熙帝去了五台山。而当年闰七月，允祥又被派往蒙古祭奠去世的"三公主"。这说明允祥当时已被开释，而非一直被圈禁着。只是，允祥自此便失去了康熙帝的恩宠。成了太子复立之后，众多成年皇子中唯一没有被封赏的。

　　而至于允祥患病之说，却是确有其事的。但康熙皇帝对于子女一向仁爱，尽管对十三阿哥允祥十分不满，但对儿子的病痛仍记挂在心。他在巡幸塞外时，经常在给皇子们的朱批中问询此事，并亲阅御医奏折，对治疗作出具体指示。如此看来，允祥生病却因无法自由行动而得不到医治的说法是不足为信的。

年羹尧与隆科多之死

　　历史上，几乎每一位帝王的登基都离不开大臣们的辅佐，对于雍正帝而言也是如此。在雍正帝的争储道路上，有两位大臣可谓是功不可没，他们就是外臣年羹尧和内臣隆科多。但就是这样两位股肱之臣，最终的结局也不甚圆满。

先来说说年羹尧[①]。年羹尧不仅在带兵打仗上颇有一套，而且自幼读书，颇有学识。他于康熙三十九年（1700）考取了进士，不久授职翰林院检讨。康熙四十八年（1709），年羹尧又被迁内阁学士，不久升任四川巡抚，成为封疆大吏。这让年仅30岁的年羹尧更是感激，在奏折中表示自己"以一介庸愚，三世受恩"，定当"竭力图报"。

到任之后，年羹尧勤于政务，很快便弄清楚了当地的实际情况，并提出了许多很有建设性的措施和建议。并且自己带头反对贪污纳贿，"甘心淡泊，以绝徇庇"。如此做法，令康熙帝甚是满意，更加对他寄予了厚望，希望其能将这种好的作风一直发扬下去，做个为百姓服务的好官。

之后，年羹尧更是政绩卓著，在击败准噶尔部首领策妄阿拉布坦入侵西藏、新疆的战争中，为保障清军的后勤供给显示出了卓越的才干。康熙五十七年（1718），年羹尧被封为四川总督，兼管巡抚事，统领军政和民事。康熙六十年（1721），又被升为川陕总督。之后，又利用其聪明才华平定了青海郭罗克地方叛乱，更加得到康熙的信任与欣赏。康熙六十一年（1722）十一月，抚远大将军、贝子胤禵被召回京，年羹尧受命与管理抚远大将军印务的延信共同执掌军务，成为康熙朝的重臣要员。

由于年羹尧的妹妹是四阿哥胤禛的侧福晋，他们两家的荣辱本来就是联系在一起的。所以，在众皇子争夺储位的时候，年羹尧自然而然地站在了四阿哥这边，尽心竭力地帮助他赢得储位，稳固江山。而雍正帝继位之后，也没有亏待他。

雍正元年（1723）十月，青海和硕特蒙古部首领罗卜藏丹津趁抚远大将军允禵（即胤禵）回京之际发动叛乱，妄图控制青藏地区，使得本已经平静的西北局势再起波澜。罗卜藏丹津的叛乱，对于刚刚即位的雍正是个不小的考验。雍正深知：此事处理得当，自会消减群臣对于自己继位的质

---

① 年羹尧，字亮工，号双峰，原籍安徽怀远，汉族人，清顺治年间移至安徽凤阳年家岗，后又迁居广宁（今辽宁北镇），入汉军镶黄旗。其父年遐龄官至工部侍郎、湖北巡抚。

135

疑；但若是处理不当，就会令群臣更加不服，甚至会威胁到自己的江山社稷。于是，雍正当即命年羹尧接任抚远大将军一职坐镇西宁，平定叛乱，而且只准胜利不准失败。

年羹尧接到旨意之后，立即进行了周密的部署，作好了充分的战斗准备。随后下令将士"分道深入，捣其巢穴"。仅用了半个月的时间，就将叛军打得落荒而逃。

这一战不仅让雍正帝甚是欢喜，更让年羹尧的威名传遍了大江南北，人人都知道：朝廷有个"年大将军"，带兵打仗十分厉害。

平定青海战事的成功，令雍正喜出望外，他为自己没有选错人而感到十分欣慰。加上年羹尧又是自己的大舅子，自然要多加赏赐才是。于是，便给予了年羹尧破格恩赏：晋升为一等公①；还赏了一个子爵，由其子年斌承袭；其父年遐龄也被封为一等公，外加太傅衔。至此，年羹尧已经成了雍正在外省的主要心腹大臣。

随着官职的增加，年羹尧的权力也越来越大了。他不仅在涉及西部的一切问题上大权独揽，而且还一直奉命直接参与朝政，经常评判朝中各位臣子的优劣，并参与朝中大事的磋商定夺。雍正帝每遇到一些需要改革的事或者人事任免的问题时，也都会询问年羹尧的意见。在年羹尧管辖的区域内，大小文武官员也一律都要听从年羹尧的意见来任用。雍正还因为他"能宣朕言"，令其"传达旨意，书写上谕"。年羹尧俨然成了总理事务大臣。

除此之外，每有稀罕之物的时候，雍正帝总是不忘了赏赐给年羹尧。在生活上，雍正对年羹尧及其家人也是关怀备至。年羹尧及妻子生病时，雍正都会再三垂询，赐送药品。可以说，雍正帝对于年羹尧的恩宠几乎已经到了无以复加的地步。而也正是这样的荣宠，让年羹尧变得越发志得意满，狂妄不羁起来。

---

① 一等公：康熙朝的时候，年羹尧因为平定西藏和平定郭罗克之乱的军功，深得康熙喜爱，已经先后被封为三等公和二等公。

雍正二年（1724）十月，雍正帝命其进京觐见。在赴京途中，年羹尧令都统、直隶总督等跪道迎送。到京之后，又命王公以下官员到郊区跪接。而他安然坐在马上，从众人面前趾高气扬地行过，看都不看一眼。这使得官员们都很不忿，纷纷背后指责年羹尧恃宠而骄。

这些对于年羹尧来讲都是小事，无法动摇他的地位。但可悲的是，见到雍正帝的时候，他仍以功臣的身份自居，态度也很是骄横。这使得雍正帝颇为不满，在奖赏了军功之后。年羹尧回任不久就接到了雍正帝的一道谕旨，上书："人臣图功易，成功难；成功易，守功难；守功易，终功难。……若倚功造过，必致反恩为仇，此从来人情常有者。"在这个朱谕中，雍正改变了过去嘉奖称赞的语调，警告年要慎重自持，很明显，雍正帝已经表现出了愤怒之情。

然而，此后年羹尧并无半点收敛之意，继续肆意妄为。他赠送给手下官员物件后，要求他们朝着北方叩头谢恩（一般来讲，只有接到皇上的恩赐时，才行这样的谢恩礼）；发给总督、将军的文书，本属平行公文，却擅称"令谕"，按照清代的制度，凡上谕到达地方，地方大员必须迎诏，行三跪九叩大礼，跪请圣安，但雍正的恩诏两次到西宁，年羹尧竟"不行宣读晓谕"。另外他还屡次贪污受贿、结党营私……种种表现显示，他已经忘记了君臣之礼，甚至不把雍正帝放在眼里。

年羹尧如此猖獗的行为，引起了雍正帝的警惕，迫使他不得不对其采取行动了。但又碍于年羹尧手握重兵，且党羽众多，不能贸然将其拿下。

于是，雍正帝先给朝中的主要官员们打好了招呼，要求他们一是要与年羹尧划清界限；再是要揭发年羹尧的劣迹，以争取保全自身；三是要联合起来，立场坚定地共同惩治年羹尧及其党羽。

雍正三年（1725）三月，天象上出现了"日月合璧，五星联珠"的祥瑞之兆，群臣为此都前来向雍正帝称贺，年羹尧也不例外。但是他的上表却字迹潦草，还把"朝乾夕惕"误写为"夕惕朝乾"。尽管年羹尧后来一再进折请罪，但雍正抓住这个把柄借题发挥，说年羹尧此次并非误写，而是故意。并认为这是他"自恃己功，显露不敬之意"。接着雍正帝便一一更换和罢免了年羹尧任命的官员和心腹们。随后下令撤了年羹尧川陕总督的职，并命他交出抚远大将军印，调他去做杭州将军。

年羹尧调职后，内外官员更加看清形势，一个个挺身而出，纷纷揭发其罪状。雍正又以俯从群臣所请为名，尽削年羹尧官职，并于当年九月下令捕拿年羹尧押送北京会审。十二月，经过大臣们群策群力的收集整理，最终向雍正提交了审判结果，给年羹尧开列92款大罪，其罪状分别是：大逆罪5条，欺罔罪9条，僭越罪16条，狂悖罪13条，专擅罪6条，忌刻罪6条，残忍罪4条，贪婪罪18条，侵蚀罪15条。请求立正典刑。

在这92款罪行之中，应服极刑及立斩的就有30多条。但雍正帝说，念及年羹尧曾有功于社稷，如果对其加以刑诛，恐天下人心不服，于是表示开恩，赐其狱中自裁。年羹尧父兄族中任官者俱革职，嫡亲子孙发遣边地充军，家产全部没收。至此，名噪一时的年羹尧被彻底打翻在地，落得个家破人亡的下场。

说罢年羹尧，再来说说隆科多。隆科多①因是雍正帝的养母佟佳氏的弟弟，而一向被雍正帝亲切地称为"隆科多舅舅"。

隆科多的祖父是顺治帝的岳父，父亲又是康熙帝的岳父。有了这两层关系，隆科多自然也就受到了康熙的重用。

康熙二十七年（1688），隆科多已经成为一等侍卫，不久又被提拔为銮仪使兼正蓝旗蒙古副都统。后因康熙发现其部属违法，遂革去其副都统、銮仪使之职。但没过几年，隆科多便又重新受到重用，担任了步军统领的重要职位。康熙五十九年（1720）十一月，任理藩院尚书，仍管步军统领事务。

---

① 隆科多，字竹筠，清满洲镶黄旗人，祖父佟图赖，是顺治帝孝康章皇后的父亲，入关以后多次带兵出征，军功卓著，历任定南将军、礼部侍郎，晋爵至三等子，死后又被追封一等公。其父佟国维，是康熙帝孝懿仁皇后的父亲，曾三次跟从康熙亲征噶尔丹，立功颇多。历任侍卫、内大臣、领侍卫内大臣，晋爵一等公。

康熙帝之所以如此重用隆科多，不光是因为他是自己的小舅子，也是看重了他的才能。可以说，隆科多是康熙外戚中最有才能的一个人。而且，由于荣辱与共的亲戚关系，康熙认为隆科多不会对自己有异心。

事实上，隆科多果然没有辜负康熙帝的期望。他经常秘密执行一些重要使命，监视众位皇子以及其他宗室王公的动向等，并随时将情报密报康熙。隆科多尽职尽责，表现出色，成为康熙帝晚年时最得力的大臣之一。

隆科多

但他一生最重要的历史贡献不在于此，而是在康熙、雍正两朝皇权交替之际扮演了至关重要的角色——拥立雍正帝登基。有传言说他是康熙生前最后时刻唯一同雍正帝一起进内听候遗诏的大臣，因此可以说，雍正帝能够顺利继位，隆科多功不可没。

所以，雍正帝在继位之后，对他极为尊崇，赞誉为"当代第一超群拔类之稀有大臣"。虽然雍正并非隆科多姐姐所生，仅仅有甥舅名分而已，但他每次在称呼到隆科多的时候，必然会加上"舅舅"二字，这在自古以来的君臣史上是毫无先例的。

雍正不仅仅是在称呼上对隆科多显得特别亲昵，雍正登基之处，在处理朝政事务也是非常信任隆科多的，许多事情上都会咨询他的意见。

但是，这种君臣和睦相协、同舟共济的景象仅仅持续了不到两年，就发生了根本性的转变。

无上的荣宠让隆科多同年羹尧一样开始居功自傲起来。他曾自夸九门提督（步军统领）权力很大，一声令下就可以聚集两万兵马。而且还同年羹尧一样，对其他官员的任命予以干涉。虽然隆科多任吏部尚书，但选官这种事情一向是皇权所为，作为一个臣子干涉选官，不仅是擅权，而且有结党之嫌。

对此，雍正帝很是不满。而隆科多也早已有所察觉。于是，在雍正二年（1724），他主动提出辞去步军统领的职务，而雍正也就此展开了惩处隆科多的行动。

雍正三年（1725）五月，雍正便发动群臣谴责隆科多。雍正四年（1726），隆科多被派往蒙古和俄国谈判疆界问题，却因"玉牒案"被突然召回。所谓"玉牒"案，是指隆科多私藏了记载皇家宗谱的玉牒，律法规定，此物"除宗人府衙门，外人不得私看，虽有公事应看者，应具奏前往，敬捧阅看"。所以，雍正以"大不敬"之罪开始整肃隆科多，将其逮捕、抄家。

隆科多在失势之后，面临着的是空前孤立的境遇，不但外人弹劾的奏章如雪花片般纷而沓至，就连他的亲属也纷纷揭发他的罪行。

雍正五年（1727），诸王大臣会议定隆科多41条大罪。其中除了以上的结党营私、大不敬等罪行之外，还包括交结、庇护年羹尧等罪状。

定罪之后，众大臣都奏请雍正帝对隆科多判处死刑。但雍正为了避免落下滥杀功臣的骂名，又顾念与隆科多之间的亲属关系，所以没有将隆科多处以死刑，而是在畅春园附近建房圈禁。

雍正六年（1728）六月，隆科多死于禁所之中。

城门失火，殃及池鱼——因年羹尧而获罪的官员们

中国有个成语叫"城门失火，殃及池鱼"，是用来比喻无辜被连累而遭受灾祸的人或物。而年羹尧的倒台也致使一些人跟着受了连累。这些人中除了年羹尧的亲属之外，还有一些素来与年羹尧交好的官员们。

当时有个名叫汪景祺的人，其父汪霖曾任户部侍郎。汪景祺少年即有才名，但仕途坎坷，久困名场，一直到康熙五十三年（1714）才考中一个举人。

雍正二年（1724），他投奔了西安布政使胡期恒，在胡期恒的引荐下

结识了年羹尧。为了得到年羹尧的赏识，他曾写信给年羹尧，奉承他是"宇宙之第一伟人"，还说唐朝名将郭子仪等人和年大将军相比，不过是"荧光之于日月，勺水之于沧溟"。年羹尧看过书信之后，心里自然感到美滋滋的，于是便将汪景祺收在了自己幕下。

此后，汪景祺更是极尽溜须拍马之能事。为了显示自己的忠诚，汪景祺还给年羹尧写了一封名为《功臣不可为》的信。信中大致是说，功臣之所以难做，问题多在于主子的疑心和多虑，奉劝年羹尧要仔细斟酌为臣之道，免得"进不得尽其忠节，退不得保其身家"等。

后来，年羹尧获了罪，雍正帝在命人查抄年羹尧府邸时发现了这些信件。雍正帝看后勃然大怒，称其"悖谬狂乱，至于此极"！命人将其脑袋砍下来悬挂在菜市口的大街上，没有旨意不得拿下，结果一挂就是十年。其妻发黑龙江给穷披甲人为奴，五服以内的族亲全部被革职。

此外，还有一个名叫钱名世的人，也跟汪景祺犯了类似的罪。钱名世因与年羹尧是在乡试中同年中举，因此二人交情颇好。

雍正二年（1724），年羹尧平定青海叛乱之后，名世赋诗八首赠之，其中有"分陕旌旗周召伯，从天鼓角汉将军"、"钟鼎名勒山河誓，番藏宜刊第二碑"之诗句，颇得年羹尧喜欢。随后，钱名世还奏请雍正帝为之立碑，以表称颂。

雍正四年（1726），年羹尧失宠被赐死之后，钱名世也被牵连获罪。雍正帝先是将其革职发回原籍，又亲自写了一块"名教罪人"的牌匾，命人悬挂在钱名世家的大门口。随后，又命385位文臣写诗文声讨其"劣迹罪行"，写得不好的人要发回重写或者革职处置。如翰林院侍读吴孝登就因"作诗谬妄"，而被发配宁古塔为军奴。诗文写好后，由雍正帝亲自审阅，通过后交付钱名世辑成专集，刊行全国。

第二章 锐意改革的勤勉帝王

步履维艰的"摊丁入亩"

历史上的雍正帝虽冷面，但却是个锐意改革的勤勉帝王。在铲除那些对皇位有威胁的王公大臣的同时，雍正帝也着手开始了自己的改革之路。

在帝王制的统治模式之下，田赋和丁役一向都被认为是百姓对政府应尽的义务。一般来讲，都是田赋按田亩征收，丁役按丁口征调，各有其征派标准。但是，繁重的赋税徭役却让百姓们觉得苦不堪言。

到了康熙年间，农民反对以丁派役，提出"随地派丁"的主张，却遭到官府和富豪们的强烈反对，双方为此僵持不下，矛盾变得日益激烈起来。为了化解矛盾，康熙帝推行了"盛世滋生，永不加赋"[①]的政策，在一定程度上减轻了农民的负担，但对于丁银的具体征收方式却一直都没有得到落实。因为这一政策只承认今后滋生的人口不再征收赋税了，而现有人口还是要收税的。这就免不了会有逃税现象发生，而且由于人丁的生老病死和流动迁徙是随时变化的，随着人口的增加，需要不断地重新计算每个人丁应担负的丁银额，这是一项繁复而且难度相当大的工作。

为了解决这一问题，自雍正元年（1723）开始，雍正帝对这项政策进行了改革，命人开始实施了"摊丁入亩"的方法。摊丁入亩，又叫地丁合

---

① 盛世滋生，永不加赋：康熙帝于康熙五十一年（1712）发布诏令，规定丁赋的征收，以康熙五十年（1711）全国的丁银为准，以后加增的人口不再加收赋银，这就是著名的"盛世滋生，永不加赋"政策。

一，即按照土地的多少摊派丁役，有地则纳丁银，无地则去丁银，使贫富负担均平，用以减轻农民的痛苦。

首先提出摊丁入亩的是山东巡抚黄炳。雍正元年（1723）六月，黄炳因自己管辖的境内各地连年遭遇旱灾，民生艰难，便上奏朝廷请求丁银摊入地亩征收，以解民困。当时，雍正帝则认为"摊丁之议，关系甚重，岂可草率从事"，非但没有采纳黄炳的建议，反而责备他"冒昧渎陈"，随即驳回了他的奏请。

但是，作为关心百姓的帝王，雍正对于各地赋役之重的状况自然也不会不闻不问。六月十三日，雍正帝谕曰："陕西、甘肃地丁银每一钱额外加征三厘，每米一斗额外加征三合，本均作为备荒之用，然而无赈济之实，着自雍正元年始，将额外加征米银永行停止，旧欠亦悉予根除。"之后，又先后停征了山东、山西、河南历年带征旧欠钱粮。

然而即便如此，赋税重的问题还是没有得到根本的解决。一个月后，雍正帝又接到了直隶巡抚李维钧上书，要求在直隶州内将丁银并入田亩之中征收，认为这"实在是对平民百姓大有益处"，请求雍正帝"乾纲独断"，批准他在辖区内施行。

这次，雍正帝接到陈请之后并没有急着驳斥，而是将李维钧奏疏交给户部讨论，提出意见，并明确指出："此事尚可少缓，更张成例，似宜于丰年暇豫，民安物阜之时，以便熟筹利弊，期尽善尽美之效。"

在复议两次，广泛听取朝中大臣意见的基础上。四个月之后，雍正帝终于批准了在直隶实行摊丁入亩①的政策，将丁银全部摊入田赋中，造册征收。

自从雍正帝批准在直隶实行摊丁入亩制度后，山东、河南、浙江、安

---

① 摊丁入亩的政策，不光是在雍正年间被广泛推行，之后的乾隆、道光、光绪年间也被纷纷效仿。比如，山西省和贵州省就是在乾隆年间开始实行的摊丁入亩制度。盛京（今沈阳）在道光二十二年（1842）实行，吉林在光绪二十九年（1903）开始实行。至此，摊丁入亩的制度在全国范围内就基本推广开来了。

徽等省看到这一措施简便易行、富有成效，也先后纷纷予以推行。

在实行摊丁入亩制度的过程中，中央政府并没有规定具体的实施办法，各省都本着简便、高效、灵活的原则，结合实际情况来制定有效的方针政策。

经过一番实践之后，各省市实行的具体办法基本分有两种：一是着眼于田赋的方法，将各州县的丁银平均摊入田赋中，由土地所有者统一完纳。田赋多的，摊入的丁银就多；田赋少的，摊入的丁银就少。另一种是从田亩入手的，即把一州县的丁银平均摊入到田亩之中。土地多的，摊入的就多；土地少的，摊入的就少。

可是，摊丁入亩的政策在推行的过程中也并不是十分顺利的。因为它虽然保护了广大贫苦农民的利益，但却变相地妨碍到了拥有大批地产的地主豪绅们的权益。因此，这项政策得到那些无地和地少的农民们支持的同时，也遭到了大地主阶级的反对、阻挠和破坏。这一点，是雍正帝早就意料到的，但是他这次改革的目的就是要缓解农民的苦痛，同时对地主豪绅进行打压。因此，面对种种反对和抗议之声，雍正帝并没有丝毫的动摇，而是充分运用国家政权的力量，采取强有力的手段，保证了这项改革的稳步进行。

经过了一个相对漫长的过程之后，摊丁入亩制度终于扫清了各种艰难险阻，平稳有力地实施开了。这项制度是中国封建社会赋役制度上的一次意义重大的变革。它不仅保证了中央政府的钱粮收入，也改变了原来丁、地分征所带来的赋役不均的状况，使无地和少地的农民可以不负担或少负担赋税，并把原来归农民负担的部分税款转摊到地多丁少的地主富户身上，这种损富益贫的政策保证了赋税负担的相对合理化和平均化，也让劳动人民和封建国家的人身依附关系有了一定的松弛，加快了人口的迁移和流动，为劳动力市场的发展创造了条件。而那些无地的农民再也不必像以往那样为了逃税而隐匿人口、四处逃亡了，对于社会安定来讲也是颇有益处的。

总之，摊丁入亩制度推行不仅是雍正帝所作的一项正确的决定，而且在制度推行的过程中，雍正帝的功劳也是不可磨灭的。在他的改革治理下，清朝的农业生产发展日新月异，国力也不断地强盛起来。

"摊丁入亩"的前身——一条鞭法

雍正帝推行的"摊丁入亩"制度在很大程度上解决了广大农民阶级赋税重的问题。但是，任何一项赋役改革都不可能是凭空臆造出来的，它的产生必然有一定的社会要求和一系列的前驱活动。摊丁入亩制度也有它的前身，这个前身就是明代的"一条鞭法"。

自古以来，田赋和徭役就是农民所关心的两个主要问题。明代中叶后，由于官绅地主的剧烈兼并，各里之间的土地多寡日益悬殊，原以里甲为编审单位的徭役制使民户的负担越来越不平均，不少农民开始破产逃徙。

为了改变这样的现状，在内阁辅臣张居正的倡导之下，明朝开始推行"一条鞭法"的制度。

一条鞭法主要针对的是役法改革，也涉及田赋。它先将赋和役分别合并，再通将一省丁银均一省徭役；每粮一石编银若干；每丁审银若干；最后将役银与赋银合并征收。这一制度的实行将役归于地，计亩征收；把力役改为雇役，由政府雇人代役。由于赋役统一，各级官吏难以巧以名目。这样做不只减少了税目，简化了赋役征收方法，更重要的是将赋税进行了两方面的过渡：一是现物税和现役制向货币税过渡，一是户丁税向土地税过渡。

张居正

实际上，当年的"一条鞭法"已初步具

有"摊丁入亩"的性质，明朝自实行一条鞭法以后，曾经在很大程度上改变了财政历年亏空的局面。但问题在于这项制度并没有得到全面的普及和推广，但除少数府州县外，绝大多数地区的人丁还须承担多寡不等的役银。再加上后来神宗肆意搜刮，宦官弄权侵蚀，这种制度遭到了很大的破坏。因此，直到清代实行摊丁入亩之后，这一过渡才算最终完成。

改革"火耗"，扭转康熙朝吏治弊端

除了推行"摊丁入亩"的制度之外，雍正帝还进行了另一项改革——火耗①归公。

明清时期，官服向百姓征收赋税普遍以征银为主。百姓所缴的银子由于纳税量不太多，大多以小块的碎银为主，各州县衙府在汇总上缴国库时，要将碎银熔炼成大块的银两。在熔炼过程中所发生的损耗就是所谓的"火耗"。对于这些损耗，官员们自然是不愿意自掏腰包的，于是便要求百姓补足这部分"火耗"，即在应缴税银之外，百姓还要另外多缴一些。

古代银两

然而，对于火耗的征收数目，却并不是那么合理。各州县官吏都借着这个机会趁机捞取钱财，实际征收的远远要比损耗率大得多。由于朝廷没有对火耗的征收标准作出一个明确的规定，而且也无法进行有效监管。到了清康熙后期，这种贪污的行为更加严重起来，各省征收的火耗一般的已达到三四钱，最高的达到七八钱，附加税可以高达正税的70%—

①　火耗：为什么征收火耗数量巨大，而这些官员却没有得到惩治呢？明清两朝对官员采取的是薄俸政策。一名总督、巡抚一级的高官，年俸不过几十、百把两银子，办公开支也只有一百两银子。这样微薄的俸禄让官员们怨声载道、苦不堪言。但朝廷又不愿意多出银子，便准许官员可以征收"火耗"，而对于官员多收的问题也就睁一只眼闭一只眼了。

80%。这样繁重的赋税，让老百姓苦不堪言。

而雍正帝早就意识到了这个问题的严重性，在他登基之后，便着手整顿起了这个问题。

其实，早在康熙年间，已经有人提出了耗羡部分归公的意见，但由于这样做会影响到官僚集团的利益，必将引起大部分官员的反对，影响朝中稳定，康熙帝并没有批准实行。

雍正元年（1723）五月，湖广总督杨宗仁奏称：现在地方上的公事开销，都是地方上的百姓征收来的。与其这样，不如令州县官员在原有火耗银内节省出二成，交到布政司库房，用作公费之用，此外不许再向百姓征收。

不久后，山西巡抚诺敏就耗羡归公一事再次向雍正皇帝提出书面建议，要求将山西各州县全年所征的火耗统统上缴省里，一部分抵补国库亏空，一部分作为俸禄发给各级官员，以革除地方官员利用职权多征火耗之恶习。

雍正帝在再三斟酌之后，同意了诺敏的奏请，让他先在山西开展试点。经过一段时间的试行之后，山西布政使高成龄向雍正皇帝详细说明了火耗归公的功利，并请求皇帝下令各省按照山西的办法，将一省所征收的税外火耗总额上报中央，年终再发给各官"养廉银"①、支付公费，用以倡导廉洁，杜绝贪污之风。

雍正帝听了这个建议之后，虽然觉得很有道理，但是要在全国范围内推行的话，又难免会招来反对之声。他觉得此事绝不可鲁莽行之，得听听大臣们的意见。于是，便命令九卿会议讨论，把各自的意见奏报。

结果，正如雍正帝所料，有很多官员都对这样的制度持反对意见。他们的理由大致有三条：

一、火耗银在历代以来都被认为是州县应得的部分，上级突然出手干涉多有不妥；

二、火耗本来不算正税，现在若要当作正税来征收的话，会给百姓赋

---

① 养廉银，是指给官员生活、办公的补助费，以此帮助他们解决生活、办公中的实际问题，体现皇恩，从而在使他们的基本愿望得到满足的条件下保持廉洁奉公的作风。

税增加之感。

三、这样的制度等于是公开允许州县征收火耗，这就使得属于私征性质的火耗变得合法，更加会助长州县官员的贪婪之心，反而会起到反作用。

内阁的这个奏议发出后，高成龄立即上书表达了自己的不同意见。他对九卿奏议，逐条予以驳斥，并针对当时耗羡滥征的实际情况，讲解了耗羡归公的种种好处。理由充分得当，让雍正帝很是赞赏。

随后，为了保证意见的公允，雍正帝又把问题交给了总理事务的议政王大臣以及九卿、詹事、科道各级官员讨论。讨论的结果是仍有不少人对此持反对意见。但从雍正帝屡次让大臣们复议此事的态度就可看出，他从心底是支持高成龄的。

看到大臣们的意见始终得不到统一，长期争吵下去将于事无益。雍正二年（1724）七月初六日，雍正帝发出上谕，首先批评了官员们的目光短浅，他说："高成龄提解耗羡一事，前朕曾降谕旨，令尔等平心静气秉公会议，今观尔等所议，亦属平心静气，但所见浅小，与朕意未合。"接着又历数了耗羡归属地方的许多祸害："耗羡之外，种种馈送，各色繁多，故州县有所借口而肆其贪婪，上司有所瞻徇而不愿查参，此从来之积弊所当剔除者也。"随即作出了实行"耗羡归公"政策的决断。

他采纳高成龄的建议说："与其州县存火耗以养上司，何不让上司拨火耗以养州县。"遂下令从此之后，各省将征收的火耗提解归公，用于发放"养廉银"之用，作为对官员的财政补贴。而且还规定了火耗的征收标准，各省耗羡率一般在10%—15%，不得肆意乱征。

之后，经过6年的推广与监督，火耗归公的制度遍及了全国各个州县。而制度推行之后的好处也逐步显现了出来：

耗羡归公后，由于把各省征收的火耗从过去的暗取变为明收，并规定了数量和用途，大大遏制了康熙末年以来的滥征加派之风，也在一定程度上减轻了农民的负担。同时，还使得地方官员的收支活动直接处于中央财

148

政的监控之下，强化了中央财政的集中统一。

另外，由于朝廷每年都从耗羡中提取相当一部分用来填补国库亏空，从而也确保了国家财政的稳步增长。据统计，康熙末年（1722）的国库结余为 800 万两，到了雍正末年已经增加到了 6000 多万两。这与雍正帝实行"摊丁入亩"和"火耗归公"的制度是分不开的。

"养廉银"制度的创始者——高成龄

在上文中我们提到对于推行"火耗归公"的政策，有一个人功不可没，他就是高成龄。

那这个人到底是什么来历，又为何要孜孜不倦地为推行这个制度而努力呢？

高成龄，字笙三，号古愚，梁召村人。康熙三十五年（1696）就考取了举人，但一直都未步入官场，而是以开馆授课为生。直到康熙四十七年（1708）才被授予云南永平县令一职。高成龄一直将清正廉洁、为民做事作为自己为官的标准，因此，从上任的第一天起，他一直都严格约束自己和手下，不断缩减财政开支，对于案件的处理总是公正严明，深得百姓爱戴。

不到一年时间，他就因政绩突出，而升至江西赣州府同知一职。在任 5 年中，更是兢兢业业，不仅保持着之前的良好作风，同时还举发了不少奸匪，解决了很多积案、疑案。之后，又升任瑞州知府，一样为民所拥戴。人们为了感谢他的政绩，还在他的府衙前树起了写有"三邑福星"、"万家生佛"字样的两面大旗。

浙江巡抚朱轼听说了自己家乡出了这样一位政绩卓著的清官，便上疏朝廷，称高成龄"天下治行第一"，奏请朝廷给予重用。刚刚登基的雍正皇帝也很爱惜人才，很痛快地接受了朱轼的奏荐，将高成龄越级提升为山西按察使。可以说，朱轼是高成龄仕途之路的一大贵人。

在山西按察使任上，为了避免冤假错案的发生，高成龄一直坚持亲自提审案犯，总计平反案狱 40 余件。此外还提出了六条禁令①，使多年以来的积弊在最短时间内得到了清除。

之后，大学士朱轼、兵部尚书卢洵、山西巡抚诺敏都十分赞赏高成龄的才能，纷纷向雍正帝上疏荐举。于是，雍正帝便下旨召他入京，打算会一会这个传说中的有才之士。结果只见了一面，雍正帝就对其赞不绝口。之后，又先后召见了两次，每一次高成龄都会提出一些政务方面的建议，而且也都得到了雍正帝的赞许和采纳。雍正帝觉得高成龄的确是十分难得的人才，于是便将他升为山西布政使②。

到任之后，高成龄继续发光发热，创立了"养廉银"的制度方案，并交由山西巡抚诺敏呈报给圣上。（所以说，"养廉银"的制度并不是诺敏创立的，他只是一个"代呈者"而已。）

因此奏请事关重大，雍正帝让朝廷众大臣再三审议，一直都没有定论。于是，高成龄再次上疏，"排众议而伸己见"。最终得到了雍正帝的认可，经过实行之后，成效也颇好。于是"养廉银"之法便成为制度，被推广开来。

高成龄一生廉洁，在任多年，从未有过贪污纳贿的行为。但最终却因受到诺敏库银亏空案的牵连而丢了官，被滞留在山西长达 8 年。直到乾隆皇帝继位之后，才得以赦免回到了家乡。之后，再没有踏上仕途之路。乾隆十二年（1747），于家乡逝世，结束了其辉煌而又落寞的一生。

尊重人权，废除贱籍

在古代帝王制的统治下，社会等级的划分是相对明确的。在古代的等级制度中，除了士、农、工、商之外，还有一种阶级，他们就是贱民。

---

① 六条禁令为：一、禁止人命株连；二、严禁拷问时使用过重的刑罚；三、严禁聚众要挟官府；四、禁止贿取作弊之弊；五、禁止包揽讼词，挑唆罪犯；六、清查田土卷契。
② 布政使在明清时是地方主要财政、赋税、经济工作主持人，是地方最主要的官员之一。

贱民，顾名思义，就是最底下的人群。他们不能读书、参加科举，更不能做官，也不能和普通民众通婚。生活环境非常艰苦，几乎没有什么社会地位可言。而且贱籍是世代相传的，不得更改。

这种等级并非形成于清朝，而是在很早以前就已经建立起来。而历代以来，贱民的人数也不少，分布于全国各地，主要有浙江惰民、广东疍户、山西乐户、陕西乐籍等。

浙江惰民，相传是宋、元罪人的后代，他们男人多从事捕蛙、卖汤等工作，女人则做媒婆或者卖淫，古书记载中说这些人"丑秽不堪，辱贱已极"，人皆贱之。可见，他们在当时是被人十分瞧不起的，生活之痛苦自不必言。

广东的疍户相对来说就要好得多了，他们虽不能为官，但因为靠近大海，可以以船为家，以捕鱼为生。但唯一不足之处，是他们只能随处漂泊，没有上岸定居的权利。

而山西和陕西的乐户，则多是建文帝一朝中官员大臣们的后代，因受牵连而沦为贱民。当年，明燕王朱棣起兵推翻其侄建文帝政权后，对于坚持拥护建文帝的官员自然不会放过。不仅是他们本人受到了严酷的处置，就连他们的妻女也被罚入教坊司①，充当官妓，陪酒卖淫，受尽凌辱。而且世代相传，久习贱业。

雍正元年（1723）三月，监察御史年羹尧之子年熙上书，称陕西和山西的贱民均为忠义之士的后代，沉沦至此，无由自新，请求雍正帝开豁她们的贱籍，准许她们改业从良。

雍正帝看过他的奏折之后，觉得甚为有理。遂即命礼部进行商议决定，王公大臣们商议之后也一致认为："压良为贱，前朝弊政。我国家化

① 教坊司始建于唐代，称为"教坊"，是中国古代宫廷音乐机构，专门管理宫廷俗乐的教习和演出事宜。明代改教坊为教坊司，隶属于礼部，主管乐舞和戏曲。当时的教坊司除负责演奏事宜之外，最主要的职责就是培养官妓。到了清雍正年间，教坊司又被更名为和声署，掌宫廷朝会、燕飨诸乐等事宜。

民成俗，以礼义廉耻为先，似此有伤风化之事，亟宜革除。"

于是，雍正帝便立即下令批准山、陕两省的乐户可以改业从良，还下令开释了京中教坊司的乐户，恩准他们转业从良，命教坊司另选精通乐理之人，充当教坊司乐工。

同年七月，由于乐户除籍的施行，浙江巡盐御史噶尔泰也上奏请求雍正帝除豁浙江惰民贱籍。认为应该给惰民一条自新之路，请求照山陕乐籍例开豁。随后，雍正帝将其奏请交由礼部审议。礼部认为，在这些惰民们所从事的行业中，有很大一部分都是平民糊口的职业，如卖饼、穿珠、做媒等，与普通平民并无太大区别，所以不同意撤销他们的贱籍。

而雍正看过审议之后，却并不十分赞同。他认为消除贱籍于国于民都是好事一桩，能够让人民更安居乐业。于是，就下令惰民放弃丐籍，转为民户。

随后，雍正帝还亲自提出消除安徽各地的贱籍，得为编户良民。还恩准广东沿江沿海的疍民可以上岸居住。另亲书朱谕，命将疍民编立埠次，严加约束。

雍正八年（1730），又批准了江苏巡抚尹继善的奏请，除去了江南苏州府常熟，昭文两地丐户的贱籍，列入编户，并命各省检查，若有类似贱民一律准许出贱为良。于是其他省区的贱民也得开豁。

贱籍废除之后，天下之贱民无不感念雍正帝之恩德，奉他为"一代明君"。雍正帝此次大刀阔斧的改革，不仅显示出了他敢于革除旧弊的政治气魄，也结束了贱民历代以来备受欺辱的命运，使得政治更加清明起来。

清朝官员朝服等级划分

我们常常用"衣冠禽兽"这个词来形容那些品行恶劣、道德败坏的人。据说这个词的来历与官服有关。因为当时文官官服"补子"① 的图案

---

① 补子，是加在袍外的褂子，正中用金线绣织鸟、兽形的正方图案。

是禽类，而武官官服"补子"的图案是兽类，所以，老百姓就把穿着官服不给百姓办实事的官员叫"衣冠禽兽"了。虽然这个说法不一定正确，但有一点是不容置疑的，那就是古时候官员所着的官服的确不一样，是有等级之分的。

清朝时，官职分为九品，每品有正从两级。清朝官服，顶戴花翎，都根据这套官品级别来确定和办认。

先从顶戴花翎来看，一品通常用红宝石；二品为花珊瑚；三品为蓝宝石；四品为青金石；五品为水晶；六品为砗磲；七品为素金；八品为花金；九品为花银。基本依据头上所用花翎的材质就能辨认其地位高低、官员大小。

而朝服蟒袍和补子上的图案也有所不同。就朝服来说：一品至三品，上绣的是九蟒五爪，四品至六品，绣的是八蟒五爪，七品至九品及"未入流"者，绣的则是五蟒四爪的图案。

补子上的图案则大分为文官和武官两种。文官所绣图案为鸟，武官所绣图案为兽。然后各自又分为：

文官一品为仙鹤；二品为锦鸡；三品为孔雀；四品为鸿雁；五品为白鹇；六品为鹭鸶；七品为鸂鶒；八品为鹌鹑；九品为练雀；未入流者为黄鹂。

武官一品为麒麟；二品为狮子；三品为豹子；四品为虎；五品为熊；六品为彪；七品、八品为犀牛；九品为海马。这样一来，各自的身份就更好辨认了，是什么类型的官员，身居什么官位，一看便知。

除此之外，各级官员所绑的腰带，布料的颜色等也各有差别，特别是清末官员的服饰尤为繁杂。但对于等级制度森严的帝王制国家来讲，即便再繁杂，也是各有各的规矩，朝服一定要依官位大小穿戴妥当，绝对不许滥用，否则就有可能惹来杀身之祸。

第三章　政治强人的治国"铁腕"

不遗余力地打击贪污受贿

　　康熙皇帝虽然是"康乾盛世"的缔造者、难能可贵的千古一帝，但是他的统治手段是宽厚仁慈的，尤其是到了晚年，更是因此而导致清廷贪官横行，钱粮亏空现象非常严重。康熙四十八年（1709）户部存银 5000 多万两，六十一年（1722）仅 800 多万两，存银下降这么多，原因是亏空：户部亏空 250 万两，江苏从康熙五十一年（1712）到雍正元年（1723）亏空 810 万两。早在雍正还是皇子的时候就对官员的贪污、亏空行为表现得深恶痛绝。等到他登基后，就立刻着手整治、打击贪污受贿之风，而且在他统治期间，一直都不遗余力地与官场上的受贿之风斗争，其态度之强硬、手段之残酷在历代帝王中都是绝无仅有的。

　　雍正登基后刚一个月，就下达了一项命令，要求各级各地官员全面查清钱粮亏空情况①。康熙留给他的虽然是一个蒸蒸日上的帝国，但实际上国家外强中干，治理水患、对外用兵都需要钱来支持，正是因为贪污亏空现象严重，导致国库空虚，政府根本拿不出钱来做一些更加实际也更为急迫的事情。面对这样的窘境，雍正是相当恼火的，他态度强硬地表示：自己绝不会像先皇一样好说话，对贪污的官员绝对不会姑息。

　　雍正是说到就要做到之人，他要求朝廷上下文武百官，凡是曾经有过

---

　　① 清朝官场上之所以会有如此严重的亏空现象，一部分是受到上司的威胁不得不亏空国家东西来孝敬上司，另外也有很多官员明着是打着向国家借钱、借粮的旗号，其实有借无还，直接都挪做私用了。雍正说的是亏空之事，但实际指的就是官员的贪污行为。

亏空的，只要在 3 年之内把所挪用的钱粮分文不差地补齐，前提是绝对不能因此而巧立名目、盘剥百姓，就可以既往不咎，否则一律严惩不贷；如果 3 年之内如数补齐了，但是日后再有亏空现象绝对从重处理，不能宽待；同时，对于相互徇私包庇的官员，一旦发现并查实，同样要处以重罪。正所谓"君无戏言"，雍正的这些话绝对不是危言耸听、说说而已的，在他统治的 13 年里，他也的确是这样做的，一旦发现有贪赃枉法的现象，他的打击力度之大简直可以称为"赶尽杀绝"。

官员一旦有亏空，雍正首先是要求他们将亏空还清，在偿还的过程中不准代赔。在雍正之前，凡是遇到这种亏空现象，通常都是由下属官民代为偿还，雍正明令禁止此事，他认为，结合众人之力代为补偿一定是另有内情，将来官员勾结，会变本加厉地贪赃枉法。虽然不准代偿，但是却要由宗友亲戚连带赔偿，就是说如果官员所贪污的赃款还不清就要由亲戚朋友平分赔偿，直到还清为止，要是有官员因此自杀身亡，那也是身死债不死，家里人还是要继续偿还。

雍正有个外号"抄家皇帝"，实际上说的就是他在惩治这些贪污官吏的过程中，很多人都落得被抄家的下场。雍正一旦查实了官员的贪污罪证，就会对他们展开抄家，不仅官员们要被抄家，雍正对自己的兄弟亲戚更是不手软，康熙的第十子敦郡王因为亏空偿还了数万两黄金但是还没有偿还完，雍正就下令对其抄家；十二子履郡王则不用皇帝动手，自己先把自己家抄了，他为了换银子把府里的东西拿到大街上变卖，以补亏空。清朝最负盛名的小说家曹雪芹的家庭因为在康熙南巡时多次负责接驾，也有许多亏空，[①] 因此被抄家。另外，雍正抄家的时候不仅是官吏自己家要被抄，那些在外地做官之人就连老家也要被抄，甚至亲戚家也要跟着遭殃，这是因为雍正怕他们将贪污的钱粮偷偷藏匿起来。

---

① 史学家认为曹雪芹家族的败落除了与亏空之案有关外，还有一个重要的原因，就是当初在"九子夺嫡"的时候，其家族并不是支持雍正的，所以抄家很有可能是雍正"秋后算账"的报复行为。

抄家当然只是惩治贪官最轻的手段，罢官同样也是在所难免的。以往，官员有亏空之举通常革职留任，但是雍正认为这些盘剥百姓的官员不可能为百姓尽心办事，将来有机会还是会再贪污的。因此，雍正时期贪官严禁复留原任，对于那些真的为官尚好、比较有能力的官员，也需要将钱彻底还清后，再由其他大臣保奏后才能有机会官复原职。

除了对以往亏空现象大力查补外，雍正对于在他统治期间新发生的贪污现象更是严厉打击。原本已经退职回乡的山西学政陈沂震、廖赓谟被人举报在任上担任主考官期间有贪赃枉法的行为，雍正派人查实后下令陈沂震拿出20万两白银以资助国家正在修建的吴淞江水利工程；又下令廖赓谟出银10万两，其中8万两用来疏通已经淤塞的苏淞河道，另外2万两则用来修补城墙。对于所贪数额较大者，雍正更是"手起刀落"，绝不留情。雍正十年（1732），河南学政俞鸿图因为纳贿营私、贪污银两数万，雍正铁面无私，将其处以斩刑。

除了加强打击力度外，雍正也订立了一系列制度来预防官员贪污的行为，例如"火耗归功"既增加了财政收入，又助于官员廉政。另外，雍正还取消了官场的"规礼"以杜绝行贿、受贿的发生。所谓的"规礼"就是地方上官员必须按照规定逢年过节的时候向上司馈送礼金，这种行为实际上是名正言顺的行贿受贿。据记载，雍正元年（1723），山东巡抚每年能够收到的"规礼"数额高达十余万两。雍正知道，这样的官场陋习不除，治贪就会成为空谈，所以他继位后很快就下达命令废除"规礼"，各级官员禁止再接受地方上的"孝敬"，违反者一律严厉处置。国家会拿出额外的一部分"养廉银子"作为奖金发送给官员们。这部分银子也是从上缴的"火耗"中拨出来的，由国家统一发放，多寡从千两到万两不等，这样一来就杜绝了官员之间相互行贿、受贿的恶性循环，而以国家的名义出资奖励则把官员的"恩赐"合法化也合理化了。

以勤先天下的一代帝王

雍正在野史及民间的名声不是很好，这主要是他非常强势的治国手腕造成的，他大力惩治贪官，无论是谁只要有贪赃枉法的行为，一旦被他抓住绝对不顾及面子轻饶。这样一来朝廷上下人人都对雍正极为害怕，他所表现出来的强硬态度，是与父亲康熙的宽厚仁慈截然相反的，这也就使得很多历侍两朝的官员们对比之下，更为心惊。所以，雍正在大臣之间的形象也不好，在他背后恶意诋毁的言语时有产生。

然而实际上，我们可以看到，雍正其实是一位励精图治的明君，他一再推行新政、大力查处贪官都是为了在根本上减轻百姓负担，这一点雍正做得绝不比父亲康熙差，而在勤政方面他更是历代帝王中的典范。

雍正在位的 13 年里，每天都批阅奏折到很晚，有时更是通宵达旦地工作。据清政府统计，他在位期间一共批阅了 19.2 万余件奏折，平均每天批阅 40 多份，而且绝不敷衍了事，他所批示的很多奏折上文字甚至比臣子所写的文字还要多。为了能够更好地了解国家的情况，他还允许一些官员越级上奏，这样不但能够知道地方政事，还能又快又准确地掌握官员、百姓的动向，做到心中有数。

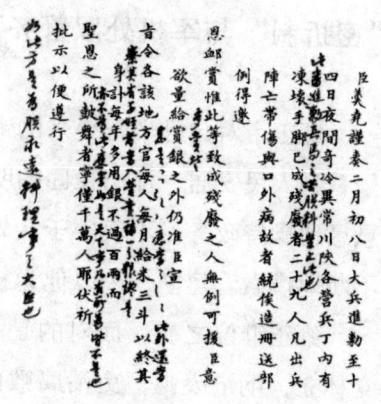

雍正御批的奏章

到了雍正后期，甚至连一些地方上的知府、副将等都有上奏的权力。雍正对于这些来自第一线的奏折非常重视，一定会亲自过目，很少会假手他人。

在雍正所批阅的奏折中也留下他时常工作到深夜的佐证，在今天还保留下来的雍正御批的奏章中，可以找到这样的语句"日间刻无宁晷，时夜漏下二鼓，灯下随笔所书"。此外，在这些奏折上，雍正有时会向臣子解释：自己是在灯下批阅奏折的，因此有些字迹比较潦草；同时他还会自我解嘲地说："灯下批写，字迹可笑之极。"可见他严格认真的态度。

同是"康乾盛世"的打造者，雍正从来没有像他的父亲或是儿子一样出外巡视、游玩过，他每天的生活就是留在宫中兢兢业业地处理政事。雍正十三年如一日，所批阅的奏章在保和殿中堆积如山，上面的文字动辄就是上万字，这种勤勉的态度是帝王中鲜有的。而雍正在讲述自己之所以如此努力的时候曾说过："（朕）仰荷皇考诒谋之重大，夙夜祗惧，不遑寝食，天下几务，无分巨细，务期综理详明。朕非以此博取令名，特以钦承列祖开创鸿基，体仰皇考付托至意，为社稷之重，勤劳罔懈耳。"真正的明主不过如此！

"密折制"与军机处双管齐下

雍正帝对自己辛苦得来的帝位自然是十分珍惜的，并且他也是一个希望看到人民安居、江山稳固的明君。为了达到这个目的，他一直都在勤勤恳恳地操持政务，不仅善于从先帝那里学习优良的从政思想和方法，也在不断地摸索着建立一个以他为核心的政治体系。

雍正继位之初，面对的是一个朋党林立，纲纪废弛，吏治腐败的严峻局面。他的皇权取得的合法性受到了很多王公大臣的质疑，各朋党还在为争夺皇权一事感到很不甘心。而且，议政王大臣会议的存在使得决策大权并不仅仅掌握在皇帝一个人的手上。再加上雍正时中国人口众多，无业游

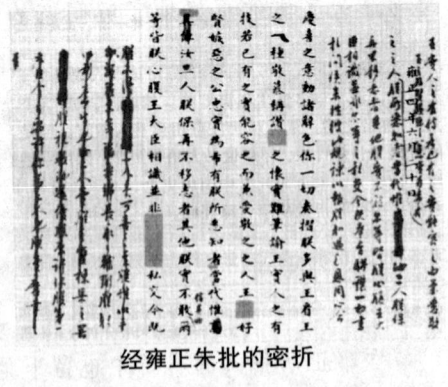
经雍正朱批的密折

民的数目也随之增加起来，民间秘密会社活动十分活跃，几乎遍及全国，

其中尤以中原地区最为活跃。这种活动如果不加以遏制的话，难免不对江山社稷造成威胁。于是，为了解决这些问题，雍正帝推行了一个新的制度——密折制①。

原先朝廷上的各级官员总是由于怕因上奏事情得罪人，而选择密而不报。但密折制的推行则从根本上解决了这一难题。它可以让雍正帝广泛地了解下情，从而有效地采取各种措施以瓦解政敌和反对势力。同时，也起到了让官员们相互监督、谨慎办事的作用。自从密折制推行以来，朝廷上下官员几乎人人自危，唯恐哪里办错了事就会被其他官员上奏。因此，做事办公都变得谨慎仔细了许多。这就在很大程度上加强了朝廷对于官员的控制和管理，大大减少了贪污腐败现象的发生。

事实证明，密折制的实行是利大于弊的一项措施。看到了效果之后，雍正帝更是乐此不疲地将此变得具体化并推而广之，要求各级官员都应当遵循密折制，鼓励他们每天都要上一道密折，要事无巨细，详略得当。

而雍正帝也给自己定了规定，就是每看过一道密折之后，都要在上面做批语，从而做到有来有往，不让官员们白忙活一场。也正因如此，雍正帝在位期间写下的奏折批文多达千万余字，堪称世界奇迹，这一字数不仅在历朝历代都没有出现过，就连现在的一些职业作家恐怕也是望尘莫及的。

而且，为了让大家放心大胆地谏言。对于密折的保密性，雍正帝也是再三做了保证的。他说"密之一字，最为紧要，不可令一人知之……假若借此擅作威福，挟制上司，凌人舞弊，少存私意于其间，岂但非荣事，反为取福之捷径也"。臣下向雍正进呈的秘密奏折，都派亲信送往京师，直达御前，中间不经任何人过目②。凡有权使用密折奏事的臣僚，都有雍正颁给的皮匣，匣上有锁，锁上的钥匙由具奏人和雍正各拿一把，其他任何

---

① 所谓"密折"，其实就是"密奏"，在给皇帝的奏折内附奏机密要事，主要是揭发一些贪官污吏的不法行为以及民情动向等。这些密折由皇帝亲自查看、批阅，从而使官员们处于相互监督、彼此牵制的境况。

② 在雍正帝推行"密折制"之前，臣下向皇上进呈奏折，都要先交通政司，由通政司交内阁，由内阁"票拟"后再呈皇帝。

159

人都不能开启。奏折由皇帝亲自朱批之后再放进匣内，交回本人手中。中间并不将其批转给朝臣，这样就能使官臣们放言无忌，心中无虑了。

自密折制实行以来，天下言路广开，肯用密折上奏事宜的官员不断增加，这使得雍正帝足不出户便可通晓天下事。

与此同时，为了进一步削弱议政王大臣和内阁大臣的权力，雍正帝还设立了另一个加强中央集权的机构——军机处[1]。

军机处最初设在乾清门外，后迁往门内，离雍正帝寝宫养心殿很近。

军机处

其主要成员称为"军机大臣"[2]，由皇帝从内阁大学士、尚书、侍郎等官员中特旨挑选，或由军机章京升任，也可由满洲皇室亲王选任，其名额没有定数。从《清史稿·军机大臣年表》看，军机大臣最初设了3人，即怡亲王允祥、大学士张廷玉、蒋廷锡，后来逐渐增加，最多时达11人。他们之间没有隶属关系，均由皇帝亲自管理，各自办理皇帝交办的机要事务。

关于设立军机处的理由，雍正帝曾说："国家政治，皆皇考所遗。朕年尚壮，尔等大学士所应为之事，尚可勉为代理，尔等安乐怡养，心力无耗，得以延年益寿，是亦朕之惠也。"事实上，所谓的担心大学士们太操劳，只不过是一句冠冕堂皇的话。雍正帝之所以设立军机处，是因为当时的朝臣中仍有不少人是八阿哥允禩等人的亲信。但如果来一次大换血的话，又难免会让朝堂不稳。因此为了平衡之间的关系，雍正帝才决定设立这样一个用自己的亲信所组成的机构，以稳固自己的江山。

---

① 军机处：雍正六年（1728），为了及时有效地调用军需物资以平定新疆、准噶尔的叛乱，雍正帝下令成立了"军需房"，叛乱平定之后，军需房被保留下来成为军机处。
② 军机大臣开始称"办理军机大臣"，后来又改为"军机处大臣上行走"、"军机大臣上学习行走"，简称"军机大臣"，俗称"大军机"，雅称"枢臣"。

在创建军机处的同时，雍正帝就明确了军机处的主要工作职责：不时应召商议军机要务、面奉谕旨草拟文书和管理文书档案。

所谓的应召商议军机要务，其实就是指参议国家各种政事事务，议题由雍正帝本人来决定，参议范围很广泛，有军务、人事、典礼，等等。一般情况下，每天凌晨3—5时，军机大臣及军机章京就要进入值班房，早上，雍正帝召见他们。如果有紧急要务，也可能提前召见，甚至一日召见数次。

实际上，这些人虽每次参议时都会提出自己的主张和看法，但却并不享有对事务的决定权，只是参与谈论而已。最终事情如何处理，还得由皇帝亲自决定。这就解决了之前虽然皇帝掌握着国家最高权力，但对于军国大事，还是需要经过集体讨论定夺，并不可能随心所欲独断专行地处理事情的问题。

因此，虽然从表面看来，军机大臣的职责似乎以商议军机最为重要，其实却是一个有名无实的空职。军机大臣真正所从事的事务中，还是以面奉谕旨草拟文书最为重要。

可以说，军机处的设置是中国几千年来的君主专制制度达到顶峰的重要标志。当然，这种顶峰的到达自然与雍正帝的勤政也是分不开的。他通过军机处，完全控制了全国的军政大权，实现了"朝纲独揽"的绝对君权。

画家出身的军机大臣——蒋廷锡

在雍正帝最初设立军机处的时候，所任命的军机大臣只有三位：允祥、张廷玉和蒋廷锡。其中允祥和张廷玉都是颇有政绩的臣子，而蒋廷锡却与他们有些不同，他的出身是一位画师。

蒋廷锡，字扬孙，一字西君，号南沙、西谷、青桐居士，是康熙四十二年（1703）中的进士。他擅长作画，尤其擅长画花鸟，开创了根植江南、倾动京城的"蒋派"花鸟画。雍正帝十分爱惜他的才能，继位之后，就命他担任礼部侍郎一职，后又屡次升迁，先后担任户部尚书、文华殿大学士、太子太傅等职，从编修、讲官等文职，成为雍正时期位尊权重的名

蒋廷锡所作花鸟图

蒋廷锡所作清荷图

臣。晚年时，还加了太子太傅衔、身兼户部事，并任《明史》总裁，足见朝廷对他的看重。

蒋廷锡一生留下了不少传世名画，现在还有很多作品珍藏于各大博物院和美术馆之中，具有很高的观赏价值。

此外，据说，蒋廷锡还与民间流传的一句俗语"蒋二奶奶碰不得"有些关系。

传说，乾隆皇帝的奶娘在临终之前告诉他，他并非正宗的满人，而是汉人陈世倌的儿子，当年皇后用刚生下不到3天的格格与他进行了对调。随后，陈世倌便提出告老还乡，回到苏州老家去了。

听说了此事之后，乾隆帝便决定到江南去寻找生父的下落。可到了江苏才听说，陈世倌夫妻已双双病故了，而他们的女儿也就是被对调的"格格"已经嫁给了蒋廷锡的儿子蒋溥。

蒋廷锡与陈世倌同朝为官时关系甚好，后陈世倌告老还乡后，蒋廷锡曾到江苏探望，得知他的女儿尚未婚配，便结了亲家。蒋溥排行老二，所以大家都称呼那位"格格"为"蒋二奶奶"。

于是，乾隆帝便来到了蒋府，想要见这位"蒋二奶奶"一面。待到众人行礼之后，乾隆帝便扶起了蒋二奶奶，问她有什么要求。蒋二奶奶说："求皇上赐一座花园。"乾隆帝立即应允道："那朕赐你盘龙黄旗两面，你看上了哪片地方插上去就是了。"

后来，蒋廷锡把其中的一面旗插在了东墙上，将庙弄周家的后院变成了蒋家的东园；又将另一面旗插在了虞山上，在山坡下建了蒋园（燕谷园）。

而那位"蒋二奶奶"自从知道了自己的身世后，觉得内心十分委屈。

脾气变得十分古怪刁蛮，让下人觉得很难伺候。从此之后，"蒋二奶奶碰不得"的俗语就在民间流传了开来。

讲究务实求真的用官之道

雍正是一位非常勤政的君王，同时他也非常务实，这一点就连康熙皇帝都望尘莫及。康熙到了晚年，其实在朝政上已经没有太多建树了，他满足于现状，对于官场上贪污舞弊之风，他不是不知道，只是不愿知道而已。因此，下面的官员也大多迎合他的心态，只报喜不报忧，结果导致吏治腐败，如果长此以往，恐怕满清王朝也很难迎来真正的盛世了。不过，好在康熙大概也知道自己的不足，于是他为帝国选择了一位更加强硬的继承者来弥补自己的这点过失，为日后乾隆朝的繁荣兴盛不但做好了过渡，而且还打下了极好的基础。

雍正在继位之初就直截了当地告诉手下的文武百官："我生平最恨的就是虚诈的行为，你们不要妄想给我安排什么虚名讨好我。"这是雍正对当时官场盛行的虚伪陋习的宣战，他明明白白地告诉官员：要想在我手底下当好官，就一定要脚踏实地地认真办事。例如，雍正年间著名的汉人大将岳钟琪在负责四川、陕西军政事务的时候，就将这两省存在的巧立名目向老百姓摊派、克扣的现象如实地禀报给了雍正，得到雍正皇帝的大力嘉奖。我们从雍正整治贪污的果断与严厉上也能看出他是一位讲究实效的帝王。

务实认真是雍正身为帝王难能可贵的优点，历代的帝王都认为自己可以只手遮天，是无所不能的，但是雍正却从来没有这样看过自己。他对于那些自己了解得不是很清楚的事情，能够坦诚地面对，而不是妄自尊大、轻率地下结论①。有一次，他看到一份奏章，向他请示应该如何料理台湾的事务。雍正十分慎重地在上面批复说："我并不了解当地的情况，所以

---

① 清初时期，官场流行浮夸之风，凡是新官员到任都要先说自己所管辖的地方吏治、民生如何糟糕，几个月后，再奏报经过自己的整顿情况已经明显好转，以此来衬托自己的政绩。对于这样的奏章，雍正曾说过："只可信一半。"

不能轻易地作决定。"随后，他找来福建总督，让他与台湾官员商议去办。

不仅如此，雍正绝不是传闻中的霸道、专制的皇帝，他敢于广开言路，听从不同官员的意见，他甚至要求身边的大臣看到自己有做错的地方就要及时地指出来。他自己犯了错，也敢于承认错误，这一点也是很多皇帝都比不上的。有一次，雍正指派了一个官员到西藏办差，结果此人毫无能力，又轻浮焦躁，雍正得知此事后，向大臣们承认是自己用人不当。正是因为雍正本身就是一个讲究实际的人，所以，他才能够约束官员们也要从实际出发，不能搞虚假、奉承的一套官场保身之道。

雍正非常重视大臣们的奏折，他认为这是自己了解现实世界最重要也是最直接的方式，为了保证真实性，他设立了密折制，使得地方上小官也能够向他奏报。雍正对于官员在奏章所奏报的事情同样要求他们"只务实行，不在章奏"——就是说不在乎官员奏章数量的多少，但是一定要实际、言之有物。雍正还明确地指出：如果有重要的事情发生，即便是一个月内上报几次也没有关系，但如果没有什么大事发生，哪怕是几年不上折子也不会被责怪。后来，云南布政使葛森就因为没事找事地总是向皇帝上折子，被雍正大大地申斥了一通，并警告他："云南和北京路途遥远，你浪费人力物力就说些没用的事，如果是想讨好我则大可不必。"

即便是同一位的官员，对于所奏之事好的他会夸，没用的一样会责备。例如，川陕总督岳钟琪曾经将地方受旱灾的情况如实上报给皇帝，就得到了他的褒奖；后来清政府对西北用兵，身为军事统帅的岳钟琪向雍正请示进军与用兵的问题，就被雍正严厉地批评一番，他说："你是大将军，这些事当然要你斟酌去办，难道我在千里之外可以神机妙算替你解决吗？"雍正说的话极为中肯，可见他非常重视官员的务实与求真。

雍正的这个特点也被他淋漓尽致地发挥在了选官用人方面，他对那些只会溜须拍马但做事不实际的官员是非常讨厌的。他认为，只会照着旨意行事的不一定就是好官，很可能是在推卸责任，为自己找后路；而那些懂得变通、因地制宜的官员才是可塑之才。云南巡抚沈廷正就是一个看着皇帝脸色办事的人，凡事都要请示，一味地迎合旨意，雍正就极为严厉地批评他是在"为自己做官"；而云贵总督鄂尔泰则正好相反，他会结合当地情况有所变通地执行皇帝下达的命令，敢于提出改进意见，雍正对他非常欣赏，称赞他是"为国家做官"，这两人孰高孰低立见分晓。

雍正也是十分爱惜人才的帝王，对于那些真正有能力、有才干的官员，他是非常维护的，也能做到"不拘一格降人才"。雍正非常看重田文镜，雍正初年，黄河发大水，结果因为官绅勾结，导致河南百姓民不聊生，雍正任命田文镜为河南巡抚后升至总督。田文镜在任上大刀阔斧地进行整顿、改革，坚决果断地铲除贪官，结果遭到不少人怨恨，甚至有人为他列出十项罪状告到了雍正处。雍正得知此事后，认真核查后将诬告者治罪，并亲自安慰田文镜说："小人流言何妨也，不必气量窄小。"此外，浙江总督李卫性情粗狂，办事严猛，但是为人清廉从不徇私，也因此得罪了不少比他职位高的官员，这些人联合向雍正告状。雍正却极力帮李卫说好话，并称赞李卫是"刚正之人"。

雍正选官务实还表现在他虽然痛恨贪官，但是也不代表只要为官清廉安分就一定能讨得他的欢心，平庸无能之辈在雍正手底下同样无法混日子。例如，直隶吴桥知县常三乐也是廉洁奉公的官员，但是他为人软懦，办事拖泥带水。后来，直隶巡抚李维钧认为常三乐不称职想把他调任，但是吏部却认为他没犯过错，没有批准李维钧的要求。雍正得知此事后，立刻将常三乐革职，他说："像他这样当官软弱就是失职！"也正是因为有了雍正这种务实的精神，才打造出了一批高效的官吏队伍，在很大程度上革除了康熙后期遗留下来的官场虚假之风，对革新吏治有极大的推动作用，更因此为乾隆朝奠定了极好的官场基础。

李卫真的是"小混混"出身吗?

雍正在治国方面的确表现得非常严苛、强硬，但这也是他表现得非常出色的一个方面，尤其是他务实的作风，对满清官场起到了积极作用，而他所重用的官员同样在性格上与他有很多相似之处。同时，雍正在选官方面比较公正，他重视人才，没有满汉的偏见，雍正最信任的四位大臣①李卫、田文镜、张廷玉、鄂尔泰，其中两位是汉人，一位来自汉军旗，可见他对汉官的重视。

在这四个人中，对于现代人来说，恐怕当属李卫的名气最大，近年来影视作品中经常能看到他的身影，而李卫则被塑造成了一个原本是街头小混混，后来得到雍正赏识而走入官场的角色。然而实际上，李卫并不是"小混混"，他是在康熙年间开始做官的，历康熙、雍正、乾隆三朝，在雍正时期圣眷最盛。要说到他是怎么进入官场的，其实也不是靠真才实学。

李卫是徐州人，他家在当地还算富裕，在康熙五十六年（1717），就花钱给李卫买了官，当的是小小的员外郎。而李卫之所以能够得到雍正的赏识，那还是在雍正没有继位的时候，他亲眼看见李卫干了一件让他刮目相看的事情。当时，李卫在户部当差，而负责管理户部的官员中有一位亲王，这位王爷在收税的时候，每收1000两就要再加收10两。李卫对他劝谏了很多次，他都不听。后来，李卫就在户部的走廊上放了一个柜子，上面写着"某王赢钱"。这位王爷看到后非常尴尬，于是停止多收税钱的行为。而雍正就因为这件事看中了李卫"勇敢任事"的优点，于是给他委以重任。

而李卫对于雍正所交代他完成的事情都干得比较出色。他在任浙江直隶总督期间着实做了几件让雍正及百姓称赞的好事，而且他不畏强权，又毫不徇私地上书弹劾官员舞弊、贪污等事，因此就更得皇帝欢心。雍正曾称赞他"嘉许之怀，笔莫能馨……非深悉朕衷，毫不瞻顾，安肯毅然直陈"。

---

① 这四个人中，李卫和张廷玉是汉人，而田文镜是汉军正黄旗出身，雍正曾称赞他"忠诚体国，公正廉明"。

第四章 真假难辨的历史谜团

"传位于四阿哥"与"传位十四阿哥"

据《清圣祖实录》载：

"康熙六十一年十一月……庚寅（初九日），上因圣躬不豫，十五日南郊大祀，特命皇四子和硕雍亲王恭代……皇四子胤禛遵旨于斋所至斋。……

甲午（十三日），丑刻，上疾大渐，命趣召皇四子胤禛于斋所，谕令速至。南郊祀典，著派吴尔占恭代。寅刻，召皇三子诚亲王允祉、皇七子淳亲王允祐、皇八子贝勒允禩、皇九子贝子允禟、皇十子郭郡王允䄉、皇十二子贝子允祹、皇十三子允祥、理藩院尚书隆科多至御榻前，谕曰：'皇四子人品贵重，深肖朕躬，必能克承大统，著继朕登基，即皇帝位。'皇四子胤禛闻召驰至，巳刻，趋进寝宫，上告以病势日臻之故。是日，皇四子胤禛三次进见问安。戌刻，上崩于寝宫。"

虽然，从这个记载和康熙的遗诏看来，雍正帝是名正言顺地成为大清国的新一代帝王。但是新帝登基之后，事态却并没有因此而平息，反而引发了王公大臣们更多的猜测和质疑。甚至有猜想说，康熙帝本意是要将皇位传于十四皇子的，却被四皇子篡改之后夺了皇位。这些质疑和猜想究竟是从何而来的呢？

前边我们讲过，当初，康熙第二次废除太子胤礽之后，就再不言另立太子之事。有大臣冒死谏言，康熙怒不可遏，立即严加惩治。康熙认定，凡是劝他再立太子的大臣都是想与太子结党，图谋日后营私窃权的坏人。所以，直到康熙去世，遗诏公布之前，除了康熙帝本人，没有人知道他确定的继位者是谁。

而康熙的遗诏并非出自康熙本人之口，而是由顾命大臣隆科多宣读，而很多人都以为康熙会将皇位传给十四阿哥，却没想到最终得到皇位的却是四阿哥。于是，这份遗诏的真实性就遭到了众人质疑。很多人便对遗诏多加猜测，前有秦朝赵高、李斯传假诏"偷天换日"之例，康熙这份诏书会不会是隆科多伪造的呢？

于是，关于雍正"矫诏"得位的传言甚嚣尘上，民间流传最多的是雍正篡改了康熙遗诏，将"传位十四子"改为"传位于四子"。还有人说，胤禛将遗诏中的十四皇子的名字"胤祯"二字中的"祯"字（繁体字写作"禎"）添笔改作了"禛"，并因此在即位后将胤祯的名字改为"允禵"（后为避雍正讳，康熙其他皇子名字中的"胤"字皆改为"允"）。

大家之所以觉得十四皇子应该是继承皇位的人，是因为胤祯聪明过人，才能出众，一向为康熙所厚爱，而且很得众大臣和兄弟们的拥戴。在八阿哥胤禩的夺嗣计划失败以后，原来胤禩一派的成员就把希望寄托在他的身上，明里暗里支持胤祯参与夺嫡斗争。

康熙五十七年（1718）春，准噶尔部首领策妄阿喇布坦出兵进攻西藏，拉藏汗请求清朝发兵救援。当年十月，胤祯被任命为抚远大将军，奉旨西征，人称"大将军王"。

十二月，胤祯统率西征之师起程时，康熙为他举行了隆重的欢送仪式，"出征之王、贝子、公等以下俱戎服，齐集太和殿前。其不出征之王、贝勒、贝子、公并二品以上大臣等俱蟒服，齐集午门外。大将军胤祯跪受敕印，谢恩行礼毕，随敕印出午门，乘骑出天安门，由德胜门前往。诸王、贝勒、贝子、公等并二品以上大臣俱送至列兵处。大将军胤祯望阙叩首行礼，肃队而行"。

康熙帝的重视，大军出征时的威势，握在手中实实在在的兵权，似乎都在暗示着什么，胤禵那颗本就不太安分的心更加蠢蠢欲动了。

胤禩集团的干将胤禟公开制造舆论，说胤禵"才德双全，我兄弟内皆不如，将来必大贵"。嘴上说自己不如，其实是在抬高胤禵，贬低雍正。胤禵也和胤禟频频联络，说"父皇年高，好好歹歹，你须时常给我信儿"。表面上关心康熙健康，实则是怕一旦父皇病重，自己来不及赶回京城抢储位。他在军中，一面指挥战事，希望能以战功积累政治资本；一面招贤纳士，为自己今后登基作组织准备和舆论准备。

这一切看起来都顺风顺水，但就在胤禵踌躇满志准备得胜回京后在皇位争夺战上大展身手之际，却传来了康熙驾崩、雍正即位的消息，这对胤禵来说简直是晴天霹雳！

此时，雍正下令胤禵回京哭灵。雍正的用意很明显，就是要夺他的兵权，以免他在西北拥兵作乱。孝子奔丧，天经地义，谁也反对不得。胤禵只能按新帝的旨令，把大将军印务交给平逆将军延信，回到北京。

到京后，胤禵先去景山寿皇殿拜谒大行皇帝（皇帝刚去世而未有谥号时称大行皇帝）梓宫（皇帝的灵柩），雍正也在场。然而胤禵只哭老皇，不拜新君。站在旁边的蒙古侍卫拉锡出来打圆场，拉他去向皇帝行礼。胤禵勃然大怒，怒骂拉锡，还跑到雍正面前发难，说我是皇上亲弟弟，拉锡是个下贱的奴才。奴才对王爷动手动脚，成何体统！如我有不是处，请皇上处分。如我并无不是，请皇上杀了拉锡，以正国体。

胤禵大闹灵堂，存心寻衅闹事，雍正新君即位，哪能容许他挑战自己帝王的威严，当即斥责了他，并下令革去他的王爵，降为固山贝子。

雍正元年（1723）四月，康熙梓宫运往遵化景陵安葬后，雍正谕令胤禵留住景陵附近的汤泉，不许返回京师，并命马兰峪总兵范时绎监视他的行动。这一去就是 13 年。

由于十四阿哥有政绩和行为在先，因此人们便将继位的人选之一固定在了他的身上，猜测有可能是四阿哥非法篡夺了本属于他的皇位。其实，

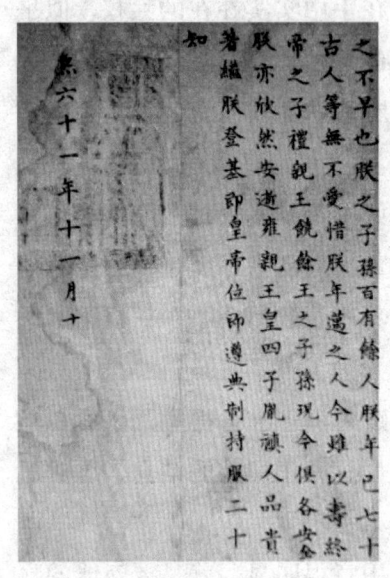

康熙遗诏

关于雍正篡改诏书文字之说，早在康熙传位遗诏面世之时就应该不攻自破了。

现存于中国第一历史档案馆的康熙传位遗诏上，汉、满、蒙三种文字书写着同一内容。其中清清楚楚写有"雍亲王皇四子胤禛，人品贵重，深肖朕躬，必能克承大统，著继朕登基，继皇帝位……"的语句。

首先，康熙遗诏中并未出现"传位十四子"这一表述，雍亲王是四皇子胤禛的封号，十四皇子的爵位只是固山贝子，名字或许能添改笔画，封号却是改不了的。"皇四子"三字无论如何也不可能是从"皇十四子"涂改而来，且该遗诏除了汉字，还采用满、蒙文字书写，不可能作假。其次，清朝的正式文书里一般都将皇子称作"皇某某子"，若是将"十"字改为"于"字，那么"传位皇十四子"改动后就成了"传位皇于四子"，这句话是个病句，根本说不通。最后，当时所用的汉字是繁体，"于"字写作"於"，根本不能由"十"改来。

既然在文字上做出改动的可能性不大，那么，有没有可能这份诏书如秦始皇遗诏一样，压根就是伪造的呢？

康熙末年，众皇子夺嫡的戏码演到最后，最初斗得最凶的几人已然被康熙厌弃，继位无望。离储君位置最近的就剩下四皇子胤禛和十四皇子胤禵这一母所生的亲兄弟。

十四皇子在这场大戏中正式登台虽晚，却有原来的"八爷党"众人声援造势，风头极健。但是，相对于四皇子早早获得的"亲王"之位，他在获封"大将军王"①之前，只是固山贝子。位于清代分封皇子的"和硕亲王、多罗郡王、多罗贝勒、固山贝子"四个爵位之末。

爵位暂且不说，胤禵当时统率驻防新疆、甘肃和青海等省的八旗、绿营部队，号称30余万，虽然实际兵力为10多万人，但也是一股庞大的军事力量，可谓实权在手。铁血的力量却是马背上打出天下的统治者们心知肚明的。将掌军之权交付到十四皇子手上，这难道不是康熙属意他的证明？

然而，有史学家认为，康熙知道自己年事已高，命不久矣，却把后继者候选人之一远远派到了西北平乱，并不符合常理。而且，康熙任命雍亲王胤禛负责事关战事成败的后勤供应，有让他们二人互相牵制之意。实际上，胤禵驻兵之所基本上就是川陕总督年羹尧的辖地，年氏一族早就投靠在雍正门下。而且，年羹尧的治所西安是内地通往西北前线的必经之处，能够控制胤禵与内地的联系。因此，即便胤禵在西北举兵反对胤禛，也难以进入关中，更不要说称兵犯阙了。

正如雍正所说："岂有将欲传大位之人，令其在边远数千里外之理？"由此可见，康熙最后时刻调离胤禵，就已经下了立胤禛为君的决定。

反观在夺位大戏前期也一直保持低调的雍亲王，无论他早前心里有没有自己的算盘，最初的时候，他一直是康熙属意的继承人前太子胤礽的重要拥护者，从来都是一副踏踏实实干活辅助兄长的"贤王"模样。太子两度被废，胸有大志的各皇子都在忙着拉拢人心，建立自己的圈子，雍亲王却反其道而行，开始潜心向佛，把自己打造成一个"天下第一闲人"，俨然一副超然物外、与世无争的样子。

正是胤禛的这种"不争"的姿态得到了康熙的欣赏。他表扬胤禛说，

---

① "大将军王"不是正式的王号，这是康熙为他特设的封号。清朝对于大将军的设定是因战而设，战后即废，这个"王"也没有言明是哪个等级。其实，在满人入关前贝勒、贝子皆可称王，这是有明文可稽的，贝子在满语的语法里就是贝勒的复数。汉文译作王、大王、小王均可。即使到了康、雍、乾，清朝的正式爵位制度颁布多年，但旧的习俗仍照常流行。所以，胤禵所封这个"王"未必就是指升到了"亲王"或"郡王"，而只是一个称呼。

先前拘禁太子时，没有一个人为他说话，"唯四阿哥性量过人，深知大义，屡屡保奏。""似此居心行事，洵是伟人。"胤禛听了，却表示诚惶诚恐"不敢仰承"。他心里很明白，太子是保不住的。只不过除了康熙公开承认过的继承人太子外，保谁都难免背上"结党"、"谋位"的帽子。但是，这事又不能太过张扬，以免攻击太子的人反感。因此，他极力推拒康熙对自己"保太子"之事的赞誉。于是，他又得了个谦虚的美名。

康熙五十一年（1712）以后，康熙对胤禛越来越信任，越来越多重要的差使派到了他的手上，甚至在登极60年大庆时派胤禛代替自己到盛京三大陵①祭祀。康熙去世前，他又代父于冬至日到南郊祭天。祭天是国家大典，可以奉派恭代的皇子，差不多已经被暗示为储君了。在康熙帝病重的最后时刻，他紧急召回的也是雍正而非十四子胤禵或在东陵的皇五子胤祺。

另有传说，康熙一度在设立储君问题上举棋不定，于是征询当时的"布衣丞相"桐城派领袖方苞意见，方苞进言："观圣孙。"意思是，既然儿子都差不多，那就看看皇孙中谁比较出众吧。一个好的皇孙，也就是下下任的皇帝，可以确保大清三代太平。所以后来康熙把皇孙中出类拔萃的胤禛第二子弘历召入皇宫伴读，这是康熙100余位孙子中唯一受到此等待遇的人。这位受到康熙青眼的"圣孙"，也就是后来的乾隆帝了。所以，乾隆到了老年，已经70多岁的弘历回忆起当年和祖父相伴的日子，仍旧歆歆不已。

康熙弥留之际，毫无征兆地一口气将朝中有能力的大臣几乎罢黜干净。因为康熙知道，胤禛性子严苛，办事刻薄寡恩，而这些权臣已经位及极品，新君对他们没有多少施恩提拔的空间，难以得到他们的忠心。于是这些权臣被打发回家，以待康熙百年以后，雍正上台之后施恩重新起用这些权臣，为雍正权力过渡铺路。

---

① 盛京三陵，即爱新觉罗家族远祖的永陵、太祖努尔哈赤的福陵和太宗皇太极的昭陵，是大清王室真正的祖坟。胤禛代父祭祖，可见其在乃父心目中的地位。

偏袒之心引发的母子恩怨

自古以来，虽然有"手心手背都是肉"一说，但为人父母者，却很难做到一视同仁，公平地对待自己每一个孩子。郑庄公的母亲偏爱幼子叔齐，甚至于在大儿子庄公继位后还与幼子密谋篡位，事败之后，伤心的庄公立下"除非黄泉之下，再不相见"的誓言，斩断了亲情。

而雍正的母亲德妃，也是位十分偏心的母亲。

据《清史稿》记载，德妃乌雅氏生于顺治十七年（1660），于康熙十七年（1678）十月三十日生皇四子，即雍正帝。康熙二十年（1681）晋封为妃。康熙二十年（1681）册封的四妃①，地位是后来的其他宫妃难以相比的。而这四人中，出身最低的就是德妃，只有她是包衣之后，不是以秀女而是以更低一级的官女子的身份入宫。德妃这样一个身份低微的包衣之后，却能得到康熙的宠爱，生育三子三女，确实不简单。而且只有她是十八年单独册嫔，最终存活下来的两个儿子又成为争储风暴笑到最后的人。

本来，康熙末年最有实力角逐大位的两个皇子——四皇子胤禛和十四皇子胤禵——都是她的儿子，无论哪个儿子登上帝位，她都能获得皇太后的尊荣。从连秀女都算不上的"官女子"到封建王朝女性的最高位皇太后，德妃俨然是后宫女子"奋斗"的榜样。然而，在最后时刻，她偏执的表现却实在没有一国太后的风范。

雍正即位之后，作为雍正生母的德妃本应从妃子居住的永和宫移居太后居住的宁寿宫，她却执意不肯，诸臣为皇太后上徽号，她也不允，并说"钦命吾子继承大统，实非吾梦想所期"，摆明了不承认雍正的皇位，让继位之路本来就饱受争议的雍正更加尴尬，也因此被人拿来当作话柄质疑雍

---

① 康熙二十年（1681）腊月的四妃，依照册封顺序分别为：惠妃纳喇氏、宜妃郭络罗氏、德妃乌雅氏和荣妃马佳氏，她们都是生育了年长的皇子且直到康熙末年一直在后宫拥有较高地位的妃嫔。

正继位的合法性。

到底是什么原因让血脉相连的亲生母子亲
情淡漠，甚至到了母亲不承认儿子的皇位的地
步呢？这还得从雍正出生时说起。

乌雅氏出身低微，得到康熙召幸之后也一
直是低阶嫔妃，直到康熙十七年（1678）十
月，乌雅氏生下皇四子胤禛，才在康熙十八
年（1679）晋封为德嫔。一来清宫中分位低的
嫔妃没有抚育皇子的资格，二来清初后宫为防
母后专权，也不允许生母抚育自己的儿子，还
有一说是康熙为了安慰当时刚失去孩子的皇贵
妃佟佳氏（即后来的孝懿仁皇后），就将胤禛
养在了佟佳氏膝下。

德妃乌雅氏

当时的佟佳氏实际上已是后宫地位最为尊贵的妃子，清宫里"子以母
贵母以子贵"，被贵妃抚养对于雍正来说是件好事，皇贵妃抚育的皇子比
普通嫔妃的皇子更加尊贵。

佟佳氏性情温柔，喜爱孩子，她自己没有儿子，康熙二十二年（1683）生
下的皇八女也早殇，对雍正这个唯一的养子还是很不错的。雍正帝对这位
养母感情也颇深，很多年以后，四阿哥即位登极成为雍正帝，对于孝懿的
养育之恩依旧铭记于心，在给孝懿的册文中说道："孝懿皇后亲自哺育尔
主"，"徽音淑德、慈抚朕躬、恩勤备至"，"抚冲龄而顾复，备萌鞠育之
仁，溯十载之劬劳，莫报生成之德"，"慈抚朕躬、恩勤笃挚"，感恩之情，
溢于言表。

雍正在佟佳氏的抚育下长到 11 岁，可惜好景不长，康熙二十八年（1689）
佟佳氏突然病重离世了。

之后，雍正由康熙抚养了一段时间，便回到了自己的亲生母亲身边。
此时，雍正的亲生母亲已经身为德妃，有资格抚养皇子了，可惜十几年的

生疏，即使是血缘之亲也不能很快冲破那层阻隔。此时，雍正已经有了自己的性格，德妃也有了其他的孩子，虽然皇六子胤祚和皇七女早夭，她膝下还有皇九女、皇十二女和皇十四子胤禛，德妃对自己抚养长大的胤禛感情更为深厚，母子相处十分和睦。几年之后，雍正出宫开牙建府，与生母的交流就更加少了。

康熙六十一年（1722）十一月，雍正帝即位，德妃晋为皇太后。诸臣为皇太后上徽号，她执意不允，固执地对已经40多岁当了皇帝的儿子冷眼以对。也许，在她的心中，还是觉得皇帝之位是应该由自己的小儿子胤禛来继承的吧。

但是，雍正帝并没有因此而过多地责难母亲，还是尽力做着一个儿子应该做的事。雍正元年（1723）五月二十二日皇太后病，雍正帝亲至永和宫，昼夜侍奉汤药。二十三日丑刻孝恭仁皇后崩，终年64岁。

无论德妃生前给了雍正帝多少为难，母子二人有多少恩怨，雍正帝都在其死后给了她足够的哀荣。将她追谥为孝恭仁皇后，与康熙帝前面三位皇后一起祔奉太庙，谕旨："恭惟孝诚仁皇后元配，宸极，孝昭仁皇后、孝懿仁皇后继位中宫。孝恭仁皇后诞育朕躬，母仪天下。按先儒祔庙之仪：一元后、一继立、一本生，以次并列。今母后升祔位次，当首奉孝诚仁皇后，次奉孝昭仁皇后，次奉孝懿仁皇后，次奉孝恭仁皇后。如此庶于古礼符合，而朕心亦安矣。"

雍正元年（1723）九月初一日，葬孝恭仁皇后于景陵。乾隆、嘉庆间累加谥，全部谥号为：孝恭宣惠温肃定裕慈纯钦穆赞天承圣仁皇后。

雍正与"血滴子"

雍正帝的"铁腕之治"让他落得了一个"冷面王"的称号，再加上民间一直都对雍正帝继位一事存在着颇多的疑问和传言。于是，到了清末民初的时候，通俗小说逐渐流行了起来，而这位争议颇多的帝王自然也就成了这些小说一个十分不错的谈资。

很多小说中的雍正帝不仅因为在政治方面大刀阔斧的改革而为人所惊叹，甚至还被刻画成了武艺精湛、神通广大的阴谋家。而且为了稳固政权，他还在手下豢养了一批技艺超群的武林高手，并发明了一种名为"血滴子"①的利器，以供杀人之用。

据说这"血滴子"在使用时，是由那些武林高手将其抛出去罩在所杀对象的头上，顷刻之间，就能将对方的首级割下，再由放出"血滴子"的人将其收回到手中，拿到皇帝的面前复命。但这些特征也只是小说和传言中所描述的情形，而历史上并没有关于"血滴子"的任何记录。于是，那些文学作品或者电影电视中，便对其展开了丰富的想象。呈现在我们面前的"血滴子"形态各异：有的像一顶草帽；有的似一把弯刀；有的则像一个鸟笼；有的在放出去的时候，会发出"呼呼"的怪声；有的则会飞速旋转；还有的甚至长有很多锋利的"牙齿"，仿佛现在的电锯一般……不论"血滴子"的形状如何，它的作用都被描写得神乎其神，让人毛骨悚然。

虽然，历史上对于血滴子并没有明确的记载，这个东西似乎只是人们通过艺术手法而创造出来的。但即便是艺术塑造，也并不是完全没有事实依据的。人们所说的"血滴子"往往与特务机构有着密切的联系，而这个所谓的特务机构却是真实存在于历史中的。

在雍正帝还没有继承皇位之前，他在北京城东的北新桥附近有一处府邸，府邸的院内长有一些十分高大的树木，一到夏天的时候，树上就会爬满了鸣蝉。那些蝉日夜鸣叫，吵得人不得安宁。而雍正帝向来是喜欢清静的，为了避免受到这些鸣蝉的打扰，他便命人成立了一个名为"粘杆处"的服务组织，专门从事粘蝉、捉蜻蜓、钓鱼等事。

后来，太子被废，众皇子为了争夺储位而展开了激烈的竞争。他们各

---

① 古书《茅山奇谈录》里有记载说"血滴子"是清朝一位名叫泉青的茅山道人发明的，用它来降妖伏魔，二十步之内便能轻轻松松取人首级，非常恐怖。雍正得知此物之后，便把他请来，待到掌握了制造"血滴子"的秘诀之后，就将他灭了口。

自结党，想尽办法想要夺得最后的继承大权。而雍正帝虽然从表面上看起来不动声色，实际上也在为了争夺储位而暗中努力。他从江湖上招募了一些武林高手加入了"粘杆处"，并加以严格训练，使这些人对自己俯首帖耳、唯命是从。之后便将他们派遣出去，四处刺探情报，铲除异己，为继位铺平道路。

雍正继位之后，为了巩固专制统治，不但没有撤销"粘杆处"，反而使其更加壮大起来，并且，还给"粘杆处"的特务们名正言顺地安排官职。"粘杆处"的头名"粘杆侍卫"，是由有功勋的大特务担任的。他们大多是清世宗藩邸旧人，官居高位，权势很大。一般成员则由小特务充任，称为"粘杆拜唐阿"或"粘杆拜唐"。他们都是内务府包衣人，虽然官位不入流，薪水也不高，但因能够每天跟随在雍正帝的左右，其职位也是炙手可热的。

原来的"粘杆处"虽属内务府系统，总部却设在雍亲王府。而且，雍正帝登基之后，雍亲王府也没有被撤销。一直到雍正三年（1725），雍正帝才下令将雍亲王府改为雍和宫，并将其定为"龙潜禁地"，一般人不得擅自进入。

因此，有人便猜测说，雍和宫虽为皇帝行宫，但却有一条专供特务人员秘密来往的通道。为了不致秘密外泄，才改府为宫。

另外，紫禁城内也设有一个"粘杆处"的分部，就在御花园堆秀山的"御景亭"。堆秀山下门洞前不论昼夜都会有四名"粘杆拜唐"和四位"粘杆侍卫"坐在上面。一旦雍正帝有任务指派的时候，就由他们火速送往雍和宫派人办理。

所以，也有人说，雍正帝之所以制造"血滴子"，是因为"粘杆处"的人知道的秘密太多了。血滴子主要就是用来将他们灭口的。

"粘杆处"不仅在雍正统治时期发挥着至关重要的政治作用，在乾隆朝也得到了继续的应用。直到乾隆皇帝死后，"粘杆处"的特务活动才逐渐被废除。

除了上面讲到的利器说之外，还有一种关于"血滴子"的说法——秘制毒药说①。有传说认为"血滴子"并非只是能够取人首级的利器，而是一种装有秘制毒药的革囊，其毒药是用毒蛇的毒液和一种毒树的汁液混合凝炼而成。其毒性具有极强的腐蚀作用，如果将人放进这种革囊之中，顷刻之间就会化为一滩血水，而"血滴子"也是因此而得名。

明朝的特务机构——东厂

明成祖朱棣

了解了"粘杆处"之后，我们不仅会联想到很多谍战片中的地下工作者。其实，类似于"粘杆处"的特务机构并不是在雍正帝时期才首次形成的，早在明朝时，就已经出现了这样的特务组织，名为"东厂"。

当初，明成祖朱棣以武力非法夺取了建文帝的政权之后，社会上异议纷争不断，朝廷中的很多大臣对新政权也并不十分支持。为了巩固自己新建立起来的政权，明成祖急需要一个得力的机构来帮助自己镇压反动力量。但是，原有的锦衣卫②使用起来又不十分应手，于是，他便命人设立了一个名为"东缉事厂"的特务机构，简称"东厂"。

由于在朱棣起兵的过程中，一些宦官和和尚出过很大力，所以他觉得宦官比较可靠，于是朱棣成立"东厂"之后的第二步便是重用宦官，命所宠信的宦官担任"东厂"首领。

东厂只对皇帝一人负责，权力在锦衣卫之上。起初，东厂只负责侦

① 传说炼制这种毒药的树汁，是一种出产在广西边境深山中的名为"撒树"的树汁。据说苗人所用的毒箭上所敷的"见血封喉"的毒药，就是用撒树汁熬制而成的。

② 锦衣卫是明朝时期的专有军事特务机构，其全名为"锦衣亲军都指挥使司"。其供职人员直接听命于皇上，主要负责收集军情、策反敌将的工作。他们权力甚大，可以逮捕任何人，包括皇亲国戚，并进行不公开的审讯。

缉、抓人，并没有审讯犯人的权力，抓住嫌疑犯之后要交给锦衣卫北镇抚司审理。但到了明末的时候，东厂也有了自己的监狱。对于嫌犯可以不经司法审判，直接逮捕、审讯；而对于担任政府高级官员或者有皇室贵族身份的反对派，东厂在得到皇帝的授权后也能够对其执行逮捕、审讯。

这就使得东厂的侦缉范围不断地扩大，其首领宦官的职权也随之增大起来，开启了明朝宦官干政的历史。随之而产生了不少奸佞之臣，明朝有名的宦官魏忠贤就是其中的典型代表。他们大多倚靠锦衣卫、东西厂等带有特务性质的专设监察机构，不断陷害、诬杀正直大臣，而且多用酷刑，使得很多忠臣都受到了无辜的残害。

因此，虽然东厂在早期的时候起到了反腐败和加强皇权的作用，但其在明朝社会上的口碑却是极差的。

清宫最大谜案——雍正之死

公元 1735 年，紫禁城中传出了噩耗——雍正帝驾崩了。这位"冷面帝王"一生勤政，也为子民的安居乐业办了不少实事，但是，却走得十分突然。

据清朝官方文书《起居手册》中记述说：雍正十三年（1735）"八月二十一日，上不豫，……至二十三日子时，龙驭上宾。大学士宣读朱笔谕旨，着宝亲王继位"。《清世宗实录》也记载说，十三年八月二十一日雍正在圆明园感到身体不适，但是却依旧照常办公，接见一些官员，及至二十二日也未休息，二十二日晚病情加剧，在召见宝亲王弘历、和亲王弘昼、大学士鄂尔泰、张廷玉等王公大臣，并宣布了传位弘历之后，于二十三日去世。

按照记载看来，雍正帝似乎是病故的。但是，是什么病能够在短短三天之内就要了人的性命呢？而且，既然雍正帝在去世前两日还照常办公并召见群臣，说明病情并不十分严重，又为何突然之间就驾崩了？

这个问题让古往今来很多人都觉得十分疑惑，于是，后人便就此事进行了各种版本的猜测。而这些猜测也让雍正之死成了历史上的一大谜团。

自古以来，对于雍正帝死因的说法大概有以下几种。

劳累致死说

雍正帝的勤政是被所有人知晓和认可的。他在位13年里甚至比康熙在位61年中所批奏折还要多。经常每天只睡两个时辰便急匆匆地起床处理政务，这样高强度的工作难免会让身体吃不消。因此，很大一部分人认为，雍正帝的匆匆离世与劳累过度有很大的关系。

服食丹药中毒说

雍正生前十分好佛崇道，甚至还将道士请进宫内养着。到了晚年的时候，雍正帝感到自己的身体多有不适，于是便四处寻找能够让自己身强体健、长生不老的方法。养在宫中的两个炼丹道士张太虚与王定乾邀功心切，便向雍正帝表明他们可以炼制出具有此奇效的丹药。雍正帝一向对于道士的炼丹术很是推崇①，便下令二人行动了起来。

古代炼丹

对于此事，内务府的账本《活计档》中曾有记载说：雍正八年冬，内务府总管海望和太医院院使刘胜芳于圆明园东南角的秀清村主持操办，运入四千余斤木柴煤炭，利用矿银等物，为雍正炼丹。可见，雍正帝炼丹确有其事。

丹炉一开，那些道士就忙活起来。利用自己独特的"修炼养生"之法，炼出了一炉又一炉的丹药，雍正帝吃后也感觉甚好。因此炼丹的事情就再也没有停过，而"丹药"二字也明明白白地载入了清宫档案中。

---

① 雍正在做皇子时，就对丹药产生了兴趣，甚至因为推崇紫阳真人，还命人为之重建道院，而且特别赞赏的是真人"发明金丹之要"，表明他对道家丹药的强烈兴趣。

所以，便有人猜测说，雍正帝的死因是服食了大量的丹药，丹药中汞、铅等矿石的含量很高，又是高温烧煅而成，热性很大，长期服用，丹毒成分在体内积累最终发作所致。

而乾隆在登基的第一天便下令将圆明园中的道士全部驱逐出去，这就使得持这种说法的人对此更加深信不疑了。

曹雪芹毒害说

也有人说雍正帝是被曹雪芹毒害的。因为雍正帝抢走了曹雪芹心爱的女子竺香玉，于是曹雪芹就找了一个宫中的差事，与竺香玉合谋用毒药害死了雍正帝。

吕四娘刺死说

还有一种说法是说，雍正帝是被前来报仇的吕四娘给削去了首级而死，这也是民间流传最为广泛的一种说法。

传说，雍正年间有一位名叫曾静的秀才，因为对清廷的统治颇为不满，便上书给陕西总督岳钟琪策划实施反清运动。

谁知岳钟琪却是个十足的忠臣，接到书信之后，他就立即上奏给了朝廷。雍正帝读过奏折之后勃然大怒，一面赞赏岳钟琪的忠心，一面命人将曾静等人抓了起来。经过一番严刑拷打之后，这帮人交代了自己之所以有了反清的念头，是受了浙江石门人吕留良著作的影响。

听说吕留良胆敢著书立说来宣扬反清，雍正帝自然不能轻易放过他。但经查实，吕留良早已过世，雍正帝便转而向他的子孙们大开杀戒，下令满门抄斩，一个不留。甚至就连那些读过书的人，也遭到了杀戮和流放。一时间血腥风雨，人人自危。

然而，吕留良一家却有一人得以幸免，她就是吕留良的小孙女吕四娘，四娘因为寄居在安徽乳娘的家中，从而逃过了一劫。

当时的吕四娘只有 13 岁，却是个很有血性的女子。她听到自己全家都被斩杀的消息之后，一时悲伤至极，随即刺破手指用血写下了"不杀雍正、死不瞑目"八个大字，立誓一定要为全家人报仇雪恨。

第二日一早，吕四娘便打点好了行囊，匆匆向京都赶去。不料由于风餐露宿，年幼体弱的吕四娘晕倒在了路上，被白马寺的一位名叫甘凤池的高僧救下。吕四娘苏醒之后，得知高僧武功超群，随即便拜他为师，日夜苦练武艺。

不到4年工夫，吕四娘已经成了一位能够飞檐走壁、善用刀剑的高手。之后，她便辞别了师傅来到了京城。

吕四娘先是潜伏在客栈之中，很快便摸清了雍正帝的住处。于是，便凭借着一身出奇的轻功于深夜潜入了乾清宫内，一刀便将熟睡中的雍正帝的头颅砍了下来，之后便提着雍正帝的首级匆匆离去了。

因此，民间传闻雍正帝的尸身是没有头颅的，后因四处探寻无果，只好用金子铸造了一个头颅，安在了雍正帝的尸身上下了葬。

这个故事在民间版本众多，被传得神乎其神。但是很多考古学家和史学家都认为，这种说法不大可能。因为据记载，吕留良一案确有其事，但其家人并未全部被诛，其孙辈均被发配边远地方为奴。同时遭到严格管制，不能自由活动，当然更不能替祖上报仇了。

而且，雍正临终前一直住在圆明园，此处戒备森严，驻兵日夜巡逻，一个女子就算武功再高也不可能毫无声息地就取下了雍正帝的头颅，还能够携首级全身而退。所以，这种说法①大概只是民间臆造的传言，不足为信。

被宫女、太监缢死说

另有传言说雍正帝是在熟睡的时候被身边侍奉的宫女、太监用绳索缢死的。但我们都知道，雍正帝通过激烈的争夺战才登上帝位的，因此，他对于自己的生命安全一直都十分小心，对于行刺之类的事情更是多有防范的。他理应不会笨到在睡觉的时候死在太监、宫女的手中。所以，这种说法的可信度就更不高了。

---

① 据历史记载，雍正之孙嘉庆的确被人谋刺过。嘉庆八年（1803）闰二月二十日，嘉庆从圆明园返回宫中，行至顺贞门时，突有旗人陈德向他行刺，但是还未等其近前，就被抓获了。

不过这样的事情在历史上的确是发生过，但却是在明世宗嘉靖皇帝的身上。历史上曾有记载说：嘉靖二十一年（1542），世宗被宫婢杨金英等缢而未死，后由太医许绅用药医救过来。

民间之所以会将明世宗的故事安在雍正帝的头上，大概是由于他们的庙号都是"世宗"的缘故吧。

总之，雍正暴卒，官书又不载原因，自然难免引人生疑。再加上雍正是中国封建社会历史上著名的"铁腕"皇帝，还曾因为争夺帝位和"文字狱"而杀了不少人，所以，大家以此大做文章，来猜测雍正帝的死因也是情理之中的事情。

但无论真相究竟如何，雍正帝骤然离世的消息却是属实的。这给中国历史留下了不小的影响，一生极富传奇色彩的帝王，就这样急匆匆地将他辛辛苦苦打下的江山留给后世子孙后，悄然离去了。

传说中的薄命红颜——竺香玉

虽说民间关于雍正帝被曹雪芹和竺香玉所毒害的传言也许并不可靠，但竺香玉这个人，倒是真实存在于历史中的，而且在一些民间传言中，她与曹雪芹也的确颇有渊源。

传说，竺香玉原名竺红玉，曾是曹家买来的一个戏子。初入曹府时只有6岁，8岁时做了曹雪芹的伴读丫头，至此一直陪伴在曹雪芹左右。当时，曹雪芹身边还有一个与他一起读书的女子名叫李香玉，是雪芹祖母的侄孙女。

曹雪芹与竺红玉朝夕相处，渐渐地产生了感情。而李香玉也是十分仰慕雪芹的才华，想要有朝一日能够嫁与雪芹为妻。

雍正六年（1728），曹雪芹家遭了难，被下令抄了家。之后，竺红玉和李香玉便随着曹家从金陵来到了北京。按照当时的规矩，作为曹家小姐的李香玉是要将自己的资料上交给朝廷，以供第二年清宫挑选秀女之用的。但是，由于早已心有所属，李香玉并不愿意参选。于是，为了应付朝廷，李香玉的母亲就将竺红玉认作了女儿，并改名为香玉，让她去代替自己的女儿参选。

由于竺香玉才貌双全，一下就被选中了"才女"，进宫做了公主和郡主们的侍读。不久之后，又被封为了妃子。后来，雍正帝的嫡配皇后去世了，聪明伶俐的竺香玉又被雍正帝封为了贵妃，主持后宫事宜。

自从竺香玉进宫的那一日起，曹雪芹便知道自己与这个女子再也不会有结果了。悲痛之余，便听从家里的安排娶了李香玉。

后来，雍正帝驾崩了，乾隆帝继位之后，竺香玉受到了极大的排斥。无奈之余，她选择了到庙里带发修行。乾隆十六年（1751），竺香玉在李香玉的撮合之下，为雪芹生下了一子，随后选择了悬梁自尽。

曹家第二次被抄。香玉是婢女的身份事发，有关她的全部资料被篡改或销毁。曹雪芹逃禅，事态平息后隐居香山，并休掉了妻子李香玉。随后开始著书，将自己与竺香玉的故事以及有关的清宫秘史隐藏进了书中，书名题名《石头记》，就是后来我们所看到的《红楼梦》。

当然，关于曹雪芹与竺香玉的这一段秘事在曹家家谱和其他史籍中并无记载，只是存在于野史中。

但也有人认为历史中的妃子竺香玉与野史中所记载的竺香玉并非一人，而且与曹雪芹交好的女子是他的表妹，名叫"梅"，竺香玉只是后人为她取的别名而已。而民间传闻中的那个"竺香玉"娘娘本名为云惠，出生于官僚之家。但她的性格和性情倒是与曹雪芹笔下的"林黛玉"有几分相似。只因她十分喜欢天竺葵，于是伺候她的宫人们便在私下称呼她为"竺香妃"。可惜，好景不长，这个"竺香妃"只在宫中生活了三年，便香消玉殒了。

自从云惠死后，她曾经居住过的地方就被更名为天竺室。在天竺室的门前一直有两棵玉兰花，每到春夏季节，满屋子都笼罩着淡淡的兰花清香。人们便把两者结合在了一起，给她取名叫"竺香玉"。

总之，有关"竺香玉"这个名字的故事被传得沸沸扬扬。至于事情的真相究竟如何，我们就不得而知了。

第三篇

文武全才帝王鲜有，
康乾盛世王朝顶峰——乾隆

帝王档案：

姓　　名：爱新觉罗·弘历

年　　号：乾隆

民　　族：满族

生 卒 年：1711—1799 年

出 生 地：北京雍亲王府（今雍和宫）

父　　亲：雍正帝——爱新觉罗·胤禛

母　　亲：孝圣宪皇后钮祜禄氏

原配妻子：孝贤纯皇后富察氏

子　　女：17 个儿子，10 个女儿

即位时间：1735 年

在位年数：皇帝位六十年，太上皇三年

庙　　号：高宗

谥　　号：法天隆运至诚先觉体元立极敷文奋武孝慈神圣纯皇帝

陵　　寝：裕陵

继 承 人：嘉庆帝——爱新觉罗·永琰

第一章　毫无悬念的皇位继承者

身份之谜——满人？汉人？

乾隆皇帝爱新觉罗·弘历留给世人的剪影似乎用"顺风顺水"四个字足以概括。他没有经历过父亲雍正皇帝的明争暗夺、处心积虑，就轻而易举地早早被"内定"登上了至尊的皇帝位；也没有经历祖父康熙皇帝小小年纪就要面对一个庞大的江山及众多心怀叵测、虎视眈眈的臣子的压力。经过祖父与父亲的励精图治，传到他手上的大清王朝就像是早上10点钟的太阳，既生机勃勃又充满了无限且更为辉煌的前景。历史上将乾隆称为"最有福气"的皇帝，不过，这位帝王出生的疑团却一直笼罩着他，无论是在他生前还是死后都广受争议。

在正史当中，乾隆皇帝的生母是孝圣宪皇后钮祜禄氏。在中国第一历史档案馆保存的清朝皇家家谱《玉牒》①上有明确的记载，同时在乾隆朝的《清世宗宪皇帝实录》以及《圣训》中都有相同的记载，上面清楚地写着：乾隆皇帝的亲生母亲是钮祜禄氏。此外，乾隆生前还写下了很多赞颂生母钮祜禄氏养育之恩的诗，证明乾隆对于自己的生身之母并没有半点的怀疑。因此，通过这些翔实且较为可靠的史料，我们大致可以确定乾隆母亲的身份是没有疑问的。

但是，在野史及民间传说中，关于乾隆生母的故事就丰富、精彩得多

---

① 玉牒，中国历代皇族族谱称为玉牒，早在唐朝时期就已经存在在了，宋朝开始每10年一修，沿及明清。清代玉牒分满、汉两种文本，现存1070册，是中国唯一完整系统保存至今的皇族族谱，也是世界上最庞大的家谱。

了，也正因为这些足以以假乱真的传奇故事讲述得头头是道，足够吸引人，充分地满足了人们猎奇的心理，所以造成了后人关于乾隆出生的猜疑。这些猜疑主要都是围绕着两个焦点展开的：其一，乾隆的生母是谁？其二，乾隆到底是满人还是汉人？在所有关于此事的猜疑中，流传最广的一种说法是乾隆实际上是汉人，甚至他的生父也不是雍正而是浙江海宁的大学士陈世倌，母亲是其夫人。

陈世倌也被称为"陈阁老"，他在康熙年间入朝为官，是雍正时期的大学士，早在雍正还未继位的时候，他就与雍正保持着很好的关系，两家时常有书信来往。据说，今天陈阁老的旧宅里还保存着一块由雍正皇帝亲笔书写的"九龙匾"；乾隆六下江南有四次是住在陈阁老的家中。于是，民间、野史上就有了关于乾隆实际上是陈世倌之子的传闻。尤其是香港著名武侠小说家金庸先生的祖籍也是浙江海宁，在他的武侠小说《书剑恩仇录》①中还详细地描写了关于乾隆的这段"身世"：

> 那年雍亲王府的福晋与陈世倌的夫人在同年同月同日生下了孩子，雍亲王就命陈世倌将他的孩子抱到雍王府来瞧瞧。陈世倌没有怀疑，就急忙把孩子送了过去。可是，谁知道等孩子再抱出来的时候，竟由原本的男孩变成了女孩。陈阁老知道是四王爷从中给调了包，此事性命攸关，弄不好全家都要跟着遭殃，于是他也不敢声张，就将此事掩盖下去。而这个被掉包的男孩就是后来的乾隆皇帝，而他下江南正是为了探望亲生父母。

实际上，乾隆是绝对不可能有这样的出身的。首先，当时雍正的长子和次子虽然过早夭折了，但是第三个儿子已经年满8岁，同时还有一位福

---

① 《书剑恩仇录》又名《书剑江山》，著于1955年，是金庸的首部长篇武侠小说。小说描写清乾隆年间，江南武林帮会反清复明，与清廷斗智斗勇的故事，也是这本小说把研究乾隆是否汉人一事，推到了高峰。

晋即将生产，雍正在已经有一个阿哥的前提下又怎么会想要偷一个臣子家的孩子来跟自己家的孩子调包。其次，此时的雍正也不过30多岁而已，正当壮年，而且这时候康熙对太子还没有完全失望，他是不可能知道自己会继承大统的，因此不会对子嗣问题如此急迫。另外，即便雍正想要再有一个阿哥，即使不方便在兄弟中找合适的过继，但也大可在满族人中选一个，对于重视血统的大清皇族来说，又怎么会将自己家的孩子与一个汉族家庭的孩子调包，而且日后雍正还让其继承大统，这完全不合逻辑。

至于说到乾隆下江南时期为什么会住在陈阁老家里，当然不是为了探望亲生父母。乾隆下江南的目的是为了巡查河道工程，而海宁并不是大城市，在当地陈世倌家称得上是最豪华、住宿条件最好的地方了，因此乾隆才会住在陈家。而他所居住的是陈家的一处别院，相当于现在有钱人在郊区购买的别墅，用来度假使用，平时并不居住。所以，陈家人住的实际离乾隆所居住的别院是有一定距离的，而他在此期间并没有传唤过陈家人来此相聚，就更没有所谓的"探望亲生父母"的说法了。由此可见，关于乾隆是汉人的说法简直是无稽之谈。

不过，空穴来风未必无因，之所以会有这样的传闻盛行，大概与当时民间的各种"反清复明"运动有关。也正是因此，为满族与汉族之间的统治者之争加入许多戏剧化的成分，例如在《书剑恩仇录》中男主人公陈家洛是反清组织的领导者，而他恰恰也是陈世倌的小儿子，按这种说法的话他也是乾隆皇帝的弟弟，如此一来故事情节变得复杂也更有戏剧性。另外还有一个原因就是乾隆本身很喜欢穿汉服，他的画像中就有一些是身穿汉服的，因此就有人说他是知道自己是汉族人因此才会经常穿汉服。

除了这个最为流行的乾隆是汉族人的说法外，关于其生母的传闻还有一个比较盛行的说法：他的生母是热河行宫的一个身份卑微的宫女。

据说，当年雍正还是亲王的时候到热河打猎，晚间喝了一碗白天猎杀的梅花鹿的鹿血。因为鹿血有壮阳的功效，服用后雍正就开始燥热难耐，而他此行也没有福晋陪伴，于是就找了一个行宫中的宫女宠幸，随后雍正就将这件事给忘了。

等到第二年，他又陪着康熙到热河行猎，没想到居然让康熙知道行宫中有宫女怀孕的事。大为震怒，于是就追究此事。怀孕的宫女正是前一年雍正宠幸过的，他就跪在康熙面前把事情的来龙去脉都坦白了。康熙不愿家丑外扬，就让宫女偷偷地把孩子生下来，交给雍正府中的钮祜禄氏当作自己的亲生孩子抚养，这个宫女偷偷生下来的孩子正是乾隆。

这个说法虽然流传很广，故事也很生动但是可信度并不高，最主要的是康熙对待孩子表现出的大多是他严父的一面，他对晚辈都是很严肃的。依照他的个性来说，是不可能在得知乾隆真实出身的前提下，还在众多孙子当中对他最为青睐，甚至在言语中有令其继承大统的意思。所以，这个传说也只能当作是野史故事来听听罢了。不过，故事中所提到的关于乾隆出生之地是热河行宫的说法，却也成为关于其出生之谜中除"生母之谜"外的另外一大疑团——出生地之谜。

同治皇帝的生母是慈禧吗？

在野史和民间故事中，关于乾隆的生母到底谁，存在着诸多的说法，除了上面介绍的海宁陈夫人和热河行宫的宫女外，胡适还在其日记中写过："乾隆帝之生母为南方人，诨名'傻大姐'，随其家人到热河营生。"之所以会有这样的传闻是因为民国时期曾有一位国务总理熊希龄，他在一位清宫老宫仆的口中得知了这个传闻，于是就讲述给胡适听。不过，这些都只是没有根据的野史传说而已。只是无独有偶，清朝的另外一个皇帝在野史中也有关于其生母身份的疑团。

这个皇帝是同治爱新觉罗·载淳，我们都知道他的生母可是鼎鼎大名的慈禧老佛爷。不过，野史上对于其生母另有他人的故事说得头头是道，也是极为精彩的。

在专门报道清朝各种"八卦"消息的《清稗类钞》①中曾写道："穆宗（同治帝）为孝钦后（慈禧）所出，世皆知之。或曰，实文宗（咸丰帝）后宫某氏产，时孝钦无子，乃育之，潜使人鸩其母，而语文宗已产子月余矣。文宗闻之大喜，因命名曰载淳，封孝钦为贵妃。"根据这段说法，同治的生母并不是慈禧，而是后宫的一个普通宫女。一直没有儿子的慈禧怕自己的位置不保，于是将宫女的孩子抢过来当作自己的亲生儿子抚养，再将其生母毒死，最后慈禧再对咸丰帝谎称自己生下了小阿哥。

同治皇帝

此外，民间还流传着以女换男的说法。据说，慈禧十月怀胎诞生下的原本是一个女儿，当时最得宠的太监害怕慈禧因此地位受到影响也连累自己，所以就偷偷买通稳婆从宫外抱进来一个男婴来代替慈禧生下的这个小格格，此男婴就是日后的同治皇帝。这件事只有安德海知道，甚至连咸丰皇帝及慈禧本人都不知道。他因为担心事情会败露，所以一直囚禁、拘押着参与计划的稳婆，直到其死后才给予厚葬。

这两种说法虽然听起来很有趣，但实际上都说不通，更加没有资料佐证。同时，根据清宫留下来的各种档案上的记载来看，同治的生母是慈禧没有什么可以怀疑的。首先，无论是当时太医给慈禧诊脉的记载，还是宫中为了慈禧生产所作的各种准备上来看，她当时确实是怀有身孕的，所以第一种抢宫女之子冒任为自己之子的说法是不成立的。其次，资料上记

---

① 《清稗类钞》是由清末民初徐珂编撰的，他从清人、近人的文集、笔记、札记、报章、说部中，广搜博采，编辑而成。书中记载之事上起顺治、康熙，下迄光绪、宣统，涉及内容极其广泛，举凡军国大事、典章制度、社会经济、学术文化、名臣硕儒、疾病灾害、盗贼流氓、民情风俗、古迹名胜，几乎无所不有。其中许多资料可补正史之不足，也有稗于遗闻可以资为谈助，是研究清代历史的重要资料。

载，慈禧生产之日中午，总管韩来玉曾经奏报咸丰，通知皇帝：懿嫔（也就是当时的慈禧）可能是要生了；等到下午两点的时候，韩来玉再次奏报皇帝：懿嫔已经成功诞下了一位小阿哥。中间间隔仅有两个小时，安德海想要偷梁换柱，即便动作再快也不可能成功，所以第二种说法也是不成立的。

生前身后众说纷纭的出生地之争

在历史传说中似乎有一个不成文的规定：凡是非凡之人就一定会有一些不一般的经历或是遭遇，无论是关于其出身的还是日后成就的。例如，之前我们在介绍康熙时，就有关于他出生时天降异状的种种传闻。虽然，乾隆的皇位与他的父亲雍正比起来继承得算是比较顺利，没什么悬念，但是关于他出生之谜的种种猜测，历代帝王中算是鲜有的，这些传言无论是丰富性、精彩程度还是流传之广，祖父康熙的那点传言是绝对望尘莫及的。

关于乾隆的出生之谜，除了前面我们介绍过的关于其生母的各种猜测与传言外，他的出生地也同样备受争议。如果，乾隆生母之谜纯属是野史及民间的小道消息，不足为信，只能当作茶余饭后的笑料、谈资来"八卦"一下的话，那么这位帝王的出生之地的谜团却是在皇家内部及正史上都存在疑点的，甚至就连他的亲生儿子都说不清父亲到底出生在哪里。

清朝的皇子皇孙们无论是出生还是死亡，都有专人将其记录在一份底稿上，每3个月就要向上呈报一次，用来日后整理皇室家谱《玉牒》之用。乾隆生卒底稿上明确地写清了他出生的时间以及生母，恰恰没有写明的就是他的出生地，正因如此日后无论是在朝野还是皇室内部都产生了关于他出生地的歧义与争论。

为何祖父康熙、父亲雍正甚至儿子嘉庆都没有关于出生之地的争议，而偏偏乾隆却存在这样的谜团呢？这主要是因为，康熙、雍正、嘉庆都是以皇帝儿子的身份出生的，而乾隆却是以皇帝孙子的身份出生的。乾隆出生的时候祖父康熙还健在，父亲不过是雍亲王，还没有明确的迹象表现出来他会是日后的皇帝，甚至可以说此时没有人会想到他竟然能够成为皇位的继承者。康熙儿子多，孙子更多，乾隆的父亲此时还不是最受重视的皇子，那他这个小皇孙的出生，对于子嗣够多的清朝皇室以及康熙帝本身来说都不是什么了不起的大事，所得到的重视不够也是情有可原的。

关于乾隆出生的地点，根据大多数历史资料的记载及乾隆自己的说法，普遍认为他是出生在雍亲王府也就是今天的北京雍和宫。不过，就在乾隆还在世的时候，关于他出生地的争议就已经存在了，朝野当中很多人认为乾隆实际上是出生在承德避暑山庄中的一座名为"狮子园"的园林之中的。之所以会有这种说法，主要是因为乾隆经常会在雍正的忌日里，到狮子园去小住一段时间，以缅怀圣恩。

不过，乾隆本人显然是不认同这种说法的，他在一首写雍和宫之事的诗中写道："斋阁东厢胥熟路，忆亲唯念我初生。"不仅说明了自己的确是出生在雍和宫的，而且更明确到他是在东厢房出生的。在他72岁这年到雍和宫拜佛的时候也写了一首诗，在诗的注释中更是清清楚楚地说："余实康熙辛卯生于是宫也。"这句话的意思是：我确实是在康熙辛卯年生在雍和宫的。不仅如此，在他79岁这年，同样是在雍和宫拜佛时写诗再次重申自己的出生地是雍和宫，曾在那里生活了12年。

虽然，乾隆本人一而再再而三地强调自己的出生地是雍和宫，但是还有很多人认为他实际上生在狮子园，就连他的儿子嘉庆皇帝也是这样认为的。乾隆将皇位禅让给嘉庆后，自己以太上皇的身份到避暑山庄过生日，刚继位的嘉庆也陪着去了。在这里，嘉庆写了一首表示庆贺的诗，在诗后的注释里，他说：康熙为此地题写"避暑山庄"匾额的那一年，恰好是父亲乾隆在此地降生的一年。第二年，乾隆又来这里过生日，嘉庆这次写的祝寿诗的注释中更是明明白白地写到"父皇"的出生地是避暑山庄。

不过，嘉庆对此说法也并不是很肯定。清朝时期有一个规矩，就是新皇帝继位后要为他们的父皇撰写《实录》和《圣训》，嘉庆十二年（1807），嘉庆命令朝臣编修乾隆的《实录》和《圣训》时，曾令大臣们认真核查此事。这时，一位翰林院出身的大臣将乾隆自己写的诗中所有提到关于自己出生之地的是雍和宫的地方都找了出来，然后拿给嘉庆看。直到此时，

避暑山庄一景

嘉庆才同意放弃狮子园的说法，批准在《实录》和《圣训》中写下乾隆出生在雍和宫："高宗纯皇帝，讳弘历，世宗宪皇帝第四子也。母孝圣宪皇后，钮祜禄氏，原任四品典仪官，加封一等承恩公之女……以康熙五十年辛卯，八月十三日子时，诞上于雍和宫邸。"直到此时，正史才真正明确了乾隆的出生地。

即便如此，嘉庆死后的遗诏还是因为此事闹出了一点风波。嘉庆二十五年（1820），嘉庆皇帝到避暑山庄居住，第二天在此去世。因为事发突然，军机处的大臣以嘉庆的名义撰写遗诏的时候写道：当年父皇乾隆皇帝就出生在此，今天我能死在此地也没有什么可遗憾的了。此遗诏发出了之后，继位的道光皇帝才发现这一错误，于是连忙令人将发往琉球、越南、缅甸等藩属国遗诏追回来，将上面写的乾隆出生在避暑山庄，改为其画像挂在此处。

后来，道光为了平息关于乾隆出生地的争论，甚至还将父亲嘉庆所写的所有提到乾隆出生在避暑山庄的诗都改成了雍和宫，以此想把这个结论确定下来。但是，嘉庆的这些诗早就已经流传开来，他这样大张旗鼓地改动反而让人觉得欲盖弥彰，结果引发了官员及百姓更大的议论，道光也算是好心办坏事、画蛇添足。

雍和宫的前世今生

　　如今，位于北京东城区的雍和宫是这"四九城"里最大的藏传佛教寺庙，每天都吸引着众多虔诚的信徒来此礼佛，同时也有更多慕名而来的中外游客到此参观。雍和宫除了是寺院外，它还有另一个别名——"潜龙福地"，因为从这里走出去了两位皇帝——雍正和乾隆。

　　雍和宫起初并不是寺院，在明朝的时候它就存在了，不过当时是给宫里的太监居住的地方；大清入关之后，这里就又改成了内务府的官用房。清朝有一个规矩：除了太子以外的其他皇子，成年之后就要离开皇宫，在宫外建立自己的府邸。据《清宗人府事例》记载，康熙将这里赐给了成年后的皇四子雍正，作为他的贝勒府。后来，雍正晋升为雍亲王，这里也就成了雍亲王府。

　　清朝祖制有规定，不同级别的皇子府邸有不同的规模、配备等等，也就是说，此时雍亲王府同以前的贝勒府就已经不可同日而语了，虽然地方不变，但是装修档次、奢华程度则是大幅提高。不过，它真正迎来第一次历史性的转折是在康熙六十一年（1722），康熙皇帝驾崩，雍亲王成为帝位的继承者，这座曾经的府邸虽然不再用来居住，不过也有了新的身份——雍正皇帝的行宫，并正式将其赐名为雍和宫。

　　虽然雍和宫的身份此时大不相同，但是继位后的雍正因为几乎不会有机会在这里居住，所以并没有将其大肆改建，直到雍正去世、乾隆继位后它的外貌才变了样。当时，乾隆将父亲的遗体停放在这里，而雍和宫为了迎接棺椁，其主要殿堂原来的绿色琉璃瓦全都改为黄色琉璃瓦，其规格与紫禁城一样。雍正的灵柩就停放在他生前居住过的永佑殿，因此，后来这里一直供奉着雍正的影像，所以这段时间就被称为"影堂时期的雍和宫"。

　　直到乾隆九年（1744），雍和宫才正式改为喇嘛庙，并派总理事务王大臣管理这里的一切事务。其实，早在"影堂时期"雍和宫就已经成为藏传佛教黄教喇嘛诵经的地方了。之所以会把雍和宫改为寺院主要有两个原因：其一，雍正本身是信佛之人；另外，乾隆出生在这里，而雍正也是从这里走出去继承皇位，因此可以说雍和宫出了两位帝王，按照乾隆的逻辑，真龙天子就是佛。于是就这样，雍和宫成了寺院，并一直持续到今天。

雍和宫的香火之所以一直如此旺盛，除了是"福地"外，它最初接待的香客也都不是一般人。当年乾隆皇帝是每年都要来此礼佛的，他去世后这就成了一个规定，日后的皇帝每年都至少要到雍和宫来礼佛三次，包括每年农历八月二十五乾隆的诞辰、农历正月初三的忌辰，以及五月的夏至节皇帝到地坛祭拜后也要再到雍和宫拈香拜佛。

未"子凭母贵"如何得到雍正青睐

虽然野史上对乾隆的生母有诸多的猜测，但是我们几乎可以肯定他的生母是孝圣宪皇后钮祜禄氏。为什么会说"几乎可以肯定"呢？这是因为对于这位孝圣宪皇后的出身，历史上也是存在争议的，甚至在清朝后期还有学者专门质疑过此事。

当时，在长沙有一位名叫王闿运的学者认为，乾隆的生母虽然是钮祜禄氏，但并非正史上所写的"出身显赫"。据他在《湘绮楼文集》中介绍，乾隆的生母钮祜禄氏实际上是承德人，家庭条件不好，13岁的时候跑到北京来，后来混入应选秀女的队伍中，成为当时应届的秀女，最后被分配到了雍亲王府当婢女。一次偶然的机会，被雍亲王所宠幸，因此怀孕生下了乾隆。这个说法最大的漏洞就是，清朝选秀女的制度是极其严格的，而八旗门卫制度更是相当森严，随随便便一个从承德跑来的小丫头怎么可能轻而易举地混入秀女当中？所以，王闿运的说法是站不住脚的。

虽然钮祜禄氏不可能是混入秀女群中的，但是关于她的身世在正史上确实存在一些疑点。在《玉牒》上清楚地记录着，乾隆生于康熙五十年（1711），是由凌柱之女、孝圣宪皇后钮祜禄氏所诞。
钮祜禄这个姓氏在满清算得上是大姓了，在
满语中，"钮祜禄"是"狼"的意思，这不是
说这个姓氏的先祖是凶猛之人。其实狼是满
族前身女真族的图腾之一，女真人对狼极为
崇拜，因此会以其为姓氏，可见"钮祜禄"
也是满族最古老的一个姓氏。钮祜禄氏家族
在女真及满族当中都出了很多有名的人才，
例如孝圣宪皇后的曾祖父额亦都。

孝圣宪皇后钮祜禄氏

　　额亦都是满清王朝开国五大功臣之
一（其他四人为：何和礼、费英东、安费扬
古和扈尔汉），同时也被赐予"巴图鲁"[①]称
号。额亦都年纪很小的时候父母就被仇家所
杀，他13岁就将杀害父母的仇人除去为双亲报仇了，19岁的时候就跟
随当时只有22岁的努尔哈赤，从此以后，再也没有与其分开过，时常护
卫努尔哈赤左右，成为他最得力的部将；努尔哈赤建立八旗制度后，额
亦都隶属于镶黄旗。额亦都共有16个儿子，其中最出名的当属小儿子遏
必隆，他与鳌拜、索尼、苏克萨哈同为康熙朝四大辅臣，他的女儿孝昭仁
皇后钮祜禄氏是康熙册封的第二位皇后。

　　而乾隆的生母孝圣宪皇后钮祜禄氏的祖父是除遏必隆外额亦都的另一
个儿子，不过大概此子在这些儿子中并不出名，所以历史上的介绍少之又
少，同时他这一脉的子孙也无法同遏必隆一脉相比，明显呈现出"一代不
如一代"的趋势，到了钮祜禄·凌柱的时候几乎已经承袭不到什么爵位、
官职了，早就没有了先祖的英勇之态。凌柱的女儿确实是当时的秀女，被
指婚给了还是贝勒的皇四子胤禛。钮祜禄氏刚刚进入贝勒府的时候身份也

---

　　① 巴图鲁，满语是"勇将"的意思，明朝时女真人即开始使用此称号，后来成为清朝政府
的一种荣誉封号，得此封号就是"勇将"、"能干"之意。

不高，仅仅是格格①身份。

虽然钮祜禄氏的出身不高，但至少其祖辈还是相当显赫的，其家族也是不容小觑的，但是根据清宫档案的记录中，她的出身是存在疑点的，似乎连这样的背景都没有。

《雍正朝汉文谕旨汇编》中有这样一条记录："雍正元年（1723）二月十四日奉上谕：尊太后圣母谕旨：侧福晋年氏封为贵妃，侧福晋李氏封为齐妃，格格钱氏封为熹妃，格格宋氏封为裕嫔，格格耿氏封为懋嫔。该部知道。"这是在雍正登基后册封后宫妃嫔的旨意，而此事在《清世宗宪皇帝实录》上做记载的却是："谕礼部：奉皇太后圣母懿旨：侧妃年氏，封为贵妃；侧妃李氏，封为齐妃；格格钮祜禄氏，封为熹妃；格格宋氏，封为懋嫔；格格耿氏，封为裕嫔。尔部察例具奏。"

仔细观察就会发现，在《谕旨汇编》中被册封为"熹妃"的是格格钱氏；而在《实录》中被册封为"熹妃"的则是格格钮祜禄氏。"熹妃"是不可能由两个人来担任的，所以很多学者认为格格钱氏和格格钮祜禄氏实际上就是同一个人。如果照此说法的话，那么乾隆的生母孝圣宪皇后很可能并不是出生在钮祜禄氏家族的女孩，而是一个出身更加卑微的女人，因为雍正登基后就将四阿哥弘历确定为了皇位的继承人，因此其生母的身份不能太寒酸了，更加不能是汉族女人，所以认了凌柱为养父，这样她就有了满族的身份以及相对较好的出身。

以上的这种猜测不管是不是真实的，总之，可以肯定的一点是，乾隆的生母在雍正的众多妻子中身份并不高贵。那么根据清朝"子凭母贵"的规矩，乾隆显然并不符合这一要求。虽然雍正的子嗣并不多，能够活到成年就更少了，但是当时可供他选择的继承人也并不是只有弘历一人，还有年长8岁的三阿哥弘时以及与弘历同岁的五阿哥弘昼。尤其是弘时不但年

---

① 这里所说的格格并不是我们通常以为的"公主"、"郡主"的意思，实际上入关前，满洲的亲贵们将没有名分的小妾也称为"格格"。顺治入关，仍用此称号；到康熙时期，后宫定制，格格才从皇帝后妃中消失，但王府仍用此称谓。

龄是最大的，其生母李氏原为雍正的侧福晋，其出身也好于乾隆的生母，但是为何弘历会特别受到雍正的青睐，早早就被确定成为皇位的继承人呢？这一切大概是缘于一场"牡丹丛中的邂逅"。

康熙四十八年（1709）的一天，当时还是皇四子的胤禛正在府邸潜心礼佛，突然接到了父亲康熙皇帝召他入宫的旨意。这次入宫对于胤禛来说就像是一次命运的转折，他不但从贝勒的身份晋升到了亲王的爵位，康熙帝更下旨将畅春园北一里开外的一座小型花园赏赐给了胤禛居住，这就是圆明园的前身。

康熙皇帝特别喜欢牡丹，已经在畅春园中的小花园居住了10余年的胤禛，在康熙六十年（1721）的春天邀请父亲来此欣赏牡丹，康熙欣然而往。就是在这次由牡丹促成的聚会上，康熙第一次见到了自己的孙子弘历。此时弘历已经10岁了，康熙对这个孙子赞不绝口，甚至将其接到宫中抚养，并亲自教授、指点其课业，在康熙50多个孙子当中，这样的恩宠是绝无仅有的。我们前面介绍过，晚年时期的康熙实际上一直都活在恐慌当中，他一方面担心自己的亲生骨肉会谋夺皇位，同时也一直都找不到合适的皇位继承者。但是，眼前的弘历却让这个行将就木的老人眼前一亮，他的出现大大地安慰了康熙为此事而备受煎熬的内心。

因此有很多学者都认为，雍正之所以能够继承大统很大的原因是康熙看中了弘历，他把大清帝国交到儿子胤禛的手中，实际上是把这个帝国托付给了孙子弘历，他看好的是帝国长远的发展。所以，与其说是雍正选中弘历做他的继承人，不如说是康熙亲自挑选了他一手创立的盛世的未来主人。

不过也有人认为，康熙与孙子弘历的这次牡丹丛中的邂逅，实际上是雍正有意安排的。总之，无论是偶然之举还是刻意安排，可以肯定的是弘历在少年时期就展现出了非同一般的才华与智慧，这一点才是决定他未来命运的关键！

最有福气的皇后

在大清历史上，能够登上皇后宝座的女人寥寥不过几十个，其子能够登上皇帝之位，自己有机会成为皇太后的更是少之又少。这其中有充满传奇色彩的孝庄皇太后，也有手握重权却备受争议的慈禧皇太后，但是她们却都称不上是最有福气的女人，这个头衔非乾隆的生母孝圣宪皇后钮祜禄氏莫属。

孝圣宪皇后同孝庄、慈禧一样，其实并没有真的登上过皇后的宝座，她这个皇后的头衔实际上是后来追封的，谁让她生了个能够成为未来帝国主宰者的儿子呢？当然，不能仅凭这一点就说她是最有福气的皇后，钮祜禄氏几乎经历了整个康乾盛世，她算是相当高寿之人了，终年86岁，而且她这一生受到了帝国三代帝王的恩宠。

孝圣宪皇后

康熙帝作为钮祜禄氏的公公，对这个儿媳妇也曾大为称赞。当时，康熙第一次看到弘历后，对他极为偏爱，更接到宫中抚养。临行之前，康熙也特别召见了弘历的生母。当时，钮祜禄氏不过是雍正府上的格格，并没有觐见康熙的资格，但是因为儿子她得到了这次特别觐见的机会。康熙帝在看到钮祜禄氏本人后一直称赞她是有福之人，看来康熙帝果然是金口玉言。

钮祜禄氏进入雍正府邸时的身份虽然不高，但实际上她还是比较得丈夫宠爱的。据说，雍正还是皇子的时候，得了当时流行的传染病，病情非常严重，几乎到了有可能丧命的地步。因为病情是会传染的，因此府中身份较高的福晋、侧福晋是不能亲自伺候雍正的，而钮祜禄氏却一直在雍正身边煎汤熬药、殷勤侍奉，将雍正照顾得无微不至。等到雍正康复后，便对她十分钟爱，钮祜禄氏第二年就生下了四阿哥弘历。再加上弘历得到康熙特别的喜爱，钮祜禄氏也因此在雍正心中的地位更加特别，所以，雍正的皇后乌喇那拉氏死后就是由她代皇后职，统摄后宫的。

乾隆继位后，钮祜禄氏被尊为崇庆皇太后。乾隆是非常孝顺的帝王，他对母亲敬爱有加、百依百顺，"晨昏问侍，扶掖安辇，极尊养之，隆祝厘让，善至于终身"。乾隆的孝顺不仅仅是对母亲"有言必遵"或是舍得为母亲花钱，更重要的是他虽然政务繁忙，但经常会陪在母亲身边。乾隆每次出宫巡行、拜谒东陵或是打猎，几乎都会带着太后同行，与其左右不离。而太后的生日更是办得一次比一次隆重，特别是在太后八十大寿的时候，已经60岁的乾隆为博得母亲的开心，还不惜彩衣蹈舞，这份孝心确实罕有，所以说，钮祜禄氏称得上是最有福气的皇后了。

"正大光明"背后的美好时代

在乾清宫的正殿，高悬着一块"正大光明"匾。这块匾额上的字原本出自顺治帝之手，起初也没有什么特别之处，但是随着雍正建立了"秘密立储"的制度后，这块匾额就成为清朝一个不可或缺的标志。匾额后面所藏匿的小匣子，不仅关系着整个王朝日后的走向，更决定了皇子们未来的命运——匣子内的诏书将公示谁会成为日后帝国的继承者。这种立储的方式，使得皇子们无法知道谁是皇位的继承者，也相应地减少了他们之间的争斗。这一制度是雍正创立的，他也是第一个实行之人。

雍正刚刚登基，就将他早已经选好的继承者的名字放入了匣子里，然后高悬在"正大光明"匾额的后面。虽然，无论是皇子还是大臣，都不知道皇帝到底写了谁的名字在上面，但是，当时政局的走向太过明显，几乎所有的人都已经能够笃定，雍正所选择的继承者一定是得到康熙赞誉的四阿哥弘历。

而对于弘历来说，当他的名字安然躺在"正大光明"匾额后面的这段

"正大光明"匾

日子里，大概也是他人生中最为快乐、潇洒的一段光阴了。此时的弘历正值青少年时代，他不必像父亲和祖父那样失去童年、少年时代的惬意时光，反而在很多时候都得到了父亲的特别保护。雍正的皇位得来不易，想要做好更加不容易，从青年时代起，他就为了自己这不能与任何人说的野心而不得不格外地小心谨慎、步步为营。在他的青少年时期，并没有从康熙那里得到很多的父爱，当时对太子寄予厚望的康熙大概眼中除了未来的继承人外，也并没有对其他的儿子有过太多的关照，毕竟这位千古一帝要做的事情太多，而他的儿子也确实是不少。同时，雍正也没有获得太多的母爱，他被生下来后就从亲生母亲身边抱走交给其他妃嫔抚养，而亲生母亲对在自己身边长大的十四阿哥的疼爱显然是大大超过了这个面冷、阴鸷的四阿哥。

这些过往的经历，对于雍正的影响是非常大的。另外，他跟在康熙身边，最直接地体会到了父亲年少登基所面对的巨大压力，朝廷内外无时无刻不存在着诸多隐患、问题等着父亲的裁决。大概雍正就是因为明白自己与父亲在童年、少年时代都有着极大的缺失，因此想要将这份空白弥补给最宠爱的儿子弘历，希望他在面对未来的压力前，先有一段舒心的日子过。所以说，乾隆在走进紫禁城还未登上皇位的这段时间里，享受到了父亲、祖父甚至是曾祖父顺治都未曾享受过的美好。

雍正一方面尽可能地维护弘历的继承权，让他可以免受皇子夺权斗争之苦，但是他并没有因此而放松对这位帝国未来主人的培养与教育。康熙是相当重视皇子们的教育的，这点对雍正的影响也很深，因此他对于弘历的老师自然挑选得格外严格、认真，这样可以帮助弘历在登基之时具备足够的资格。

早在藩邸时期，雍正就聘请了翰林福敏教育弘历、弘昼两兄弟。等到雍正继位之后，仅仅是福敏一人已经不能承担教育未来皇帝的工作了，这一方面是因为弘历身份变得特殊，雍正希望有更好更优秀的老师帮助他作好继位的准备工作；另一方面则是因为弘历本身极其聪慧、好学，知识学得快、记得快，进步得也很快。基于这两方面的考虑，雍正在大臣当中挑选了四位无论是品行还是学问都堪称佼佼之人来担当此职，他们是徐元梦、朱轼、张廷玉和嵇曾筠。为此，雍正还效仿汉人的规矩，在懋勤殿①举行了肃穆庄重的拜师礼，让弘历正式拜这四位名臣为老师。在弘历的眼中，老师虽然有四位，但是他最为敬重且终身念念不忘是则是朱轼②朱老师。

　　弘历虽然在福敏的帮助下，饱读经史子集，但是福敏学问有限，弘历跟随他并不能理解其中的深刻含义。在朱轼的教导下，弘历才开始消化、吸收那些曾经困扰着他的晦涩语句，千余年积累下来的博大精深的中国文化此刻才真正地在弘历面前揭开它神秘的面纱。朱轼所为他讲解的那些儒家经典对他影响极深，尤其是其中所涉及的政治思想、道德规范、为君之道都令弘历获益匪浅。乾隆后来评价这位老师的学问造诣之深时说："汉则称贾董，宋惟宗五子。恒云不在言，惟在行而已。"另外，朱轼也是一位有名的清官，他的言传身教都极大地影响着这位未来的皇帝。

　　弘历本身就喜欢读书，所以这段勤学的经历并没有使他觉得痛苦，反而是他少年时期极为高兴的一件事。最值得弘历庆幸的是，此时的他并不是孤单一人，还有与他感情最好的弟弟弘昼一直相伴。弘昼与弘历同年，只相差几个月而已，而且他们的生母都是雍正藩邸的格格，因此他们从小

---

　　① 懋勤殿，取"懋学勤政"之意，位于故宫西南，这里是皇帝的书斋雅室。殿内悬有"基命宥密"匾额，是乾隆皇帝的亲笔御书。皇帝常在此读书，批阅奏本及鉴赏书画，还经常与儒臣在此谈古论今，作诗赋词、铺纸研墨、挥毫丹青，这里因而呈现出儒雅的文化氛围。

　　② 朱轼（1665—1736），号可亭，因此乾隆也称他为"可亭先生"。他历仕康熙、雍正、乾隆三朝，官至太子太傅文华殿大学士，居官廉洁，刚正不阿，世人颂其"束其励行，通经史百家"。

相伴，9岁时也是一起跟随福敏学习的，在懋勤殿的拜师典礼上，也只有弘历、弘昼二人。后来，康熙的二十四皇子允祕和平郡王福彭才先后奉旨到此读书，成为弘历另外两个同窗。

在这四个年龄相近的皇族子弟中，弘历是读书最认真也最用功的一个，他每天上完课后，并不急着和弟弟或是二十四叔一起游戏，而是回到自己的小书房里继续诵读、研习。弘历天分高，又肯用功，自然是这四个人中学问最好的，不但老师们对他赞不绝口，就连他的同窗也是极为佩服的。弘昼曾说："吾兄于问寝视膳之暇，每有所得，发为文辞。日课文一首，虽退居私室，亦不敢自懈，手披心绎，欲力追古作者。"平郡王福彭的评价更高："皇四子问安视膳之余，耳目心思一用之于学，考合古今，微论同异，虽单词只义必条分缕析，铢黍弗差，每为文，笔不停辍，千言立就，而文思泉涌，采翰云生。"此时，弘历"精研易、春秋、戴氏礼、宋儒性理诸书，旁及通鉴纲目、史、汉、八家之文，莫不穷其旨趣，探其精蕴"，这对于高高在上的皇族的阿哥来说是极其难得的，也难怪祖父康熙甫一见他就顿生好感。

少年时期的这段读书时光，对于弘历日后登基确实是极为重要的，跟随这些汉儒名师的学习，使得其思想更倾向于儒家的"仁政"与"德治"，他坚信帝王之道"以德不以力"，所以，乾隆登基之初的施政纲领与父亲雍正截然不同，他更加宽仁，努力调整父亲严猛政治留下来的后遗症。同时，弘历也主张"宽"是有限度的，"柔懦"与"刚暴"具有同样大的危害。所以，乾隆的帝王之术是将"宽"作为一种手段，同时宽严相济，二者相互调和，均不过度。

青年时期的乾隆朝服像

作为皇储的这13年里，弘历除了读书外，还有很多丰富多彩的活动，培养了更为广泛的兴趣爱好。乾隆一生钟爱诗文书画的爱好也是在这段时期开始养成的，他跟随专人学诗，而仅大他半岁的二十一叔允禧则是皇族之中杰出的书画家，尤其擅长山水画，飘逸、雅致。弘历经常与允禧切磋绘画之道，令他获益匪浅。此外，他对于狩猎、围棋、古玩、品茗等等也有着极大的兴趣；与祖父康熙一样，弘历也对西洋物品饶有兴趣。读书之余，这些爱好大大地丰富了他的皇子生活。这段时光对于弘历来说是难得的轻松、惬意的10年，但是随着父亲的离去，随着"正大光明"背后秘密的揭晓，随着一个庞大的江山落入他手中的一刻起，也宣告着这段美好时光的结束，从此以后他再不是皇子弘历，而是大清王朝至高无上的统治者乾隆皇帝。

荒唐王爷——弘昼

弘昼

雍正子嗣不多，能够活到成年的就更少了，这一点对于乾隆来说也许是一件好事，毕竟在皇位的争夺上他少了很多竞争者。在雍正成年的子女中，乾隆与五弟弘昼的关系最亲密，这一方面是因为他们同岁，从小到大在一起读书做伴的时间最长，另外一点则是与弘昼的个性有关。

历史上提到这位爱新觉罗·弘昼的时候，总是习惯性地给他戴上一顶"糊涂王爷"的帽子。弘昼是雍正的第五个儿子，因为长子和次子早夭，所以实际上弘昼只有两位兄长，弘时与弘历。虽然，弘历是康熙、雍正两位帝王肯定的继承者，但是作为年纪最长的弘时对皇位一直没有死心，也曾想要与弘历在皇位的争夺战中一较高下。但是，雍正对于选择弘历做继承者的决心是很坚定的，在这件事上他是绝对拥护弘历，并不惜为他扫除皇权道路上一切阻碍。

对于两位兄长之间的皇位争夺战，弘昼不愿卷入，因此只能采取一种装糊涂的保身之策。他常常会有一些疯疯癫癫不合时宜的言语和行为，世人都认为他是一位荒唐王爷。据说，弘昼非常喜欢办丧事，他常说：人都是会死的，这没有什么好忌讳的。所以，他就让府上的家仆给还活得好好的自己办丧事，然后在一旁看着别人在"祭奠"自己的时候大哭，他就觉得很有趣。

大概是丧事办得太多了，历史上对于弘昼之死也是有争议的，有人认为他还是在晚年的时候避无可避地卷入一场皇室风波中，结果管了自己不该管的事，惹怒了乾隆，将他三尺白绫赐死。但是，这一观点也是来自野史传闻而已，并没有足够的证据支持。史书对于弘昼之死写得很清楚，他是生病而死。

弘昼死前确实是犯过错的，但是乾隆只是罚了他三年俸禄而已，这对于亲王来说，并不算是很重的惩罚。而且，弘昼病重期间，乾隆还曾亲自去探望过他。据弘昼的八世孙、著名书法家启功先生讲述，当时弘昼还曾求乾隆赏赐自己这个和亲王为铁帽子王，世袭罔替。不过，乾隆并没有答应。但是，他对这个陪伴了自己大半生的弟弟还是格外恩宠的。按照清朝的规定，除了铁帽子王外，其他的爵位后人在继承的时候是要降级承袭的，但是弘昼之子永璧袭了一代和亲王爵位，永璧死后，他的儿子才降级改袭郡王位的，从这一点上看，弘昼也不可能是获罪而死的。

第二章　文治武功全面开花

宽严相济的驭臣之道

乾隆确实是相当幸运的，他既没有像祖父康熙那样，小小年纪就要背负起整个帝国兴衰的重任；也不必像父亲雍正那样，等了三四十年才登上皇位，仅仅当了十余年的统治者就离世了。乾隆接管下皇权的接力棒时是25 岁，正是一个人最意气风发、精力充沛，具有无限可能与希望的年纪。同时，乾隆的幸运还在于他的父亲早早就为他继承大统铺好了路，在他之前的清朝历代帝王，无论是皇太极、顺治、康熙还是雍正，他们哪一个的皇位都来得极为不易，新旧政权交替时也都充满了剑拔弩张和腥风血雨，唯有他享受到了雍正秘密立储制的优惠，毫无波澜、正大光明地成为帝国的新主人。

乾隆的幸运还远远不只如此，经过先祖们的努力，如今的大清国早就不是位于辽东的小小属国，而是整个中华民族真正的统治者；再加上，康熙、雍正两代帝王勤勉执政、精心经营，交到他手上的大清国正是一个如日中天、等待着攀上顶峰的盛世大国，乾隆要做的则是带领整个帝国走向更大的辉煌。不过，年轻气盛的乾隆毕竟不甘于享受祖宗福荫，做个庸庸碌碌的守成君主，他有自己的政治立场、执政方针，他要让这个国家深深地打上"乾隆"的标签，上任之初，他就为这个帝国带来一股宽仁的风气。

雍正是一位极其严肃的帝王，他起早贪黑地勤勉执政，因此也就对臣子有着更高的要求，他们稍有不慎犯下过错，得到的一定是帝王毫无情面的严厉责罚。雍正如此严苛并不是没有原因，康熙留给他的就是一个因为过于宽容、放松而变得有些走样的王国。只是，雍正有点儿矫枉过正，他以铁腕政策在最初用来矫正康熙末期过于宽松的朝政是没有问题的，但是却没有掌握好"严政"的度，闹得朝野上下、百官臣子人人自危。所以，乾隆刚一登基就展现了他仁慈宽和的一面，由此来矫正雍正朝过于严猛的政治走向，这一点最突出的表现就是他即位之初掀起的一股"翻案风"。

乾隆为了缓和雍正造成的紧张的政治局势，因此上台后赦免了很多当时由雍正定罪之人，如被判死刑的岳钟琪①等人。他更为很多获罪被贬的皇室中人恢复名誉和爵位，这其中还包括当初雍正夺权路上的政敌允禩、允禵。后来在乾隆四十三年（1778）的时候，他还为多尔衮翻案昭雪，恢复了其王爵。乾隆的这些举措在当时对于缓解雍正朝紧张的统治阶级内部矛盾起到了非常积极的作用，对稳定整个王朝的局势都是十分必要的，同时也为自己这个刚刚登基的新君主树立了宽厚仁爱的好口碑。

不过，乾隆不是一味的宽厚、忍让之人，这个年轻的帝王骨子里实际上是非常坚强、决绝的，当他发现过于宽松的执政之道使得某些大臣开始钻空子的时候，他立刻就展现出了松弛有度的一面。乾隆初年，新帝王宽仁的一面虽然缓解了朝廷的紧张，但是很快就发生了令所有帝王都头疼的党派之争——以鄂尔泰与张廷玉为代表的满汉两派官员斗争激烈。

对于粉碎朝堂之上官员结党营私、各党派之间相互争斗的恶习，雍正皇帝的铁腕手段是富有成效的。在雍正朝期间，大臣们不敢专擅结党，更不敢互相赡徇，没想到他刚刚过世，党派之争立刻死灰复燃，而且有愈演愈烈的局势。机敏的乾隆很快就嗅出了朝堂之上这股非比寻常的斗争风气，他立刻警觉，展现出了自己独特的驭臣之术。面对相互拆台的鄂尔泰

---

① 岳钟琪（1686—1754），清朝名将，雍正年间，因刚愎自用，坐失战机，致使准噶尔入犯哈密，因而获罪，被夺官下狱，乾隆二年（1737）得释。他一生戎马，平西藏，定青海，抗击新疆准噶尔部的分裂反叛，功勋卓著，终清之世，汉族大臣拜大将军，满洲士卒隶麾下受节制，唯他一人。岳钟琪历经康熙、雍正、乾隆三朝，乾隆赞誉"三朝武臣巨擘"。

鄂尔泰　　　　　　　　　　张廷玉

与张廷玉两派，他不是放任不管，更没有偏向一派去打击另一派，而是同时给予他们严肃的警告，全部采取抑制的手段，让他们始终保持平衡，避免了朝臣之间更大的分裂。

鄂尔泰被雍正帝誉为"不世出之名臣"，他算是大器晚成之人，在40岁之前仕途很不顺利，只是当一些无关紧要的小官职，就在他自己都认为自己这辈子没指望的时候，雍正继位了，而且对他十分欣赏，从此仕途一片大好，后来甚至官拜保和殿大学士，更位居首席，盖过了入阁多年的张廷玉。张廷玉的仕途生涯是一帆风顺的，其父就受到康熙帝的恩宠，官拜大学士之职。雍正继位后，张廷玉更是以汉臣的身份受到清廷一代鲜有的殊荣，他先是居内阁首辅又兼任首席军机大臣，后又与鄂尔泰一起恩准身后"配享太庙"①。这对于臣子来说可是莫大的荣耀，大清开国百余年来，只有武勋王扬古利、怡贤亲王允祥等12人能身列太庙，其中更是没有一个汉臣。

不过，鄂尔泰与张廷玉却没有珍惜这份难得的荣耀，反而闹起了门户

---

① 配享太庙是清朝时期对有功臣子的极大嘉奖，清朝太庙的配享殿有东西两殿，东殿供奉宗室、外藩诸望王，如睿忠亲王多尔衮、怡贤亲王胤祥等；西殿供奉有功大臣，如乾隆时期的武英殿大学士阿桂、忠锐嘉勇贝子福康安等。

之争，因为他们都是权倾朝野的重臣，下面的官员为了自己的利益着想，也都纷纷权衡利弊后各自加入不同的阵营。对于鄂尔泰与张廷玉来说，眼前的乾隆皇帝显然是个仁慈宽厚的君主，而且在年纪上，他们也是乾隆的父执辈。他们大概认为乾隆是好欺负的，所以更加无所顾忌地上演党派之争。他们这样想就是大错特错了，乾隆宽厚却绝不软弱，他骨子里的强硬绝不在父亲之下。当乾隆对这两位老臣的容忍到达限度的时候，他就开始出手了。

乾隆先是下了一道极为严厉的谕旨，警告所有大臣不要胡乱揣度、妄想逢迎权臣，甚至直接质问群臣："满洲则想依附鄂尔泰，汉人则想依附张廷玉……你们把鄂、张当作大有权势之人，那把我这个皇帝看作什么？"聪明的大臣已经意识到，皇帝是绝对不会允许朋党与自己争权的，雍正朝血腥镇压朋党纷争的阴影恐怕又要降临了。

对个大臣发出警告后，乾隆又开始逐个击破鄂尔泰与张廷玉，首当其冲的是鄂尔泰。鄂尔泰的长子鄂容安还不到20岁的时候就进入军机处，成为国家中枢官员。但是他行为不慎，保密工作做得不好，涉及国家机密的奏折他竟敢漠视除皇帝与具奏人之外绝不可有第三人知道的规矩，反而与鄂派干将仲永檀私下讨论。这件事被乾隆得知后，十分震怒，将此事交给刑部、都察院和大理寺三法司会同亲王大臣共审。所有人都不敢掉以轻心、敷衍了事，很快就审出此事是由鄂尔泰幕后指使的。于是，乾隆借此机会严重打击了鄂尔泰一党，他虽然念及鄂尔泰是朝中要臣并未因此将他革职，但经此打击后，鄂尔泰从此小心翼翼，没几年就病死了，鄂派因此再不可能兴风作浪。

而张廷玉的小辫子就不像鄂尔泰这样好找了，不过"智者千虑，必有一失"，张廷玉最后还是栽在了这"一失"上。当时，张廷玉已经感觉到自己并不得乾隆的宠爱，再加上皇帝一再以警告"朋党"复萌之名，严词训诫过他和鄂尔泰，于是，乾隆十三年（1748），他提出了告老回乡的愿望。君臣这次的交谈并不愉快，乾隆并没有准许他的要求。后来，大概是看他确实年纪大了，乾隆也心有不忍，因此同意了他归乡，但是张廷玉一直担心身后配享太庙这件事，于是又千方百计地让乾隆承诺会批准这个恩典。

当时，张廷玉的所言所行已经近乎要挟，乾隆心里十分反感，认为他这是得陇望蜀，不过乾隆还是仁至义尽地答应了他的要求。按规矩，张廷玉应该向皇帝谢恩，结果他只派了自己的儿子去谢恩，本人竟没现身。这算是犯了忌了，也让乾隆抓住了申斥他的把柄。乾隆于是命军机大臣写旨问他："你到底想回乡还是愿意承受配享恩典？"不过，这道旨意拟好后当天并没有下，结果第二天张廷玉居然得到了消息，一大早上就跑去向乾隆告罪，显然其中是有人向他泄密了。除乾隆外，知道这道旨意的仅有两人——傅恒与汪由敦。傅恒与张廷玉素无渊源，绝无可能；汪由敦是张廷玉的门生，显然是他将消息透漏出去的。乾隆这回抓紧了张廷玉一党的小辫子，借此机会大力打压张党，还取消了张廷玉配享太庙的恩宠，让他灰溜溜地回老家去了。乾隆成功地打压了前朝重臣的党派之争，也令朝野上下对这位帝王另眼相看，绝不敢有轻慢之心。

乾隆为何要替抗清名将翻案

乾隆即位之初，掀起了一股翻案风，这股风气不仅涉及被雍正治罪的大臣及皇家子弟，更涉及明朝的大臣——抗清名将袁崇焕。而这位大清国的皇帝，为一个曾经抗击自己的前朝大将平反，到底是为了什么呢？

袁崇焕原本是明末时期的文官，后来改为武将，他镇守山海关与辽东，阻挡清军入关，最后却被冤枉落得个通敌叛国之罪，被崇祯皇帝下令凌迟处死。可以说，袁崇焕是大清的死对头，当时死在他手下的八旗子弟不计其数。历史上有人认为他之所以会获罪就是因为清政府用了反间计，使崇祯对袁崇焕失去了信任，令他含冤而死。没想到，100多年后，乾隆却要为袁崇焕翻案，还把他的远方玄孙子接到京城做官。乾隆此举令很多

袁崇焕

人不解，甚至有人以为他是闲着没事干。

像乾隆这样精明的皇帝，绝不会因为心血来潮就为一个前明的抗清大将翻案，他这样做是有自己特殊的目的的。那乾隆的目的是什么呢？我们先卖个关子，讲一件与替袁崇焕翻案几乎同时发生的事情——贬低钱谦益。

钱谦益原本是明末时期的大学士，在南明小朝廷官居要职。清兵兵临城下时，他却率先投降，更利用自己在文人中的号召力，力劝大家投降清廷，以此向大清邀功。不过，清朝给他的官并不大，还不如他原来的官位高，钱谦益做了没几年，觉得没意思就辞官了，此后居然摆出了晚明遗民的姿态。

乾隆在替袁崇焕翻案的同时，对钱谦益的著作大肆查封，甚至骂他"不齿为人"，还命人写了很多诗来嘲笑钱谦益。其实从对大清的贡献来看，钱谦益绝对是高于袁崇焕的，但是到了乾隆这里，对二人的褒贬整个掉了个儿。乾隆这么做不是在比较谁对大清的功劳大，而是在赞扬忠臣、贬损失节之臣。他这样做就是要告诉满朝文武，只有做忠臣才会被尊重，叛臣就是"猪狗不如"。从这一点也能看出乾隆独特的驭臣之术。

重农恤商，大力发展经济

我们现在都知道，经济发展对于一个国家有着极其重要的意义，而乾隆之所以能够把康乾盛世推向顶峰，最重要的一点就是他当政时期的经济是空前发达的。据有关数据统计，乾隆年间，中国的国内生产总值占全球的比重高达50%以上，这就意味着将全世界其他国家的财富加在一块也没有大清朝多，即便到了乾隆在世的最后一年，中国依然是世界经济中心，生产及出口能力任何一个国家都望尘莫及。这一切成就的取得，与乾隆重视经济发展有着莫大的关系。

正所谓"前人栽树，后人乘凉"，乾隆时期空前的经济繁荣与父亲雍正为他打下的好基础是分不开的。雍正继承皇位的时候，康熙留给他的不过是一个空有其表的盛世帝国而已，国库空虚使他处处捉襟见肘，为此，雍正大力改革，推出了一系列卓有成效的有利于经济发展的政策。到了乾隆时期，他继承和发展了父亲的这些惠政，摊丁入亩、减免赋税、兴修水利、屯田垦荒等措施的实施，终于给这个庞大的帝国赢得与它身份相匹配的财富。

大清发源于辽东黑水之间，这原本是一个马背上的民族，但是自从他们入关成为这个国家的主人后，历代统治者都非常重视农业发展。尤其是大战过后，留下了很多荒芜的土地，于是鼓励垦荒，让流离失所的老百姓有家有业是聪明的统治者为发展农业想出的好办法，康熙、雍正两朝都是积极奉行这项政策的，乾隆亦然。雍正二年（1724），全国可耕面积仅683万余顷，乾隆三十一年（1766）扩大到741万余顷。

为了发展经济，乾隆不遗余力地巩固农业的根本地位，登基之后颁布了多道"务本足国，首重农桑"的旨意。以前，贵州遍地都是桑树，虽然当地百姓会利用这些桑树来养蚕，但是却不知道如何纺织，于是，乾隆就责令地方官员向其他省市招募养蚕纺织的高手到本地去传授经验，教当地人如何纺织，增加收入。乾隆不仅把这种互相学习、取长补短的方式用在养蚕这一件事上，他也要求南北方农民相互学习耕种技术。例如，乾隆派南方有经验的老农到北方去传播甘薯的种植经验，并对于表现出色者给予极大的奖励。

乾隆把在青少年时期认真好学的精神也发挥到了帮助农业发展上，他不遗余力地鼓励、推广、传播先进种植技术，使乾隆时期传统农业得到了极大的发展，无论是耕种方法、灌溉、施肥还是选种都有提高和改良的地方。乾隆还在各地推广种植番薯、玉米等高产作物，这样即便是遇到大灾之年也能保证人民的口粮供应。

与历代封建统治者"重农抑商"的思想不同，乾隆则采取了一系列的恤商政策，鼓励正当经商，这对国家经济的发展起到了很重要的积极作用。例如，乾隆规定商人到一些粮食收成不好的地方去销售粮食时可以减免一定的税务；另外，他也允许百姓贩运少量的食盐，这在雍正时期是绝对不允许的。

乾隆这一系列重农恤商政策的实施，使纺织、制瓷、采矿等增加国家收入的行业也得到了极大的发展。因为农桑事业的大力发展，手工业也迎来了新的发展契机。各地的能工巧匠都不甘落后地改进手工技术及生产工具，工艺更加复杂、精巧，且能使工厂扩大生产的织丝机也是在这一时期出现的。同一时期的制瓷业也达到了清朝前期的顶峰，景德镇的瓷器在色彩、厚度、形制、上釉等方面的技术达到了很高的水平，成为享誉世界的精品，直到今天依然有着极高的评价。而清朝的矿冶业中以云南铜矿的规模最大，到乾隆时代中期，其年产量最高达一千数百万斤。

在大力发展经济的同时，乾隆也没有忘记改善人民的生活条件，他一直坚持着清初顺治、康熙提出的"永不加赋"思想，竭尽全力地改善税收制度，减轻百姓生活负担。他在推行摊丁入亩政策的同时，又提出了减免天下钱粮的政策。乾隆在刚刚即位的时候，就颁布了一道旨意：全国上下无论哪个省份的老百姓，如果有拖欠国家钱粮超过 10 年以上的，只要经调查属实，赋税就可以豁免。这对于老百姓来说无疑是一项极大的惠政，大大减轻了普通人家的经济负担。此外，像这样减免赋税的行为，乾隆时期屡见不鲜。乾隆时代减免钱粮次数之多、地域之广、数量之大，在中国封建历史上堪称空前，据《清高宗实录》记载，乾隆时期，他曾先后 5 次豁免全国一年的钱粮，3 次免除江南漕粮①，累积减免的税银多大两万万两，

---

① 古时候，朝廷在征收田赋时，既征粮食，又征银钱，总称为钱粮。最初是在唐德宗时期，杨炎提出"两税法"改变只征实物（粟帛）的办法，规定钱粮并征，以后就把田赋叫做钱粮。宋、元、明、清各代，或折征银钱，或征收粮食，但一直沿用钱粮的名称。漕粮则是明清时期政府向江苏、浙江、江西、安徽、湖南、湖北、山东、河南等地征收的税粮。

差不多相当等于整个国家五年的财政总收入。

乾隆的惠民政策还包括兴修水利。乾隆皇帝继位时，全国多数水利工程年久失修，为此他投入了大量的财力、物力、人力，前后对黄河、淮河、京杭大运河、长江、钱塘江、永定河等进行治理。他经常委派朝廷重臣实地考察这些工程的进展情况，另外，他本人六下江南中很大的一部分原因就是为了亲自督促水利建设。乾隆这样做，不但减轻了水灾、保证了老百姓的生命财产安全，同时也有利于农业发展和交通运输的畅通，更重要的是，兴修水力也帮助清朝向鼎盛迈出了极大的一步。

如果总结乾隆时期在经济上最重要的两项惠民举措的话，一个是减轻赋税，另一个就是赈济灾民。在以农业为主的古代，老百姓的生存方式可以用四个字概括——靠天吃饭。一旦老天爷不给面子，无论是发洪水还是干旱，都能置百姓于死地。水旱灾害可以在一瞬间夺走人民一年甚至是几年辛辛苦苦劳作得来的成果，无数人背井离乡，严重的更是饿殍遍野，老百姓为了生存甚至还会卖儿卖女。这些灾难对于老百姓来说是巨大的痛苦，而对于统治者来说则是巨大的挑战，如果处理不好灾民的问题，聚众起义在中国历史上也是常有的事。

在这个问题上，乾隆称得上是一位关心受灾百姓的帝王，一旦发现灾情他都会想尽办法缓解，保障百姓的生活。乾隆时期，坚决杜绝官员谎报、隐瞒灾情，一旦发现类似事件处罚起来绝不手软。乾隆即位后一直十分重视各省督抚关于灾情的奏报情况，出现灾情后他要求各地官员要首先关心百姓的生计，想尽办法将损失降到最低。乾隆二年（1737），他派宫中侍卫到灾区调查赈灾情况，根据侍卫的回报，对不尽力赈灾的官员大加申斥。受灾情况一经查实，乾隆就会根据受灾严重的程度减免当地的赋税。

此外，他还要求官员要通过各种渠道平抑灾区的米价，稳灾民情绪，减少社会矛盾。这一点对于受灾地区来说是极为重要的，这就避免了很多不法商人趁机勾结官员囤积居奇，大发国难财。乾隆三年（1738），他下令免除了临清、天津二关，及通州、张家湾等处码头的米税，又允许开海运，鼓励商家将米运往灾区，保证灾区粮食供应，不会出现哄抢等情况的发生。对于根本就买不起米的灾民，乾隆也会免费发放粮食，例如，乾隆二年（1737）山东出现大旱时，很多贫苦的百姓没有粮食吃，乾隆就按照成人与儿童不同的标准由国家出钱购粮发放给他们，对于特别贫困的农民足足发放了3个月的口粮。

封建帝王的重农抑商思想从何而来

乾隆为了发展帝国的经济，主张"重农恤商"的政策，这与之前绝大多数帝王所具有的"重农抑商"观念完全不同，大概也正是因为这点不同，帮助乾隆将帝国的经济推向了顶峰。那么，古人为什么会有重农抑商的观念呢？

我们都知道，中国是一个古老的农业国家，农业不但是人们赖以生存的根本，同时也是整个封建国家的经济基础，因此，历代的统治者都信奉"农者，天下之本"的思想，将重视、大力提高农业发展当作是永恒的使命。而最先提出"重农抑商"说法的就是战国时期的法家代表人物、著名的改革家商鞅[1]。

商鞅受到秦孝公的重视，准许他在秦国实行变法。当时的秦国非常缺少种植农作物的人，相比较而言，城市商业的活动却十分兴盛，这种情况对于依靠农业的封建国家来说无疑是非常危险的。针对这种社会弊病，商鞅提出了"重农抑商，奖励耕织"的政策。在抑制商业发展方面，商鞅对商人加收重税增加他们的负担，以减少从事商业的人数；同时，减轻农民的赋税负担，造成"农逸而商劳"的现象，鼓励更多的人

---

[1]　商鞅（约前395—前338），战国时期政治家、思想家，先秦法家代表人物，他原是卫国人，应秦孝公求贤令入秦，说服秦孝公变法图强。商鞅在秦执政约20年，秦国大治，史称"商鞅变法"。但是孝公死后，商鞅受到秦贵族诬害以及秦惠文王的猜忌，被车裂而死。

从事农业生产；禁止商人经营粮食买卖，也对盐铁实行专卖制度，这就从根本上杜绝了商人牟取暴利的机会。商鞅的这一系列的"抑商"政策的实质就是为了调整农、商人口比例，而并未真正在政治上降低商人的社会地位。

战国时期另一位法家代表人物韩非子①，则是从政治层面提出了"抑商"的理论。韩非子在他著名的《五蠹》中指出：商人是对耕种生产毫无益处的社会"五蠹"之一。这样一来，他就从根本上贬低了商人的社会地位，由此继承了商鞅的抑商政策，从而进一步减少从事商业的人数。韩非子的这一理论得到了秦王嬴政的认可，他下令将商人的身份降低到与"治狱吏不直者，诸尝捕亡人、赘婿"等身份低贱者同级。也就是从这个时候起，"重农抑商"的思想正式流行起来。

商鞅

多次平定边境，维护民族统一

乾隆对于经济发展的重视是毋庸置疑的，也正因此乾隆时期可谓是清朝的鼎盛时期，同时，经济的兴盛也帮助帝国成为绝对的军事强国。我们所熟悉的晚清政府是懦弱无能的，面对西方列强豺狼般的侵略，统治者却无力还击，只知道处处退让，甚至还要割地、赔款，签订一系列丧权辱国的不平等条约。不过，清初的几代统治者则仍然保留着祖先在马背上的彪

---

① 韩非子（前281—前233），是中国古代著名的哲学家、思想家、政论家和散文家，法家思想的集大成者，他原是韩国贵族，后被秦王嬴政赏识来到秦国。因为受到李斯的嫉妒，向嬴政进谗言，因而被毒死。"五蠹"指当时社会上的五种人，韩非子认为这五种人无益于耕战，就像蛀虫那样有害于社会。

悍与英勇，当他们面对叛乱、分裂时所表现出的态度是异常坚定与强硬的——绝不允许有任何的破坏领土与主权完整的事情发生。所以，我们能够看到康熙、雍正都坚决抗击所有侵犯到民族统一与国家完整的行为，这也正是一个王朝兴盛的标志。

对于这一点，乾隆也同样十分重视。在他当政的时间里，虽然没有像祖父康熙那样御驾亲征，但是每每发生威胁民族统一、侵扰边疆的事情时，他都是坚决给予还击、绝不手软。晚年乾隆曾经总结自己一生的"十全武功"①，这"十全"指的就是在乾隆朝所平定的十次战争，包括：1747年平大小金川；1755年平准噶尔部叛乱；1757年再平准噶尔部；1759年平大小和卓叛乱；1769年平缅甸；1776年再平大小金川；1788年平台湾；1789年平越南；1791年平廓尔喀；1792年再平廓尔喀。

乾隆将这些战争全部当作是自己的功绩予以炫耀，当然是有吹嘘和夸大其词的成分在里面，但是不可否认的一点是，乾隆的确是一位励精图治的君主，他对于维护民族统一一直持极其坚定的态度。所以，我们通过这十次战争可以看出来，乾隆对于少数民族地区极为重视和关注，无论什么人想要以什么形式破坏边境稳定、民族团结，他不惜付出多大的代价也要平定叛乱，维护国家稳定。他在《国朝宫史续编》中坚定地表态："大一统而斥偏安，内中华而外夷狄，此天地之常经，古今之通义。是故夷狄而中华，则中华之；中华而夷狄，则夷狄之。此亦《春秋》之法，司马光、朱子所为亟亟也。"而乾隆一生确实也是一直维护着"中华统绪，绝不断线"的信念，尤其是在西藏问题上，他一直效法康熙恩威并施，武力镇压叛乱的同时更积极寻找更好的治理方式。

我们都知道，西藏问题一直困扰着清初的统治者，从康熙到乾隆，鼎盛时期的三代君主都花费了相当大的心血在处理西藏问题上。西藏之所以

---

① 乾隆晚年自诩为"十全老人"，实际上他所指的这十次战役有一些是凑数的，还有一些也并不是出于正义的目的，例如缅甸、安南之役损兵折将，最后对方慑于清朝帝国的强大主动议和才勉强找到了台阶下；两征金川虽然有较大意义，但损失巨大，胜之不武。

会有如此频繁的动乱波折，最主要的原因有三个：首先是蒙古对西藏的长期侵扰，蒙古多信奉黄教，而西藏则是黄教宗主所在，因此蒙古各部都想通过控制西藏借助其宗教上的影响来控制整个蒙古；其次，西藏各教派之间的斗争长期存在，且越演越烈；最后，历朝中央政府对于西藏的管理并不到位，实际上有名无实，正是为了解决这个问题，雍正帝才设立了驻藏大臣，但是依然没有彻底解决。

而到了乾隆登基的时候，经过了康熙、雍正两代君主的大力治理，西藏问题已经有了很大的好转，但这种稳定只是暂时的，其中所存在的隐患和不安定因素并没有从根本上得到解决，西藏问题依然是困扰康、雍、乾三代统治者的难题，摆在乾隆面前的担子一点儿都不轻，要想推进王朝走向更鼎盛，西藏问题绝对不能轻视。

乾隆始终明确地指出：西藏是中国领土绝不可分割的一部分；同时，他也一再强调"藏地关系甚要"，并且不厌其烦地对大臣反复强调，西藏问题处理不好，特别是与达赖、班禅的关系处理得不好，对于国家来说是莫大的危险，因此，乾隆一再要求大臣们要秉承他的旨意，妥善处理涉藏问题。为了更好解决这个历史难题，他事无巨细地处理每一个具体问题，同时也耐心地寻找时机果断处理，推进西藏问题更快更好地得到处理。

乾隆在位的60年里，他在解决西藏问题上最突出的贡献之一就是彻底解决了准噶尔部对西藏的侵扰。乾隆八年（1743）和十二年（1747），准噶尔部两次打着赴藏礼佛的旗号想要施行自己不轨的企图。乾隆不能严令禁止准噶尔部一行，但是他也做好了一系列的防范举措：限定礼佛人数；派官兵护送以此达到监视的目的；礼佛期间要有官兵陪同，准噶尔部之人不得单独接触联系。这些要求遭到了准噶尔部的不满和抗议，但是乾隆始终坚持自己的原则，没有作出丝毫让步。此外，他还多次拒绝了准噶尔部派人请西藏喇嘛到准部的要求，只准他们向京城里的喇嘛学习；又拒绝了他们向达赖喇嘛请安的要求，这样就隔绝了准噶尔部与西藏之间的联系。

乾隆十五年（1750），藏王珠尔默特派人潜入准噶尔部，想要得到准部的兵力支持自己的叛乱，并同意称准噶尔台吉为汗。早就派人暗中监视准部的乾隆很快就得到了消息，于是立即派人以此定罪，以叛乱的名义将其家人全部处决。当时，准部正陷入内乱之中，并没有能力侵扰西藏，再加上乾隆处理得及时、果断，从而化解了这场危机。在乾隆二十二年（1757）的时候，乾隆出兵伊犁，并借此机会平定了准噶尔部的变乱，至此彻底解决了准部对西藏的威胁。《清史稿》上记载："（乾隆）二十二年，荡平伊犁，始永无准夷患。"

此外，乾隆也一直在寻找着解决西藏管理混乱的方法。藏王珠尔默特阴谋叛乱的时候虽然被驻藏大臣所杀，但其部下余党却将驻藏大臣傅清和拉布敦害死，乾隆借此机会，彻底废除藏王制度，确立达赖喇嘛为政教合一的代表，与驻藏大臣一起共同治理西藏一切事务。不过，此时达赖喇嘛的地位是绝对凌驾于驻藏大臣之上，西藏在管理上还是存在漏洞的，直到乾隆五十三年（1788），才彻底完善了中央对西藏的管理工作。

乾隆五十三年（1788），廓尔喀进攻西藏，乾隆于1788年和1792年两次派兵反击廓尔喀的进攻。第一次清军作战不利；第二次乾隆下定决心要平定此乱，清军在大将军福康安的指挥下，翻越喜马拉雅山连续作战，终于打败了廓尔喀①军，成功地保卫了西藏的完整。乾隆乘此机会于五十八年（1793）制定了《钦定藏内善后章程》，其中规定：驻藏大臣与达赖喇嘛的地位平定，同时以"金瓶挚签"的制度来确定达赖和班禅的转世灵童。由此，加强了大清帝国对西藏的管辖。

总体来说，在边疆的经营上，乾隆的格外用心也取得了显著的成果，例如，他在新疆设立伊犁将军，实行军府制，加强中央对南疆的管理；另

---

① 廓尔喀是尼泊尔的一个部落，位于首都加德满都西北，它起源于14世纪的北印度月亮族契托尔王朝。乾隆时期，廓尔喀两度入侵西藏，最终被清军打败，甚至还反攻到廓尔喀首都阳布附近，从而迫使廓尔喀向清朝5年朝贡一次。这一从属关系很稳定，一直持续到1908年尼泊尔彻底为英国控制，英国禁止廓尔喀向清朝朝贡，廓尔喀因此被称为中国最后一个藩属国。

外，他不惧与沙俄开战的威胁，帮助土尔扈特部东归，成为清朝历史上的一大盛世。正是有了清初康雍乾这三代帝王对边疆问题的重视以及不懈的努力，及至乾隆时期，清朝的疆域从东北到外兴安岭、库页岛、鄂霍次克海，西北到巴尔喀什湖、葱岭，北到恰克图（贝加尔湖以南，色愣格河以北），南到南沙群岛。

西藏缘何得名

现在我们提到西藏这个地名，大家都知道指的是我国的西南边陲，青藏高原西南部的这片壮齐雄伟、资源丰富，创造出了丰富灿烂民族文化的神奇土地。但是西藏这个地名是在清朝康熙年间才确定下来的。

"西藏"一词在汉语里指的是中华人民共和国西藏自治区，那么它到底是因何而得名，目前专门从事西藏问题研究的学者也没有准确的定论。这主要是因为，在中国历史上对这片土地以及在这里生活的藏族同胞的称谓一直在变。藏族地区第一次建立政权是在7世纪的时候，松

文成公主入藏

赞干布用武力降伏了古代羌人和羊同各部落，然后建立了吐蕃王朝，定都逻些（今拉萨）。虽然按照藏族的历史，松赞干布是第三十三任吐蕃国王，但是因为在他即位之前，藏族文字还没有创制出来，所以很多说法都不能判断真伪。

但是可以肯定的是，从松赞干布统治以后吐蕃迅速崛起。松赞干布制

定了法律及军事制度，统一度量衡，创制文字。另外，他还重视与今天的印度和尼泊尔之间的交往，使得佛教开始传入吐蕃；他同样重视与唐朝的交往，我们所熟知的文成公主入藏就发生在此时。但是，松赞干布之后，吐蕃与大唐及周边地区多次发生冲突，频繁的战争急剧消耗了吐蕃的国力，使得吐蕃由盛转衰。尤其是到了8世纪末9世纪初，吐蕃内部矛盾激化，皇室内部成员争斗加剧，最终使吐蕃出现分裂。

元朝时期，中央政府统一西藏地区，并在此地设立一系列的军事机构。因此在元代，西藏地区属于"西域"范围，政府总称西域为西蕃，实际上今天所说的西藏是西蕃的一部分，这是西藏一词出现的第一步。清朝早期的文献称藏族为"图白忒"或"唐古特"，清顺治帝时称藏巴汗为"图白忒部落藏巴汗"。其实，从《清实录》上记载来看，直到康熙三十九年（1700），朝廷对西藏的称呼还是比较混乱的。

但是，在康熙四十八年（1709），《清实录》上第一次出现了"西藏"一词，后来随着清政府与西藏关系的不断加深，西藏一词开始反复出现在君臣议事之中。当时，西藏所指的是"西面的藏"的意思，翻译成汉语后为"西藏"。1721年，清军成功驱逐了扰乱西藏的准噶尔部，康熙帝《御制平定西藏碑文》中正式将以拉萨为主的卫藏地区命名为"西藏"，一直沿用到了今天。

以《四库全书》为代表的文化大繁荣

帝国兴盛的标志除了有发达的经济、强大的军事外，与之相匹配的繁荣的文化也是同样重要的。乾隆很小就开始接触儒家文化，他的汉文水平极高，作为一个国家的统治者，他所表现出来的对汉文化的兴趣及积极学习的态度，都对整个清帝国的文化发展起到了很好的促进作用。同时，为了笼络汉人知识分子，他在即位之初就效法康熙举行了博学宏词科考试，招揽有能力、有学识的汉族人入朝为官。每次外出巡行，乾隆都会亲自接见当地有名的知识分子，拉近与他们之间的距离。

更值得一提的是，乾隆统治期间，修纂了百余种书籍，不但完成了从顺治朝就开始编纂的《明史》以及康熙下令编写的《大清一统志》外，更重要的是由他亲自倡导并编纂完成了大型文献丛书《四库全书》。这可以说是中国古代最庞大的一部官修图书，共收录古籍 3503 种、79337 卷、装订成 36000 余册，很好地保存了大量的珍贵文献，对后世意义重大。

《四库全书》

乾隆之所以想要修纂这样一部庞大的巨著，并不是心血来潮，最初的目的也不是为了彰显自己的文学成就。乾隆三十七（1772）的一天，安徽学政朱筠向皇帝提出了关于《永乐大典》①散佚的问题，因此得到了乾隆的重视，他认为有必要以国家的名义将所有散佚的书籍汇编到一起，这样可以更好地保存面临失传危险的珍贵书籍。于是，乾隆就下令各省寻找、采集图书，将其与所有辑佚书和武英殿的官刻图书汇编到一起，并起名为《四库全书》。这就是乾隆决定开始这个浩大工程的初衷。

编纂《四库全书》的工作量是极其大的，为了能够更好地完成任务，乾隆决定将整个编纂工程分为四个步骤进行：

---

① 《永乐大典》编撰于明永乐年间，初名《文献大成》，是中国最著名的一部大型古代典籍，正文 22877 卷，装成 11095 册，约 3.7 亿字，汇集图书七八千种。可惜，《永乐大典》完成后在历史上常遭浩劫，大多亡于战火，如今存世仅 800 卷。

第一步，征集图书。从乾隆三十七年（1772）皇帝决定编纂图书开始，书籍的征集工作率先进行，整个征集工作一共历时7年，直到乾隆四十三年（1778）才结束。其间，为了鼓励民众积极献书，乾隆也制定了一系列的奖励方法，例如，根据献书的数量，国家会相应地奖励一部珍贵的书籍；献书超过百种的人，就会获得乾隆皇帝的亲笔题咏，以示嘉奖；另外，还会在全书的提要中写上献书者或者藏书者的名字。大概正是因为有了这些奖励措施，图书的征集工作进行得非常顺利，并得到了当时很多私人藏书家的支持。

第二步，整理图书。从民间、宫廷等处收集到的所有图书并不是都可以被选入《四库全书》之中的，需要对它们进行筛选，哪些是合格的图书，可以抄写到《四库全书》中；哪些是特别珍贵的图书，不但要抄写还应当加刻广泛流传；还有哪些图书是不合格的，不能抄入《四库全书》只能放入存目中。这一工作是由乾隆挑选出来的专门工作人员——四库馆臣负责的。另外，对于应抄和应刻的书籍，还要比较不同版本之间的差异，选择最好的一个版本作为底本；还要对入选书籍的内容作批注和修改，这一工作必须由校官提议、纂官认可、总纂官确定，然后报由皇帝亲自同意才行。

第三步，抄写底本。选拔专门的人员负责《四库全书》的抄写工作，其人员主要是从乡试落第的考生中挑选字迹工整、干净之人。为了保证工作进度，先后共选拔3826人负责抄写，同时还规定了每人每天需要抄写的字数，以5年为一个期限，按照抄写的多寡来评定等级，并授予不同官职的嘉奖；而对于抄写不合格的人员也有相应的惩罚制度。赏罚分明，使得《四库全书》的抄写工作顺利展开，每天都有至少600人在抄写书籍，这样就保证了每天至少抄写60万字。

第四步，检查校订。为了保证图书的准确，每册图书都要有专门的校订人员，乾隆还制定了明确的校订条例，规定：在誊写的过程中出错的情况，每错一字记一过；检查出原本错误，每找到一处记一功。整个校订工作分为分校、复校两步，然后还要再次抽检，直到完全没有问题才能最后装潢呈报。

明确的分工、合理的安排，保证了《四库全书》的编纂工作可以有条不紊地进行。为了保证全书的质量，乾隆对于负责编纂的官员也是精心挑选的，纪昀①、陆锡熊、孙士毅为总纂官，陆费墀为总校官，下设纂修官、分校官及监造官等 400 余人。此外，当时很多有名的学者如汉学大师戴震、史学大师邵晋涵、文学大师姚鼐等都参与到了这项工作中，鸿才瀚海会聚一堂、盛况空前。乾隆专门设立了《四库全书》馆来完成这项工程，编纂的官员们考虑到全书必定数量繁多，于是提议按照春、夏、秋、冬四季不同颜色分别装潢经、史、子、集，其中经部为绿色、史部为红色、子部为月白色、集部为灰黑色，这样方便日后检阅。

《四库全书》的编纂工作从 1773 年正式开始，直到 1793 年才全部完成，历时 20 年，耗资巨大，在中国历史上鲜有，也只有在"康乾盛世"这样的强大国力及资金作为保障情况下，才得以完成这一文化盛举。乾隆还专门修建了一座南北七阁的藏书楼来存放《四库全书》，而且每阁所存放的图书都钤有玺印，以示珍贵。

《四库全书》保存了中国古代大量优秀的文献，其中更是不乏孤本、善本、秘本②以及失传很久的书籍，在古籍整理方面给后世学者以很大的帮助。国学大师季羡林评价此丛书时赞誉"嘉惠学林，功在千秋"。但是，也有学者称乾隆修纂《四库全书》却令"古书亡矣"。鲁迅先生在《病后杂谈之余》中写道："乾隆朝的纂修《四库全书》，是许多人颂为一代之盛业的，但他们却不但捣乱了古书的格式，还修改了古人的文章；不但藏之内廷，还颁之文风较盛之处，使天下士子阅读，永不会觉得我们中国的作者里面，也曾经有过很有些骨气的人。"由此可见，《四库全书》虽然有

---

① 纪昀（1724—1804），也就是纪晓岚，著名学者，我国学术考证、典籍评论及版本考核、文献钩稽的集大成者，著有《阅微草堂笔记》等。纪昀亦是著名藏书家，藏书之处称"阅微草堂"，其藏书呈献四库全书馆后，收入者达 105 种，1868 卷，入存目 41 种。

② 某书的某一刻本或手稿，其拓本在世间只有一份流传的为孤本；善本是指那些具有历史文物性、学术资料性和艺术代表性，或在其中某一方面有特殊价值的书本；私人收藏者秘藏于家室，置之高阁，不准许外人见阅的版本为秘本。

功，但是同样有过。

乾隆编纂丛书最初虽然是因为《永乐大典》辑佚，但是在搜集图书及编纂的过程中，却全毁、抽毁和删改其中对清政府统治不利的书籍、言辞，大批的文献因此而被毁或篡改。另外，如吕留良、顾炎武等比较有骨气的文人因为不服从清朝的统治，其著作遭到打击和焚毁，而那些愿意臣服清廷的作家的作品则受到重视。同时，《四库全书》将儒家经典放于四部之首，而轻视科技著作，更把西方现代科技视为"异端之尤"，"节取其技能，禁传其学术"；对于那些有民主色彩或敢于批评儒家思想的文献及戏曲和通俗小说如宋元杂剧、话本小说、明代传奇等则持排斥态度，这样就造成了《四库全书》上的不足和偏颇。

《四库全书》今何在

乾隆主持编纂的《四库全书》费时之长，耗资之巨在中国文化史上都称得上是一件盛事，对于中国文化事业的发展确实是功不可没。但是，其间为了维护清朝的统治，乾隆所下令焚毁、篡改的书籍更是不计其数，因此所造成的损失是无法弥补的。如今，《四库全书》已经有数百年的历史了，经历过政局动荡、战火频仍后，这部丛书也同样遭遇了"前书"被焚毁以及散佚的命运。乾隆曾经为了保存《四库全书》而仿照著名的藏书楼"天一阁"而修建了"南北七阁"，包括"南三阁"文宗阁、文汇阁和文澜阁以及"北四阁"文渊阁、文溯阁、文源阁、文津阁，那么今天这七阁及其所藏书籍是否还在呢？

文宗阁位于镇江金山寺，乾隆四十四年（1779）修建完成，第二年位于扬州天宁寺的文汇阁也修建完成，由两淮盐政负责将领到的部分《四库全书》收藏于其中。1842年，第一次鸦片战争期间，文宗阁所收藏的丛书首当其冲，部分图书遭到英军破坏；及至太平天国运动发展到江浙时，文宗阁与文汇阁内的所有图书均化为灰烬。而杭州圣因寺内的文澜阁于乾隆四十八年（1783）修建完成，1861年太平军第二次攻下杭州时，部分丛书散佚。所幸得到当地藏书家收集残余，但仅保存下来1/4。抗战时期，这些图书曾运至青木关躲避战火，胜利后运回浙江，现藏于浙江省图书馆。

南北七阁中的文渊阁（左）与文溯阁（右）

位于紫禁城内的主敬殿后殿的文渊阁于乾隆四十一年（1776）建成，第一部《四库全书》收藏于此。民国时期，藏书交由故宫博物院接管。1933年，日军入侵华北，这些书籍被运至上海；抗战全面爆发后转运至蜀中；抗战胜利后，运至南京；后几经辗转，目前收藏于台北"故宫博物院"。

文溯阁位于辽宁故宫，乾隆四十七年（1782）建成，第二部《四库全书》收藏于此。1914年，运至北京保和殿保存；1925年，沈阳当地的教育人士欲办图书馆，又将丛书运回沈阳；1931年"九一八"事变爆发，文溯阁本《四库全书》落入日本人手中，日方假借"国立图书馆"的名义代为封存，直到1945年战败，它们才回到中国人民手中；1966年，因为当时中苏关系紧张，为了保护书籍安全，林彪下令将其秘密运至兰州，现藏于甘肃省图书馆。

位于承德避暑山庄内的文津阁于乾隆四十年（1775）建成，1913年由国民政府将其中收藏的书籍运到北京，藏于文华殿古物陈列所；1915年交由国家图书馆收藏至今，而且这是目前唯一一套原架原函原书保存的版本。而位于圆明园的文源阁则因为1860年英法联军的焚毁全部化为灰烬，就连文源阁的遗址如今也找不到了。

历时三朝的万园之园——圆明园

"请您用大理石、汉白玉、青铜和瓷器建造一个梦，用雪松做屋架，披上绸缎，缀满宝石……这儿盖神殿，那儿建后宫，供奉神像，摆置异兽，饰以黄金，施以脂粉……请诗人出身的建筑师建造一千零一夜的一千零一个梦，添上一座座花园、一方方水池、一眼眼喷泉……请您想象一个人类幻想中的仙境。"这个仙境就是大清王朝盛世的象征，经历康雍乾三代帝王之手才最终得以完成的皇家园林，有"万园之园"之称的圆明园。①

位于中国北京西北海淀区的圆明园，是一组清代的大型皇家园林，由圆明园及其附园长春园和绮春园（后改称万春园）组成，通称为"圆明三园"。圆明园规模宏伟，融会了各式园林风格，运用了各种造园技巧，被大多数中国园林学家认为是中国园林艺术史上的顶峰作品。圆明园于1709年正式动工建园，距今已经300多年了。

最初，圆明园是康熙皇帝恩赐给雍正的一座花园，并亲题园额"圆明园"。雍正皇帝解释"圆明"二字的含义时说："圆而入神，君子之时中也；明而普照，达人之睿智也。"意思是说，"圆"是指个人品德圆满无缺，超越常人；"明"是指政治业绩明光普照，完美明智。这可以说是封建时代统治阶级标榜明君贤相的理想标准，可见寓意。

当时圆明园的规模甚小，只有300余亩。雍正帝即位后，开始分别向东、西、北三个方向扩展，首先在原赐园的南面增建了宫殿建筑，使之成

---

① 这段精彩绝伦的描写出自法国大文豪维克多·雨果之手，1861年，当他得知英法联军火烧圆明园的罪行后，将其称为"两个强盗的胜利"。同时他在给朋友的信中写道："在地球上某个地方，曾经有一个世界奇迹，它的名字叫圆明园。它汇集了一个民族几乎是超人类的想象力所创作的全部成果，这是一个震撼人心、尚不为人熟知的杰作，就像在黄昏中从欧洲文明的地平线上看到的亚洲文明的情影。"

为兼具听政功能的园林。在他主政时，圆明园也利用多泉的沼泽地形修建了许多大中型水景，并筑造河道，叠石造山，形成山水层叠的格局。雍正帝命名了园中二十八景，如"牡丹台"、"杏花馆"、"卍字殿"等。1725年秋天，雍正正式搬进圆明园。这里从此成为大清帝国的第二个离宫。面积达到了3000亩，在它的周围，2.4万名皇家卫队日夜巡逻，没有皇帝的旨意，任何人严禁入内。

18世纪中期，大清帝国拥有空前的财富。史无前例的圆明园，就是在这样的背景下迎来了它的鼎盛时期。从乾隆即位开始，新一轮的圆明园扩建持续了9年，形成了乾隆帝钦定的四十景，并命画师绘画修饰，此即《圆明园图咏》。在圆明园建成之后，其东面和南面又先后兴建了两座附园，即畅春园和绮春园。

长春园始建于乾隆三年（1738），于乾隆十四年（1749）落成。绮春园则是在乾隆三十四年（1769）由许多亲王、公主赐园合并而成。圆明、长春、绮春三园相对独立又互相连通，总体上以圆明园为主，因此一般统称为"圆明三园"或"圆明园"。至此，圆明园的营建才全部完成。它是当时世界上最大的珍宝馆、皇家博物馆、艺术馆，收藏着许多珍宝、图书和艺术杰作，里面藏有名人字画、秘府典籍、钟鼎宝器、金银珠宝等稀世文物，集中了古代文化的精华，同时它也是一座异木奇花之园，名贵花木多达数百万株。

不论从建筑的布局、收纳的珍宝，还是艺术造诣各方面来说，乾隆朝时期的圆明园都称得上是"世界园林的典范"。第一次来中国的法国人王致诚在参观了圆明园后详细地描述了自己的印象："中国皇帝的离宫，无论在设计和施工方面，都极宏伟和美丽，我的眼睛从来不曾看到过任何与它相似的东西，中国人在建筑方面表现出来的千变万化、复杂多端，令人难以置信，我唯有钦佩他们的天才，我不得不承认，和他们比较，我们又单调又缺乏生气。"

圆明园集中了中国园林艺术的精粹，融汇了东西各种建筑风格，大量运用对景、障景、借景、透景等空间处理技巧，会聚各种造园手法，堪称是中国园林艺术之顶峰杰作，被西方国家称作"东方凡尔赛宫"。圆明园的设计思路模仿了中国南方迷人的自然风景，并再现中国诗歌与绘画中的意境，真正达到了"天人合一"的境界。同时，圆明园中也有大清帝国西学东用的影子——大水法。

大水法也就是我们现在所说的喷泉。18 世纪中期，一些来往于大清宫殿的欧洲人告诉乾隆，法国凡尔赛宫的水法建筑名声显赫。在乾隆看来，大清是天朝大国，无所不有，无所不能，理应拥有媲美凡尔赛的水法建筑，于是，他就想在圆明园东边一块狭长的地带造一座豪华的西洋花园——西洋楼。

西洋楼是中国皇家宫苑中的第一次大规模仿建的西洋建筑和园林，由意大利人郎世宁于公元 1750 年开始修建。在郎世宁所组织修建的西洋花园中，规模最大的欧式建筑便是位于花园中央的一组以十二生肖为主题的喷泉——海晏堂。一天 24 小时中，12 个生肖动物每隔两小时依次轮流喷水。中午 12 点钟，12 只动物则一齐喷水。清宫档案中说，所有的喷泉同时打开的时候，洪水般的声音，几里之外都可以听到。而史籍中记载的这些生肖喷泉则是后来赫赫有名的"圆明园十二兽首"。

不过圆明园的这些胜景我们再也没有机会领略了。当乾隆皇帝在圆明园大兴土木的时候，英国工业革命正在如火如荼地进行。剧烈的变革在西方已经发生，东方的大清帝国却依旧按照 2000 年前的模式运转。1799 年，89 岁的乾隆在梦中离开了人世。仅仅 40 年后，英国就用武力强行敲开了中国的大门，开始堂而皇之地倾销鸦片，这就是 1840 年鸦片战争的导火索。

1860 年，为了攫取更大的殖民利益，英国和法国联合组建了一支远征军，他们长驱直入，直达北京。10 月 18 日英法联军攻入圆明园，开始肆无忌惮地掠夺文物珍宝，并纵火焚烧圆明园。那些独一无二的艺术珍宝，足以表彰往日的风格和辉煌，从此以后再也不会被世人看到。目睹伟大的离宫被毁，就连随行的西方传教士都不禁黯然伤心。从此以后，这座一个多世纪以来为无数人向往的宫殿永远地从地球上消失。大火燃烧了整整三天两夜，包括圆明园在内，5座皇家园林都化为灰烬。当英法联军离开后，身后只留下一片空旷的土地，到处都是无法形容的瓦砾和焦土。黑色的烟雾遮天蔽日，就像圆明园不散的阴魂。

将近一个世纪的积累，无数的工匠日夜劳作，为圆明园的设计建造奉献他们的智慧和汗水。康雍乾三代帝王更是岁岁营构，日日修华，浚水移石，费银千万，广纳天下至宝，收于园中。圆明园，这座昔日的旷世园林，奢华的帝王离宫，如今只剩下一片片铭刻了屈辱历史的瓦砾堆。玫瑰台、海晏堂这些曾经的盛景，只能留存于历史的回忆里。今天，每当提起圆明园，我们都不禁慨叹"爱新觉罗"这个满洲第一大家族的成长与没落，更会反思中国数千年封建王朝的兴盛与衰亡。

圆明园十二兽首今何在

1985年的一天，美国加利福尼亚州一个私人花园旁来了个奇怪的中年男人，连续几天这个男人都盯着花园水池旁的虎、马两个铜像看上好久，久久不肯离去。几天后，这个中年人敲开花园主人的门，提出自己很喜欢花园中那两个铜像，想要买下它们。无意中他又发现了主人浴室中竟然还有一个牛首的铜像被挂浴巾用了，于是，他提出要买下这三件兽头。花园的主人虽然觉得这个陌生中年人的请求很奇怪，但是，在他诚恳的要求下，最终还是卖给了他。这个中年男人是美国一家古董店的老板，他经过几天的认真观察终于确定，这几个铜像可不是普通意义的铜像，而是100多年前，中国皇家园林圆明园中有名的十二生肖铜像。

圆明园兽首中的猪、猴、虎、牛

保利艺术博物馆是中国第一家由国有企业出资兴办的博物馆。博物馆中的青铜艺术品、石刻佛教造像艺术品最为丰富。这次拍卖是让兽首回归祖国的一次绝佳机会，同时为了不被国外买家将其买走造成再次流落海外，保利艺术博物馆下定决心拍得兽首。经过激烈的竞拍后，三件铜首以总价2840万元人民币买了回来，其中，牛首700万元、猴首740万元、虎首1400万元。三件圆明园十二生肖铜首终于回家了。

2003年，中华抢救流失海外文物基金会，经过反复调查发现，猪首曾在美国纽约州立博物馆借展，现藏于美国一位收藏家家中。这位收藏家出价600万元人民币，才肯转售，但一时之间基金会拿不出这么多钱了。了解到这个情况后，澳门知名人士何鸿燊伸出了援手，猪首得以回归。2007年8月，何鸿燊以6900万元港币的天价将在苏富比上拍卖的马首拍下后，转赠给了保利艺术博物馆。至此，十二兽首中的牛首、猴首、虎首、马首和猪首已经回到了中国。

圆明园兽首中的鼠、兔

2008年10月，法国佳士得宣布将拍卖圆明园中的鼠首和兔首。一石激起千层浪，消息传出后，引发国人热议，并有近百人组织的律师团希望阻止此次拍卖，让这两件兽首能够以完满的方式回归。在索讨无果后，2009年2月25日，这两件兽首在佳士得拍卖会上以每件1400万欧元共2800万欧元的价格被电话神秘买家拍走。2009 年 3 月 1 日，兽首神秘买家——中国著名收藏家蔡铭超表示将不会付款购买兽首，引起了广泛讨论。鼠首和兔首目前仍流失在法国，而余下的龙、蛇、羊、鸡和狗五个铜首，从流失到海外的那一天起就杳无音信……

第三章 盛世背后却也危机四伏

六下江南埋下的经济隐患

历史上记载，乾隆同祖父康熙一样曾经六下江南，关于乾隆下江南的目的，野史及民间都说他是为了去探望自己的亲生父母，就是陈世倌夫妻。我们前面已经介绍过了，乾隆不可能是陈世倌之子，也就是说不存在探亲的可能。我们都知道，康熙下江南的目的是为了视察水利，乾隆也说过："南巡之事，莫大于河工。"由此可见，乾隆也是为了河工之事才会六下江南。

例如，乾隆在乾隆十六年（1751）第一次下江南就视察了洪泽湖的水利工程，当时每年的夏秋两季，受到黄河水患的影响，洪泽湖的水位就会上涨，而高家堰到蒋家坝一段的黄河大堤上仅有 3 座水坝，因此经常会发生水灾。亲自看过并了解了真实情况后，乾隆同意再增加两座水坝，跟之前已有的 3 座水坝分别命名为"仁"、"义"、"智"、"礼"、"信"。这样就有了 5 座水坝来调节水患时期黄河水的流速和流量。乾隆还在后来的南巡过程中确定了"上坝的水位上涨一尺，下坝的闸门可以开到十丈"的规定，在很长的一段时间内有效地确保了大堤及下游百姓的安全。

乾隆几乎每次南巡都会去浙江海宁，是因为这里是江海的交汇处，一旦这里的海堤被冲垮，就会危及整个江南的安危。乾隆二十五年（1760）的时候，浙江又一次临患水灾，但是关于堤坝是修建石塘还是柴塘，官员之间争执不休，一时之间无法决断。为此，两年后乾隆第三次南巡的时候，亲自到达海堤修建现场，自己动手试验打桩。因为，海宁在历史上经常受到水患危害，早在汉代的时候朝廷就已经下令在这里修建海塘，日后历代政府均未间断过此工程。乾隆意识到，如果修建石塘的话，就必须把之前所建石塘往后移十余丈才能打桩，这样一来就一定会毁掉百姓的田地甚至是家园，这岂不是害了他们？于是，乾隆决定先修建柴塘，并每年都要用竹篓装上石头来加固。但这只是权宜之计，乾隆一直没有忘记此事，乾隆四十五年（1780）他第五次南巡的时候发现这样加固并不稳，泥土被水流不断冲走，装石头的竹篓都露在外面了，因此乾隆又下令在不侵扰百姓的基础上，凡是能够修建石塘的地方都要改建成石塘；4年后，乾隆最后一次南巡时再次重申此令。

乾隆六次南巡五次视察了黄河治理工程，每次都要到解决黄河水患的关键工程江苏的清口和洪泽湖的高家堰看看，并先后在徐州修筑了全长70多华里的防洪石堤大坝；四次视察了浙江的海塘工程，下令修筑公塘石坝，有力地保护了江南水乡的繁华昌盛。

除视察水利之外，乾隆在南巡的过程中也极力笼络人心，对前来接驾的官员他都有所赏赐，尤其是对一些老臣嘘寒问暖，还赏赐了珍贵的人参、貂皮等物；而对当地百姓他都不同程度地减免了赋税；更重要的是江南是汉族文人汇聚之地，乾隆在南巡时多次祭拜各地孔庙，并对前来拜见的文人士子亲自出题考试，取得好成绩之人立即授予官职，从中选拔了一部分实用的人才。另外，乾隆还在南巡期间多次举行盛大的阅兵仪式，他也亲自展示了满洲历来所重视的骑射等传统技艺，向江南汉人展示大清帝国强大的力量。可惜，乾隆也有失手的时候，据嘉庆皇帝回忆，乾隆最后一次在杭州阅兵时，就曾因箭箭虚发，骑马人坠地，成为笑谈。

当然，乾隆数次南巡也不仅仅是为了公事，他也是一个很会假公济私、贪图享受的帝王，因此野史中才有记载，说乾隆下江南是因为迷恋江南美景，于是将朝政丢给大臣自己跑到江南来休息；还有民间传说乾隆风流成性，喜欢江南女子的温婉美丽，而清廷有规定是不准汉族女子入宫的，所以乾隆才大老远地跑到江南来快活。

这些传闻虽然不可全信，但是空穴来风未必无因。《清史纪事本末》记载，乾隆第一次南巡就遭到了大臣的反对。当时，乾隆刚刚即位不久，就听闻"上有天堂下有苏杭"，于是打算借着巡游视察的借口饱览当地美景。他在出发前，派大学士讷亲①前去给他探探路。讷亲是最不赞同乾隆南巡的人，他从江南回来后对乾隆说："那里的风景也就一般，说是山不过就是大土堆；而且河道拥挤，运送粪便的船就停在两岸，到了中午臭气熏天。"乾隆了听了讷亲的回报，就打消了下江南的念头。直到乾隆十四年（1749），当地官吏为了讨皇帝喜欢，上奏请乾隆到江南巡查。此举甚得乾隆的欢心，于是，他半推半就，在两年后开始了第一次江南行。

与孙子乾隆比较起来，康熙的六次南巡真算是简朴的。他第一次南巡的时候昼夜行船，中间不做停留以免惊扰地方；而且多是住在地方官员的官邸，只修建了少量的行宫。而乾隆的江南行就铺张浪费不知多少倍了，虽然他一再下令禁止铺张，但各地官员为了讨好他，无不绞尽脑汁比心思、比排场、比花销。

乾隆下江南时仅供他自己乘坐之船就有 5 艘，制作极其精美，陪同的船队多达千艘，一路上的吃喝用度全部要沿途的官员事先准备好供他使用。从北京到杭州的一路上，沿途共修建了 30 个行宫，所费银两不计其数，甚至造成国库枯竭，给百姓带了极大的灾难。很多正直的

镇江金山寺（原乾隆行宫）

官员都出言劝乾隆停止南巡，却都遭到了他的斥责，甚至不少官员还因此被惩处及罢官。乾隆直到晚年才意识到自己南巡的错误。《清史稿》中记载，乾隆曾自己总结说："我当皇帝的这六十年，自认为没有犯过什么大错，但是只有这六次南巡，好事办成了坏事，劳民伤财。"

正如他自己所说的，乾隆南巡本来是打着视察河工的旗号，为了百姓

---

① 钮祜禄·讷亲(？—1747)，满洲镶黄旗人，钮祜禄·额亦都的曾孙，乾隆九年（1744）巡阅河南、江南、山东诸省营伍，同时勘察海塘、河工，建言颇多；四年后，率禁旅督师讨伐大金川土司莎罗奔，以师久无功获罪削官；乾隆十四年被斩。

着想，但实际上，他每次出巡所消耗的大量银两给地方百姓带来的困扰，其实已经超过了他所带来的福祉。更重要的是，国库因此枯竭，整个帝国迅速走向衰败，在他之后再没有一位帝王敢有如此奢华之举，因为大清朝的财力再也承担不起了。乾隆南巡留给人们的是康乾盛世的奢华美谈，但是带给大清朝的却是衰落的开端。

乾隆下江南是否带美女回宫

在民间传说中，关于乾隆下江南的故事有很多，其中流传比较广的就有关于乾隆的风流韵事。据说，乾隆生性风流，每次南巡都少不了艳遇，甚至还曾不顾祖宗规矩而将自己在江南结识的美女带回宫中。有一次，乾隆下江南有皇后陪同①，皇后就为了乾隆经常外出寻花问柳而与他吵闹，皇帝忍无可忍，一怒之下命人将皇后遣送回北京。

关于乾隆在江南期间是否经常流连温柔乡，历史上虽没有记载，但有两件事是可以肯定的，第一件就是乾隆确实是将随行的皇后打发回北京，这件事发生在乾隆三十年（1765），他第四次南巡时期，当年的《春季档》中就将此事记录下来了。另外一件可以肯定的是，乾隆的后宫之中确实是有来自江南的民间女子，此女子的入宫时间正是在第四次南巡之后。这名女子就是日后的芳妃陈氏。

据史书记载，陈氏是扬州人，父亲是普通的百姓，她在乾隆三十一年（1766）封为明常在，乾隆四十年（1775）晋升为明贵人，乾隆五十九年（1794）封芳嫔，嘉庆三年（1798）太上乾隆又将其封为芳妃。史书上记载，陈氏刚刚升为贵人时曾因为身在宫中多年，非常惦记还在民间的哥哥，于是就想派身边服侍的太监替自己回一趟家看看哥哥。太监说："按

---

① 当时随行的皇后是孝继纯皇后乌喇那拉氏，雍正时封为皇子弘历之侧福晋；乾隆即位后，初封娴妃；乾隆十五年（1750）册立为皇后；乾隆三十年（1765）随驾南巡，因忤旨截发失宠，提前送回京；同年被废皇后位。

照宫里的规矩，如果是看望父母的话是可以的，但是不允许探望哥哥。"明贵人就去找乾隆开恩，允许她派人去探望兄长，不过乾隆并没有答应，还将她训斥一番。

两年后，明贵人的哥哥跑到京城来，想要在此当差。总管内务府①大臣得知此事后，将此事禀报乾隆，乾隆为此还下了一道旨意给两淮盐政，旨意上说："我对宫里各妃嫔的亲戚管束是非常严格的，绝对不允许他们打着我的旗号在外面生事。如果他们胆敢因为自己与我有姻亲关系而以皇亲国戚自居，给地方找麻烦，你大可不必给我面子，按照法度办理。"另外，在这道旨意中还提到了一件事："陆常在是苏州人，你们要查明她是否还有亲戚在世，如果有一定要对他们严加管束。"

由此可见，除了芳妃陈氏外宫里还有一位来自江南的汉人女子陆氏——也就是后来的禄贵人。另外，乾隆虽然娶了汉人女子进宫，但是对她们的家人的管束是非常严格的，这样做一方面是以防其家人仗着自己是皇亲而欺压地方官员及百姓；另外，大概也是知道自己纳汉人女子入宫不太合适，不希望太多人知道此事。

"议罪银"写下王朝没落伏笔

乾隆在皇帝位60年，他将大清帝国带到了康乾盛世的顶峰，为整个国家的发展所作出的贡献是巨大的，但是不可否认的是，在他统治期间，尤其是中后期，由于好大喜功、生活奢侈等原因给帝国埋下了深深的隐患。甚至在他在位期间就因为人多地少而饿殍遍野，在京城之内常有许多蓬头垢面、衣衫褴褛的乞丐抢饭吃；同时，社会矛盾异常激化，常有暴动和起义发生，例如乾隆三十九年（1774）山东发生农民起义，乾隆四十六

---

① 内务府为清代特有，是清朝管理宫廷事务的机构，始设于顺治初年，其主要人员分别由满洲八旗中的上三旗（即镶黄、正黄、正白旗）所属包衣奴仆组成。最高长官为总管内务府大臣，初为三品，雍正时期升为正二品，凡皇帝家的衣、食、住、行等各种事务，都由内务府负责承办。

年（1781）甘肃、青海发生起义，乾隆五十一年（1786）台湾起义，乾隆六十年（1795）贵州、湖南发生苗民起义，嘉庆元年（1796）（乾隆退位为太上皇的第一年）爆发了持续九年的白莲教起义①。这一系列的农民反叛虽然迅速地将大清帝国推到了衰败的边缘，但其根本原因则是因为吏治败坏。

乾隆中后期吏治混乱最突出的表现当属腐败成风。按理来说，乾隆惩贪之严绝不在其父雍正之下，而且他更加严格立法，以法律为依据惩治贪官，这一点不要说其后世子孙难以望其项背，就连祖父康熙和父亲雍正都没有他做得好。经过他调整的《大清律》将惩贪的条款全部记录其中，查实官员所贪银两在千两以上②，一旦正式进入司法程序就很难活着出来。但是，令人不解的是，乾隆时期贪风之炽却与惩贪之严成正比例，朝廷抓得越严贪官就越多，这种怪现象的产生有两个最大的原因。

第一，乾隆驭臣有道，但他认为"用功不如用过"，喜欢任用、宠信那些虽然有着各种他知道的缺点、毛病但却容易被他掌控的官员，例如，乾隆四十五年（1780）查实大学士、云贵总督李侍尧③贪污，但是乾隆却因为李侍尧曾经给自己孝敬过不少好东西，而且他确实是朝廷需要的有功有才之人而将其罪都免了；第二，乾隆时期有一个非常匪夷所思的制度——"议罪银"，从侧面鼓励官员贪污并帮他们找到减轻惩罚的方式。

所谓的"议罪银"就是如果有官员做了什么错事，有过失的话，只要向朝廷交一部分的钱，就能减轻或是免去惩罚，而这笔银子则归乾隆所有，全部进入皇帝的私人腰包。现代学者纪连海在《正说和珅》中提到

---

① 白莲教，是中国历史上最复杂神秘的宗教，源于南宋佛教的一个支系，崇奉弥勒佛，传说宋高宗绍兴三年由茅子元创立，元明清三代在民间流行。白莲教派林立，名目繁多，各派之间互不相属，教主独揽大权，父死子继；等级森严，教徒入教时举行一定仪式，交纳钱财，定期集会，烧香礼拜，宣讲经卷，教习拳棒，元明时期就多次被朝廷所禁。

② 之所以会定银千两以上是因为白银一千两大概相当于一个县官一年的俸禄。

③ 李侍尧（？—1788），汉军镶黄旗人，父亲李元亮担任过户部尚书。李侍尧在乾隆初年曾被乾隆接见，先后出任军机处章京、户部侍郎、广州将军、两广总督等要职，为人精明干练，颇有才略。乾隆四十五年（1780），因贪污获罪，史载他"上终怜其才，为之曲赦"。后来他出征台湾有功，得以入列"紫光阁平台湾二十功臣"。

"议罪银"时说："您要犯罪了，您拿一笔钱交到皇上这儿，然后乾隆一看，本来应该流放你 10 年的，算了，流放你 3 年，您把钱交我这儿就行了……这个议罪银制度好，您敢说您的一生不犯错误？所有的大臣还没犯罪呢，先把钱交给皇上。皇上，这是我的钱，我存这儿，将来我犯错的时候从这儿直接勾。您就甭朝我要，我都先存在您这儿了。"

正所谓"伴君如伴虎"，谁都知道自己指不定哪天因为个什么事就惹皇帝不高兴了，有了"议罪银"先把钱交给皇帝，一旦自己犯了事或是惹皇帝不高兴了，也不用太担心，皇帝看在自己交过的钱的分儿上，多少会担待点儿的。所以，议罪银制度在朝廷中是很受一些官员欢迎的，而乾隆自己本身也很喜欢这一制度——不管怎么说这样一来就有钱可以挥霍了。不过这个制度并不是乾隆自己的主意，而是他身边最大的宠臣和珅在乾隆四十五年（1780 年）想出来的。

说到和珅，这个名字可谓家喻户晓，大家都知道他是乾隆时期最为得宠的臣子，关于他能够如此得到乾隆信任的原因，其中一点就是他很会揣摩圣意，能够很好地了解皇帝心里到底想要什么。"议罪银"的提出就能看出来这一点，它毕竟帮助皇帝解决了缺钱的问题。我们可以看到乾隆时期的几项伟大的功绩都离不开庞大的财政支持，仅仅是六下江南的开销就不是仅凭国库就能支撑的。和珅及时提出这样一个想法，帮助乾隆解决了眼前他最着急的问题，也难怪皇帝特别喜欢他。

和珅也凭借对乾隆的了解，使自己达到了呼风唤雨的程度。当时的乾隆是比较孤单的，他很早以前就不再立皇后，其他的嫔妃地位较低，是不能轻易见到皇帝的，而少数还活着的皇子公主也大多住在宫外；那些他曾经赏识的官员在他晚年或死或告老还乡了，新提拔的官员则与他年龄相差悬殊，有代沟。不过这一切都因为有了和珅从中调停、上下沟通，才使得乾隆不至于寂寞难耐。另外，和珅能为皇帝背黑锅、为其奢侈的生活提供财源，别人办不成的事只有和珅能办，其实晚年的乾隆是离不开和珅的，也正因此，和珅成为一人之下万人之上，甚至被称为"二皇帝"。

和珅也知道自己对于乾隆的重要性，因此他才敢放肆地做更多别人不敢做的事：揽权受贿、任人唯亲、排除异己。和珅极其贪婪，他经常公开索贿，地方官员在给皇帝进贡时都会给他准备一份，所以，时间一长，和珅就积累起了巨额的家产。但是，他大概也是因为担心自己不知道哪天因为什么事惹得乾隆不高兴了，所以才想出"议罪银"这样一个方法，为自己的日后仕途平顺多加几道安全锁。

和珅这次"议罪银"的马屁拍得非常到位，也令乾隆极为舒爽。后来，内阁学士尹壮图①实在看不下官场因此腐败不堪，整个帝国呈现出岌岌可危之态，于是就上奏乾隆，希望他能整顿吏治，废除"议罪银"制度。结果惹得乾隆非常不高兴，甚至差点要了尹壮图的命。其他官员看到尹壮图的下场，再也没人敢提一个不字，而和珅则更加得意。

其实，时至今日我们能够看到，尹壮图绝不是危言耸听，"议罪银"的坏处不胜枚举：首先，以钱赎罪破坏了国家法律的公正性，使得许多官员可以肆无忌惮地违法乱纪，加剧了清廷的腐败；第二，"羊毛出在羊身上"，官员们为了筹措"议罪银"只会变本加厉地盘剥百姓、商人，造成社会动荡；第三，官员的录取也以敛财、行贿多寡为依据，行政能力被忽视，使得政府官员素质下降，加速了清王朝的衰败之势。

和珅之死

和珅之所以能够得到乾隆如此恩宠，并非全都因为他善于揣摩圣意，了解皇帝心中所需，实际上，和珅并不是一个不学无术之人。他天资聪颖，小的时候就接受了正统的教育，且读书认真、成绩优秀，得到老师的称赞；他语言能力非凡，除满语、汉语外还会蒙语、藏语；年轻时候的和

---

① 尹壮图（1738—1808），乾隆三十一年（1766）进士，乾隆五十五年（1790），他因上书乾隆直言"议罪银"制为朝廷带来的不利而得罪皇帝。先是被判处斩刑，后乾隆免去了他的死罪，不久尹壮图就称故辞官回乡，直到和珅死后又被嘉庆皇帝重新起用。

珅英俊潇洒又颇有才学，在担任皇帝侍卫的时候，就得到了乾隆的重视和喜爱，从此仕途一帆风顺，直到乾隆晚年成为人们口中的"二皇帝"。

　　和珅虽然会讨好乾隆，极其善于玩弄权术，但其劣行也并不是遮掩得滴水不漏，至少被皇十五子颙琰看在眼里。乾隆后来将皇位让给颙琰，自己当起了太上皇，但是他并没有放弃皇权，朝中大事仍由他来决定。但是，乾隆年纪大了，很多事都要通过和珅来办，和珅则更加耀武扬威、专横无比。嘉庆帝却一直不动声色，如果有人说和珅不好，他还会维护和珅说："我有很多事还要依仗此人，你们为什么要说他不好呢？"和珅因此也并未将嘉庆放在心上。直到嘉庆四年（1799）正月初三，89岁的乾隆寿终正寝，收拾和珅的刀才终于亮了出来。

　　起初，嘉庆命和珅负责乾隆丧仪大事；第二天正月初四，嘉庆就以镇压白莲教起义的将帅不用心而免去了和珅军机处大臣一职，命其昼夜守灵，不许出入，并派人监视他严禁与外界联系；初五这天，一众官员纷纷上疏弹劾和珅各项罪名的奏章；初六、初七，嘉庆帝进行了一系列的人事调整；初九，在宣

嘉庆皇帝

布乾隆遗诏的同时，将和珅革职并关押入狱，随后就开始了对和珅的会审及查抄家产；正月十一日，嘉庆宣布了和珅的二十大罪状，包括：欺骗皇帝、扣压军情报告、任用私人亲信、贪污聚敛钱财等，并命朝中大臣商议定罪；正月十五，在京的文武大臣奏请嘉庆将和珅凌迟处死，皇帝念在他曾任首席军机大臣，为顾全国家颜面而令其自我了断。嘉庆皇帝在处理完和珅后，除了其亲信受到处分外，其他和珅保举的官员或是曾向和珅行贿之人，都不予追究，保证了政局稳定。

　　和珅称得上是老奸巨猾，他在官场多年，一直如鱼得水、呼风唤雨，

而如今却在 15 天内就被新皇帝收拾得干干净净，也称得上是盛极而衰。其实，自嘉庆登基后，和珅的家里就一直不顺，先是他最疼爱的小儿子仅仅两岁就夭折，没多久弟弟在军中染瘴气而亡；第二年，孙子也夭折；第三年，与他结发 30 年的妻子撒手而去；还不到一年和珅自己也命赴黄泉，最后只被儿子草草葬在河北蓟州。

英使来访打碎天朝上国美梦

1793 年，乾隆皇帝迎来了他生命中的第 83 个寿辰，这对于早已举办过极其隆重的八旬"万寿"庆典和"千寿宴"的乾隆来说并没有什么十分特别的。不过这一年的生日，他却过得并不平静，因为他收到了一份来自遥远的大不列颠的"贺礼"——乔治三世①国王派出了多达 800 人的庞大访华使团来参加乾隆皇帝的这次寿辰庆典。

乔治·马戛尔尼和乔治·斯当东

此时的英国正处在资本主义上升阶段，商品经济非常发达，他们迫切需要中国这个古老神秘、幅员广阔的市场。所以，英国使团这次打着为乾隆贺寿的旗号而来，但真正目的却是为了打开大清帝国的大门。此次来华使团为首的是乔治·马戛尔尼勋爵和乔治·斯当东男爵。他们乘坐皇家战舰"狮子号"、"印度斯坦号"等数艘船在海上航行了整整九个月才到达中国，在澳门外万山群岛的珠克珠岛靠岸，等候皇帝的召见。乾隆皇帝得知英国使团来访的消息后非常高

---

① 乔治三世(1738—1820)，全名乔治·威廉·腓特烈，是英国及爱尔兰的国王，晚年被精神错乱所折磨。在他的执政期内，其强硬政治立场导致了北美殖民地的最终独立。

兴，并派出了长芦盐政徵瑞和直隶总督梁肯堂为钦差大臣，专门负责招待英国使团一行人。

得到皇帝的欢迎后，英国使团才离开澳门，从天津到达北京，在圆明园短暂休息后，就直奔乾隆寿辰庆典的举办地——承德避暑山庄而去。此次去承德的使团人员只有92人，乾隆本人早已经到达山庄，当使团到达的时候，他正站在花园的高台上观察这些人。其实，乾隆本人对这次英使来访是相当重视的，清宫档案的《上谕档》中记载，皇帝亲自命令军机处制订了一系列接待方案，包括朝见、宴请、游览等各种活动。不过，这次使团来访的目的不简单，所以，双方自见面后就发生了很多不愉快的事。

首先，在朝见时所要行的礼节上清廷与英使就产生了分歧。按照大清的规定，英国使团在面见皇帝的时候应该行三跪九叩的大礼；但是，马戛尔尼认为这样做不符合英国人的规矩，是有损英帝国尊严的，他只愿意行单膝下跪的英式礼节。乾隆对此非常生气，甚至说他们是没有教化的外邦人，如此妄自尊大，不值得优待。言外之意，已经有驱逐英使的意思。此时，马戛尔尼为了最终的目的不得不收敛态度，双方协商各让一步：在欢迎宴上英使可以行单膝下跪之礼，但在正式的寿宴上则要按照清朝的规矩行三跪九叩大礼。

双方达成共识后，乾隆态度有所缓和，命令和珅带领这些人游览避暑山庄的风景。英国在送上礼品后，清廷也给予了回礼。当时，英国使团所送的礼物都是英国先进科学技术的代表之物，而清政府的回礼则是丝绸、瓷器、玉器等传统工艺品，两者相较，虽然中国的礼物价钱更高，但是英国显示出来的高超科技足以令清政府汗颜，只可惜乾隆并没有认识到其中的利害关系，反而沉醉在受人敬仰的天朝上国美梦中。

马戛尔尼等人参加完乾隆皇帝寿辰的庆典后就启程回北京了，他们原本打算在这里过完春节才离开，但清政府有规定，所有外国使团在京城的逗留时间不能超过40天，因此他们也要离开了。马戛尔尼等人在离开之前想向乾隆递交一份英国国王的祝寿表①文，并由西方传教士翻译好后呈送给乾隆亲览。乾隆这一看大为恼火，甚至急匆匆地将英使打发回国。

英使的表文上到底说了什么令乾隆如此生气，甚至还下了逐客令呢？原来，英国国王在表文中表示，希望可以派代表常驻北京。乾隆看后，已经察觉到英国使团这次来华的目的绝不是单纯地为自己庆祝生日，而是另有其他企图的，所以他严厉地拒绝了英国国王的要求，同时催促马戛尔尼等人赶快离开。

此时，马戛尔尼也认识到事态变得严峻，但他此行的任务还没有完成，因为英国国王在他临走前还写了一封极其重要的信要他交给乾隆。其实，早在承德行宫的时候，马戛尔尼就多次想通过和珅将这封信交到乾隆手中，都被和珅巧妙地回避了。后来，马戛尔尼按照信中的内容又自己重新写了一份，并千方百计地将其送到了皇帝的手中。

在马戛尔尼转述英国国王的这封信中写道："希望皇帝可以允许英国商船在珠山、宁波、天津等处经商；允许英国商人在北京设一个洋行买卖货物；请求对英商货物实行免税或减税；在珠山、广州附近划一个小岛，为英国商人使用……"可以看出信中的要求一条比一条过分，尤其是"在珠山或广州附近划割一个小岛供英国商人使用"已经明显地侵犯了中国的领土，其殖民扩张的目的不言而喻。乾隆皇帝看后自然断然拒绝，他明确地表示：中国的领土早就已经明明白白地标示出来，无论是岛屿还是沙洲都在大清的版图之内，怎么可能说划分就划分。

不仅如此，乾隆立刻将英国使团视为"危险分子"，不仅将他们驱逐出境，同时还派人一路护卫、监视，并要求沿途的官员严加防范，以防他们趁机扰民生事。遭到乾隆皇帝如此坚决的拒绝，表明英国使团此次来访

---

① 这份具有历史意义的表文，至今还保存在中国第一历史档案馆中。

任务失败，① 不过这次东西方两大帝国之间的第一次接触和碰撞对双方都产生了极为深刻的影响：对于英国来说，他们见到了大清的富裕、官员的无能以及科技的落后，令他们更加希望可以找到机会打开清朝的大门，在这里获得更加丰厚的利益回报；而对于清政府来说，乾隆没有看到双方在科技上面的差距，反而只认定英国人企图不良，完全回绝了英国的所有要求，使大清失去了一次难得的与世界接轨的机会，同时乾隆坚定地执行闭关锁国的政策，令双方差距越来越大，也注定了清政府日后的悲剧命运。

清政府为何要"闭关锁国"

1757 年，乾隆下达了一道圣旨给沿海各省，要求：除了广州之外，包括厦门、宁波在内的所有港口停止一切对外贸易活动。这道命令被称为"一口通商"政策，标志着清政府彻底执行"闭关锁国"的政策，而乾隆的这道圣旨被后人认为是导致近代中国远远落后于世界的最重要一个原因。

其实，最先提出闭关政策的并不是乾隆，早在顺治时期清政府就已经下达了类似的命令，当时闭关的目的是为了割断大陆居民与台湾郑氏之间的联系。当时清政府对于来华贸易的商船不许进入广州，只准在澳门交易，但是后来因为有郑成功占据台湾的抗清力量存在，清政府的出海禁令越来越严格。到了顺治十二年（1655），闽浙总督要求沿海各省"无许片帆入海"；次年，清廷下达了"禁海令"，严禁商民船只私自出海，违者无论官民皆要处以重罚；五年后，清政府就颁布了"迁海令"，强迫海岛和沿海居民内迁 30—50 里，设界不得逾越。"禁海令"与"迁海令"不但严重影响了沿海地区的经济发展，而且导致沿海居民流离失

---

① 嘉庆二十一年时，英国国王第二次派遣使团访华，再次向清政府提出自己的要求，这次嘉庆皇帝因为英使不愿行三跪九叩之礼而直接将其驱逐出境，连提要求的机会都没有。直到1840年鸦片战争爆发，英国人终以坚船和大炮实现了自己的愿望。

所、谋生无路。

1683 年，康熙皇帝收复台湾，第二年他就下达命令废止了"禁海令"，恢复海上贸易。当时，曾有大臣提出反对意见，康熙表示："海上贸易不但能够增加税收，补充闽粤军队的粮饷，而且还能令沿海居民获得安养，利大于弊。"康熙年间，中国的海上贸易发展到日本、东南亚，甚至欧洲的荷兰、英国、法国、葡萄牙等国均相继与清政府建立了贸易关系。清朝海上贸易的输出品主要是丝织品、茶叶、瓷器、药材、皮革、白糖、纸张、书籍等，而且在双方贸易中大清一直处于有利地位。

开海禁之后，沿海每天都有人造船出海，清政府又因此担心太多人聚集海上，恐怕难以防范，于是又恢复了南洋海禁；10 年后，雍正帝又下令再度开放南洋海禁。但是，到了乾隆时期，海上贸易屡被禁止，直到"闭关锁国"令下，彻底隔绝了中国与世界的联系，严重阻碍了中国的发展，最终导致原本是世界科技强国的中国走向没落之路。

第四章　那些不得不说的皇家逸事

后宫三千，真心所爱只有一人

大概是受到野史和民间传说的影响，现代人在提起乾隆的时候总是习惯性地将他冠上"风流天子"的名号，尤其是关于他六下江南时的种种有趣而生动的艳遇，在小说、影视作品中被描写得绘声绘色，难免令人印象深刻。乾隆是否真的如此风流，在江南期间周旋于各色美女之间呢？从目前我们掌握到的历史资料来看，这一点还是很难说清楚的，不过，可以肯定的是，乾隆至少是一位极重感情的皇帝。

乾隆曾经写过一首悼亡诗，诗中其中一句翻译成现代文说的是："失去了你，即使拥有三宫六院，但是对着这些妃嫔却仿若虚空一般。"① 如此情深义重的一句话，很难看出出自一位拥有无数妃嫔的帝王之手，可见乾隆用情之深已经到了"曾经沧海难为水"的程度，除这名女子之外，后宫的妃嫔均非他心中真正的挚爱，而乾隆在诗中所说的失去之人其实是他的结发妻子孝贤纯皇后富察氏。

孝贤纯皇后是乾隆的第一位皇后②，同时她也是乾隆在皇子时期所娶的嫡福晋。雍正五年（1727），乾隆还是皇子的时候，雍正就为他们在紫禁城内举办了非常隆重的婚礼；两年后雍正又将圆明园内的长春仙馆赏赐给这对小夫妻作为居所，可见雍正对于这位儿媳妇以及未来的国母也是非

---

① 乾隆这首诗的原句为"九御咸备位，对之吁若空"，出自《教潘岳悼亡诗体即用其韵》。
② 乾隆一共册立过三位皇后，孝贤纯皇后富察氏是第一位皇后；第二位皇后是乌喇那拉氏，后来被废；而第三位孝仪纯皇后魏佳氏生前并没有正式被册封为皇后，而是其子继位成为嘉庆帝后追封的。

常满意的。此外，史书上记载，乾隆的生母也非常喜欢富察氏，在儿子众多的妻妾中，她对这个媳妇是最满意也是最恩宠的。

孝贤纯皇后富察氏

富察氏确实有值得公婆及丈夫真心喜爱的资格，从清朝皇室最为看重的家世来看，富察氏的家族绝对是当之无愧的上层社会里的名门望族。富察氏出身满洲上三旗之首的镶黄旗，家族世代官宦，早在努尔哈赤时期其先祖就率领部族归顺，在统一东北、建立帝国的征战中屡立军功。祖父米思翰因为大力支持康熙撤藩的举措，因此极得康熙帝的恩宠，曾担任过议政大臣以及7年户部尚书，掌管国家财政支出；两位伯父马齐、马武在明珠、索额图相继倒台后权倾一时，甚至有谚语"二马吃尽天下草"来形容兄弟权力之大，雍正也曾称马武为"圣眷最渥之人"；父亲李荣保是米思翰的第四子，官至察哈尔总管，掌管察哈尔八旗。

如果富察氏仅仅有个好出身，或许能为她赢得嫡福晋或是皇后的位子，但是却不一定能够得到丈夫的真心敬爱与如此深情。乾隆在做皇子的时候除了这位嫡福晋还有侧福晋、格格等10位妻妾，他登基之后后宫妃嫔更是环肥燕瘦，但是只有这位富察氏皇后得到过乾隆多次写诗，诗中由衷赞美她身姿窈窕、风貌绰约，在后宫之中绝无仅有。不过，对于乾隆这样一位有学问、有深度、有作为的帝王来说，仅仅是外貌漂亮也不能得到他一生的深情。

除了相貌美丽外，乾隆对这位皇后称赞最多的则是她的品德修养及内涵性格，在皇帝的心目中她甚至是完美无缺、不可超越的，因此乾隆盛赞富察氏"历观古之贤后，盖实无以加兹"。富察氏在身为后宫典范及辅助帝王方面做得确实是相当出色的。她虽然出身豪门，但是却很节俭，常常是佩戴最普通的通草绒花作为装饰品，平时很少佩戴金玉珠翠一类的奢华饰物。身为妻子，她对乾隆的照顾也是无微不至、尽心尽力的。有一次，乾隆生了一场大病，虽然经过诊治已经没有大碍了，但是御医还是嘱咐一定要好好休养百日之后才能完全康复、不留病根。为了更好地照顾乾隆，富察氏就搬到皇帝寝宫外面居住，亲自服侍乾隆百余天，直到皇帝复原如初后，她才又搬回自己寝宫。

乾隆之所以与富察氏关系最好，除了她是他妻子的身份外，乾隆还将她视为知己。有次乾隆要去关外出巡，临行之前与皇后聊天说起先祖在关外刚刚创建帝业的时候有个习惯，就是衣服袖口上的装饰并不是像现在宫里呈现的这样用金丝银线精工绣制的，而是用鹿尾绒毛搓成线所缝制的。富察氏听后就将此事记在心里，特别用鹿尾绒毛搓成线、亲手缝制了佩囊、荷包送给乾隆，以示不忘满人本色。乾隆见到皇后亲自缝制之物，非常珍爱，一直带在身边。

作为皇帝的妻子，孝贤纯皇后同时也是乾隆政治上最亲密无间的伙伴及拥护者，富察氏一直帮助皇帝分忧解劳，与他同甘共苦。当时，全国各地多处出现旱灾，乾隆最关心的事情就是各地的降雨情况，每当下雨之时他都显得特别高兴，而后宫之中能够明白他心中所想的只有富察氏一人。因此，乾隆毫不吝啬地将自己取得的功劳分给皇后一份，他曾经说过："帝国疆土广阔，我为了处理政事常常是通宵达旦地工作，而后宫之事全靠孝贤纯皇后负责打理，帮我分忧。皇后极尽孝道，常陪伴在太后左右，承欢膝下；后宫之事，她都能处理得当，轻重缓急拿捏得很到位。因此，后宫无论是妃嫔还是一般宫娥都十分敬佩她、尊重她。这十几年来，多亏了有她的帮助，才让我免了后顾之忧，可以专心在国事上。如果说今天我取得了什么成就的话，全靠皇后的帮助。"帝王亲口出说出这样的话，无疑是对皇后最高的嘉奖与肯定。

不过，乾隆这段温馨的夫妻生活并没有享受多少年，孝贤纯皇后很早就过世了。乾隆十二年（1747）腊月，乾隆与富察氏的第二个儿子，也就是皇七子刚满两岁就夭折了。此前，皇后已经失去一个女儿和一个儿子了。此次再次经历丧子之痛，对她的打击非常大。皇七子死后，富察氏也随之一病不起，直到次年二月才见好转。当时，乾隆正准备东巡，富察氏希望可以陪着皇帝和太后一起前去，乾隆也希望可以借着这次出巡让皇后心情变好、身体尽快康复，于是就答应让她同行。起初，皇后身体还不错，但是因为舟车劳顿，导致身体越来越差。她怕皇帝因此耽误行程，又恐怕令太后担心，所以一直强撑着东行，但是在返京途中于山东济南病情加重，最终撒手人寰。孝贤纯皇后过世时年仅37岁，而此时距皇七子夭折还不到3个月。

乾隆对富察氏的离去表现得异常悲痛，写了很多诗来悼念一生挚爱的妻子。皇后的葬礼也举办得异常隆重，其规格之高在大清朝是史无前例的：皇帝素缟12日亲自戴孝服表达对皇后的感情；各省文武官员摘除冠上红缨，百日内不准剃头，穿孝服27日，并在此期间停止娱乐活动及嫁娶之事；普通百姓7日内不准戴帽子，服丧期间不得嫁娶、作乐，天下臣民均要为国母故世而服丧。乾隆为富察氏的葬礼大兴土木、耗费巨资，甚至还因为皇长子和皇三子在服丧期间表现得不够悲痛而严厉斥责，更明确表示剥夺此二人的皇位继承权，可见他对皇后之死的痛心。

富察氏死后，乾隆对她的思念之情一直没有减少，他以后每次出巡路过济南都不进城，就怕触景生情，勾起对皇后的哀思。乾隆三十年（1765），当时富察氏已经过世17年了，乾隆再次南巡路过济南特意绕城而行，并写下了悼念之诗："济南四度不入城，恐防一入百悲生，春三月昔分偏剧，十七年过恨未平。"由此可见，乾隆对这位皇后用情之深、之久，大有"十年生死两茫茫"的味道。

同为皇后，不同命运

乾隆或许是将自己一生的爱都倾注给了孝贤纯皇后富察氏，以至于在她死后，皇帝再也没有享受过温馨的夫妻生活，尤其是对他的第二位皇后乌喇那拉氏，乾隆可以说是相当冷漠无情的。

乌喇那拉氏在乾隆还是皇子的时候就是他的侧福晋，乾隆继承大统后，她与皇后富察氏同一天被册封为娴妃。论出身，乌喇那拉氏无法与高贵的富察氏相比较，就连同为侧福晋的高佳氏也比她更好，但当富察氏早逝后不久，太后就开始催促乾隆尽快确立皇后位，以帮他分忧。当时，高佳氏早已于富察氏之前去世，这样论资历、辈分都是乌喇那拉氏最高，她也就顺理成章地成了皇后的首选。

不过，当时乾隆还沉浸在富察氏病逝的悲痛中，根本就不愿意这么早就找人取代她，于是就将乌喇那拉氏由妃子升为皇贵妃，命她统摄六宫。直到富察氏死后3年，乾隆才在太后的不住催促下正式册立乌喇那拉氏为皇后。而此时，乾隆也意识到，自己之前因为心里总是惦记着过世的皇后，而忽略了乌喇那拉氏，要想获得如以前般幸福的生活应该从亲近这位新皇后开始。于是，乾隆也尽量多与这位新皇后亲近，正因此，乌喇那拉氏在这段时间为乾隆连生两位皇子——十二皇子与十三皇子。

但是，这样的幸福是极其短暂的，大概仅仅维持了5年。从此以后，乾隆与皇后仅是维持着表面的和谐，而他却很少再主动接触乌喇那拉氏了。这一方面是因为乌喇那拉氏的年纪也不小了，难免色衰而迟，但最大的原因还是因为皇后的性格太过刚毅，在乾隆的心中她与细心、体贴、温柔的富察氏简直是天壤之别，越是与乌喇那拉氏相处就越怀念过世的富察氏，这样一比较，乾隆也就越来越不喜欢乌喇那拉氏了，在与她独处时常表现出冷淡与嘲弄的神情。

后来，乌喇那拉氏在陪乾隆出巡的时候，又惹得乾隆极为不高兴。她跑去找太后诉苦，结果刚毅的性子又害了她，为了表达自己的不满，她竟然当着太后的面哭闹着将头发剪去。这使乾隆大为震怒，提前派人将她送回北京。随后，又废除了她的皇后之位，并将她打入冷宫，仅一年后乌喇那拉氏就凄惨离世了，死前身边只有两名宫女。而乾隆对她的葬礼也极为苛刻，仅按照皇贵妃的规格交给大臣办理，自己并未理会。同样是乾隆的皇后，富察氏与乌喇那拉氏无论是生前还是死后的境遇相差如此之大，大概正是印证了那句"性格决定命运"！

一波三折的继承人之选

乾隆的子嗣并不少，他一共生了 17 个儿子，但是在选择继承人的时候，却还是时常面临窘境，不但经历了一波三折的坎坷，甚至最后还要在"矮子里面拔大个"才最终挑出了皇位的继承者——十五阿哥永琰。而之所以如此，有一个很大的原因就是皇子早逝导致乾隆在挑选继承人时，候选人所剩无几。

乾隆虽然高寿，但是他的儿子们却很少有继承到这一优良基因的，尤其是他最早看中的几位皇子，要么早早夭折、要么英年早逝。其实，乾隆效仿父亲雍正在登基的第一年就确定了皇位的继承者，并将其名字藏在"正大光明"匾额之后，这位最初的幸运儿就是二皇子永琏。永琏的确是皇位最佳的继承者，他是皇后富察氏的第一个儿子，也就是嫡长子；另外，他的名字是祖父雍正皇帝亲自取的，寓意就是要他将来继承大统，可见他与父亲一样都是得到祖父认同的皇位继承者。可惜，还不到乾隆三年（1738），只有 8 岁的永琏就因为"偶感风寒"过世了。

永琏可以说是乾隆最喜欢的皇子，否则他也不必在自己才 26 岁的时候就急着把年幼的永琏确立为继承者。永琏之死对乾隆的打击是非常大的，从年轻时期就极其勤政的皇帝甚至为此连续 5 天没有上朝。他还把原本放在匾后的立储密诏公布天下，上面夸奖永琏"聪明贵重，气宇不凡。皇考命名，隐示承宗器之意"。不仅如此，永琏生前虽然没有正式被确立为皇太子，但是他死后一切葬礼均是按照皇太子的规格举办，乾隆还追封他为端慧皇太子。永琏的陵寝也是乾隆亲自挑选的，后来他还曾多次亲自祭奠。特别是后来嘉庆被立为太子后，乾隆还因为永琏是最先被确立的太子，所以让嘉庆向他行叩拜之礼，足见他对这位儿子的喜爱是无可取代的。

永琏过世的时候，乾隆还有皇长子永璜以及皇三子永璋，但是这次他却没有再急着立嗣，而是一直等到皇七子永琮出生后才又动了立他为嗣的心思。这其中最大的原因就是永琮也是皇后富察氏所生。永琏过世后，乾隆除皇长子、皇三子外，又陆续有了四、五、六三位皇子，但是他却一直没有立嗣的念头，就是因为乾隆对皇后富察氏感情极深，他一直相信皇后还年轻，一定还会再有儿子的，在他心中皇位最佳的继承者就是皇后所生的嫡子。因此，1746年，已经35岁的富察氏生下永琮后，乾隆非常高兴。另外，乾隆认为永琮是有福之人，他降生这天不但是"佛诞日"① 而且还是久旱后下的第一场雨那天。

所以乾隆对永琮极为珍爱，而且还偏心地认为这个孩子是他所有儿子中最漂亮、最聪明的一个。不仅皇帝表现出了大喜之色，就连皇太后也在众多皇子中最疼爱这位小孙子，因此，乾隆在永琮还在襁褓之中就想要立他为嗣。可惜，这位集万千宠爱于一身的小皇子仅仅活了两年，就被"皇室杀手"天花夺去了性命。乾隆悲痛万分，将他与早逝的哥哥永琏葬在一起，而皇后富察氏更因为永琮之死而伤心过度，没过3个月也离世了。在双重打击之下，乾隆在相当长的一段时间里再也没有过立嗣的想法，不过这不代表乾隆不关心此事，毕竟作为一个国家的统治者，为这个国家寻找好下一位掌舵之人也是责无旁贷之事，通过长期的观察，他后来又有了新的人选——皇五子永琪。

乾隆再次萌生立储念头时已经是1766年的事了，此时距永琮之死已经过去了差不多20年了。在他所剩的这些皇子中，此时乾隆最喜欢的就是皇五子永琪，所以在他只有25岁的时候就被封为荣亲王。仿佛受了诅咒一样，永琪被封为亲王仅4个月后，就因病早逝了。而乾隆在此之后又是很长一段时间没有立储的心思，直到7年后乾隆在他63岁的时

---

① 佛教认为，每年的农历四月初八为佛的生日，也就是"佛诞日"，这一天更被视为极为吉祥的日子。

候不得不为帝国考虑后继之人了。在古代 63 岁称得上是年纪不轻了，再不立储，乾隆也担心自己万一有个三长两短，康熙晚年的"九子夺嫡"惨剧很可能又会上演。所以，乾隆不得不好好考虑此事了。

这时候，乾隆的儿子们已经过世大半了，还活着的只有四阿哥永珹、六阿哥永瑢、八阿哥永璇、十一阿哥永瑆、十五阿哥永琰和十七阿哥永璘这六个人，其中四阿哥和六阿哥早已分别过继给履亲王允祹和慎郡王允禧为孙，因此也就要刨除他们的继承人资格。如此一来，可以角逐地位的也就只有八阿哥、十一阿哥、十五阿哥和十七阿哥这四个人了。其实，这四个人都不是乾隆心目中的最佳人选，但是如今也就只能在他们中挑一个最适合的了。最先被排除的就是八阿哥永璇和十七阿哥永璘！

八阿哥是此时乾隆身边最年长的儿子，而且他善于书画且技艺甚佳，但是永璇脚有残疾且长相一般，再加上他做事颠三倒四，没有什么工作能力，因此被乾隆率先放弃了。而永璇也因此彻底绝了对皇位的幻想，他甚至说："就算皇位像天上的雨滴一样多，也不会有一滴砸在我头上。我没别的奢望，只希望将来无论哪个弟弟当了皇帝，把和珅的府邸赏赐给我，我就满足了。"① 而十七阿哥永璘更被视为乾隆最不成器的儿子，他从小就不爱学习，长大后更是时常留恋烟花之地，乾隆在八十大寿的时候加封各皇子为亲王，只有他是贝勒的爵位。

这样一来候选人就只有十一阿哥和十五阿哥了。十一阿哥永瑆②在乾隆的所有儿子中是最有文学天赋的，他的诗文、书画在清朝历代皇子中都是首屈一指的。据说，乾隆三十一年（1766）的一天，皇帝看见十五阿哥永琰的手里拿着一把扇子，扇面上的诗画相当有水准，再看落款

---

① 永璇的这个愿望后来真的实现了，十五阿哥永琰在乾隆去世后查抄和珅家，最后将其半个宅子赏赐给了永璇。永璇因此非常高兴，经常闭门不出，在里面声色自娱，活得好不快乐。

② 永瑆的吝啬在皇族中少见，他的妻子是孝贤纯皇后富察氏的胞弟、当时第一大臣傅恒之女，过门之时娘家陪送了极为丰厚的嫁妆，但是却全被永瑆藏在王府银库中，而这位豪门小姐嫁过来后竟然每天只能喝粥度日。

竟然是年仅 14 岁的十一阿哥永瑆的别号"镜泉"。乾隆对此事喜忧参半，喜的是他小小年纪就有如此才华，忧的是他深染汉人陋习难免丢掉祖宗尚武之风，于国家不利。后来，乾隆对这位儿子更加失望，他性格优柔寡断不说，还有不少的怪脾气，尤其是他非常吝啬，更成为朝中大臣的笑谈。

这样一来，皇位的继承者人选只剩下十五阿哥永琰一人了，乾隆其实对他并不是十分满意，只是相比较而言他是缺点最少的一个，而且大臣多数还比较倾向他，多夸他为人稳重、处事刚明、文武兼备、品学俱优，是最有希望的皇储人选。于是，在乾隆三十八年（1773），这位帝王最终确定了皇位的继承者；并于乾隆六十年（1795），将皇位让给了永（颙）琰，自己当起了太上皇。就这样，十五阿哥永（颙）琰登基成为嘉庆皇帝，但是直到 3 年后乾隆去世，他才算真正开始掌权。

清廷战"痘"记

早在晋代时，著名药学家道家葛洪就在《肘后备急方》中记载道："比岁有病时行，仍发疮头面及身，须臾周匝，状如火疮，皆戴白浆，随决随生，剧者多死。"除此之外，书中还对天花的起源进行了追溯："此病起自东汉光武帝建武年间。永徽四年，此疮从西流东，遍及海中。"这是我国也是世界上关于天花病的最早记载。

我们已经知道，康熙皇帝之所以最终能够成为帝国的继承人，最主要的原因就是他已经出过天花①。天花又被称为"痘疮"，在清朝前期它是一种极其可怕的传染病，而且没有有效的预防和医治手段，当时人们对它简直是谈之色变。对于帝国的主宰者，高高在上的皇帝及皇子们来说，天花同样也是令他们最为担忧的一种疾病。

---

① 之所以天花对于满族子弟有如此大的威胁，很多人判断是因为这些八旗官兵都生长在白山黑水之间，入关后很可能有些水土不服的症状，因此比普通汉人更容易染上天花，因此丧命。

顺治皇帝短暂的一生，大部分时间里都在躲避天花的侵扰，他甚至效仿父亲皇太极，在宫外专门找了一个用来"避痘"①的地方。不仅如此，他甚至整整 12 年没有接见过远道而来的蒙古贵族，就是害怕被传染上当时在蒙古正流行的天花。可惜，这位少年皇帝千躲万躲最终还是丧命在天花的魔掌中。

　　康熙皇帝是大清帝国中第一个正面迎战天花的天子，这不只是说他曾经得过天花还成功地战胜病魔，并因祸得福成为皇位的继承者，更重要的是对于天花，他不像祖父、父亲那样采取躲避的态度，而是积极地寻找预防治疗的方法。他成立了专门负责此病的"痘疹科"，并广聘天下名医；到了康熙中后期，北方的天花疫情开始减弱，同时南方的种痘法传播到了北京。当时的种痘法又叫吹鼻种痘法，分为"旱苗法"和"叫水苗法"，但实际都是让种痘者先感染上轻微的天花，然后再通过治疗令其痊愈。康熙对种痘法十分重视，不但在宫中实施而且还推广到蒙古草原，后来还传播到了日本以及一些欧洲国家。

　　不过，从后来皇室的死亡记录来看，这种方法并不是十分有效的，除了乾隆最钟爱的皇七子死于天花外，后来的同治皇帝也死于此病。不过实际上，在 1796 年，英国医生就已经在中国种痘法的基础上研制出了著名的"牛痘法"，而且在嘉庆年间就流传到中国了。但是，当时的清政府故步自封，根本就不信任这种"洋玩意"，最终断送了皇帝的性命。

真实的"官场斗"

　　相声里有一个传统剧目叫《官场斗》，讲的是乾隆时期的名臣刘墉与和珅及皇帝斗智、打趣的故事。而在近年来的影视作品中，刘墉、纪晓岚、和珅显然成了乾隆朝里出镜率最高的三位大臣。在这些艺术作品中，

---

　　① 避痘：早在大清入关之前就已经有"避痘"的先例，皇太极将盛京（今沈阳）城外的天宁寺作为皇族躲避天花的场所。

刘墉与纪晓岚明显成为正直清廉官员的代表，而和珅则是充当着皇帝身边权臣与弄臣的角色，他因为深得乾隆宠爱因此狐假虎威、贪赃枉法，而刘墉与纪晓岚则轮番上阵，智斗和珅，常常搞得他狼狈不堪、笑料百出。然而，这些相声故事也好、影视作品也罢，实际上为了增加矛盾冲突是虚多实少，历史上刘墉、纪晓岚、和珅与乾隆之间的关系则大相径庭。

从出身来看，这三个人里面和珅的家庭背景是最好的。为什么这么说？人家不仅仅是满洲人而且还是官七代，他家祖辈就跟着努尔哈赤打天下，清兵入关后，其家族自然是帝国元老级别的，后世子孙都跟着享福，和珅一出生就有政府的津贴可以拿。刘墉的出身居第二，他是正经的官四代。清兵入关打到山东的时候，刘墉的祖辈看见清军势不可当，于是率先投降大清，"识时务者为俊杰"，因此清政府在选官的时候自然会优先考虑这样的家庭，所以刘家的先祖就顺理成

刘墉

章地进入了政府部门工作，而且官是越当越大，到了刘墉父亲刘统勋的时候算是人臣之首了。

其实，刘墉之所以能够走入官场，并屡屡得到升迁，很大一部分原因都是仰仗父亲刘统勋的光。刘统勋之所以能够得到乾隆的赏识，最主要有两个原因，其一是其家风很好，从祖上第一代当官起就是当时有名的清官，据说刘统勋死的时候家里连碎银子都没有，只有几十个铜板，还不到一两银子，这在贪污成风的大清朝绝对是难能可贵的。更重要的原因是刘统勋为官正直，从不结党营私，在乾隆初年最令皇帝痛恨的鄂尔泰与张廷玉的党派之争中，他始终保持中立，不依附任何一党，因此得到乾隆的注意及重视。随后，加上他做事干练、认真，因此步步高升，官至刑部尚书、工部尚书、吏部尚书、上书房总师傅、内阁大学士、军机大臣，最后

死于任上。刘墉能够得到乾隆的重视，很大一部分原因是借着父亲的光，而不是民间传说的那样与皇帝有"干亲"。①

三人当中出身最不好的就是纪晓岚，他虽然是官二代，但是父亲当的是芝麻绿豆的小官，根本没什么机会看见皇帝，更不要说得到帝王赏识了，所以，纪晓岚后来的功名利禄全是凭借自己的文化修养努力挣来的，完全没有得到的祖上的庇佑与照顾，算是"白手起家"。

再说他们三个与皇帝之间的关系，那也是和珅跟乾隆关系最好。他打一当官就是皇帝身边的侍卫，经常陪在皇帝左右，自然跟乾隆更亲近也更容易得到皇帝的注意。和珅仕途平步青云后，也一直都是在皇帝身边任职，没有外调当官的记录，更没有因罪被发配到偏远之地过，最多不过是奉命到外地出差、办案之类的。从这一点上说，虽然在三人之中他年龄最小，但实际上跟在乾隆身边的时间是最多的，而且帮皇帝办的差事也常是最私密的，因此乾隆跟和珅的关系比与刘墉和纪晓岚要好得多。

就像之前介绍过的，刘墉为官之初，在官场上的升迁、贬谪②都与父亲刘统勋有着莫大的牵连，而乾隆曾经特别关照过他也完全是看在他父亲的面子上。所以，在乾隆的眼中，刘墉与其说是自己宠爱的臣子，不如说是不得不照顾的宠臣之子更准确些。而刘墉所当的官有很长一段时间都是外放的，他虽然在地方办事能力出众，很得百姓的喜欢，但是回京后却官风大改，为求自保常常表现低调，行事慵懒，对于皇帝询问的事情也总是给出模棱两可的回答。乾隆对他并不是很满意，但也正因此他的官位还算平稳。其实，刘墉曾经当过很长时间的上书房总师傅，所以与嘉庆的关系实际上比乾隆亲密得多。

纪晓岚的确是很得乾隆赏识的，但这主要是因为他学问好、文采出

---

① 刘墉：民间传说，太后因为喜欢小时候的刘墉聪明机智，其父亲还是朝中重臣，因此认刘墉做干儿子，与乾隆是干兄弟。这个说法纯粹是故事演义，没有历史依据。

② 乾隆三十一年（1766），刘墉在担任太原知府期间，因为失察下属阳曲县令段成功贪侵国库银两而被判死刑。乾隆后来特别恩典，免除死刑改为发配，第二年又将他赎回。

众，而且他是从皇帝的陪读干起的，因此在乾隆的心中更多的是把他当作自己的书童、文友一类的角色，并没有将他看作可以仰仗办事的干将。起初，纪晓岚还曾仗着乾隆的恩宠而打算参政议政，被乾隆申斥了几次后，就彻底死了这条心，从此以后他的为官哲学就是"明哲保身"，大概就是这样他才能在政坛上数十年不倒。

最后，我们再看看他们三个人之间的关系。刘墉与纪晓岚的年纪差不多，刘墉比和珅大30岁，纪晓岚也比他大26岁；再加上和珅是皇帝的宠臣，可以说是权倾朝野，刘墉与纪晓岚都是圆滑世故之人，而在朝堂之上也都尽力自保，所以不会出现像民间传说、影视剧中所说的处处与和珅针锋相对。甚至表面上看来，他们二人与和珅相处得还是比较融洽的，尤其是纪晓岚。据说他与和珅私交还是不错的，这主要是因为他们都深谙"伴君如伴虎"的道理，常常陪在帝王身边，大有"同病相怜"之感，而且

纪晓岚

很多时候他们也会相互配合讨好乾隆，可以算是好搭档了。

而刘墉与纪晓岚的关系就更好了，纪晓岚是刘统勋的学生，而且他们都是有才华之人，无论是诗书还是书法，都是当时屈指可数的名家。而且他们还有很多共同爱好，比如他们都喜欢收藏砚台，而且经常相互赠送，并在上面相互题字。就在刘墉去世之前，纪晓岚还送了一个自己非常喜欢的砚台过去。他们还经常在一起谈论佛法、诗文，纪晓岚特别喜欢"浮沉宦海如鸥鸟，生死书丛似蠹鱼"这句诗，刘墉还半开玩笑地手书这句诗，作为挽联送给纪晓岚，当时二人还活得好好的呢！

刘墉与纪晓岚虽然并不像传说中那样与和珅是死对头，但是在和珅权倾一时之际，他们还是很难得地没有讨好、依附和珅，虽然采取各种保身之法，却始终没有成为和珅的党羽。朝鲜书状官徐有闻说："和珅专权数

十年，内外诸臣，无不趋走，惟王杰、刘墉、董诰、朱珪、纪昀、铁保、玉保等诸人，终不依附。"能做到这一点在当时也算是很可贵了。

乾隆君臣逸事

虽然在真实的历史上，刘墉、纪晓岚与和珅之间并不是剑拔弩张、针锋相对的关系，而他们二人对乾隆大多时候也是以溜须拍马为主，但在民间传说中却还是留下了很多诙谐幽默的趣事，有很好的群众基础。

例如，民间就传说刘墉有个外号叫"刘罗锅"，说他这个人罗锅驼背，其貌不扬。历史上嘉庆皇帝确实也叫过他"刘驼子"，但那时他已经80多岁了，这样的年纪有点儿驼背也不是不可能的，不过实际上，年轻时候的刘墉不可能是罗锅的。主要是当时清朝的选官制度中就有一项是"以貌取人"，就是在挑选官员的时候注重"同田贯日身甲气由"的外貌特征。

这八个字其实指的是一个人的外貌特点，前四个字的意思分别是："同"和"田"指的是脸型，前者为长方脸，后者为四方脸；"贯"是指身材比例，要头大而身体直长；"日"指身体要高矮肥瘦适中，只有符合这四个标准的才有可能中选。而后四个字则是不合格者的标准："身"指身体不正，"甲"指头大身子小，"气"指一肩高耸，"由"指头小身子大。可见，清朝选官是非常注重外貌的，而刘墉既然能够进入官场，那他即便不像和珅般仪表堂堂、风度翩翩，至少也不能是罗锅之辈。

刘墉不可能是罗锅，但是纪晓岚确实是非常爱抽烟。刘墉与纪晓岚在当时都算是高寿之人，刘墉86岁寿终正寝，纪晓岚也活到了82岁。不过，纪晓岚的养生之道却很奇怪，他活着的时候特别喜欢抽烟，简直到了烟袋不离手的地步。他的门生梁章钜在《归田琐记》写道："公（纪晓岚）善吃烟，其烟枪甚巨，烟锅有绝大，能装烟三四两，每装一次，可自家至圆明园，吸之不尽也。都中人称'纪大锅'。一日丢失烟枪。公曰：'勿虑，旦日至东市觅，自得矣。'次日，果以微值购还。盖此物他人得之无用，又京中无第二枝，易于物色也。"

据说有一次，乾隆突然来视察《四库全书》的编纂情况，纪晓岚正在抽烟，来不及把烟袋收起来就随手插在了靴子里。行完礼后，乾隆觉得纪晓岚不对劲，就问他怎么了。纪晓岚说：自己靴子里失火了。乾隆连忙让他出去灭火，纪晓岚也顾不得狼狈，急忙跑出门外又是脱靴子又是脱袜子的，只见烟袋还冒着烟而腿上已经被烫掉了一块皮，很长一段时间走路一瘸一拐的，被乾隆嘲笑了好一阵子。